하루 30분! 돈이 되는

네이버 블로그
with 챗GPT

지은이 조병옥(호모앤)

'빨간머리 앤을 닮은 인류'라는 뜻의 '호모앤'으로 활동 중이다. 블로그 강의를 하며 만난 여러 블로거들과 함께 성장하는 '호모앤더드림' 커뮤니티에서 꿈을 이루고 있다. 호모앤더드림 커뮤니티 사람들과 《톡투앤 : 꿈꾸는 앤들의 인생 수다》(공저, 2023, 작가와), 《톡투앤 2 : 다섯 여자들의 인생 여행 이야기》(공저, 2024, 작가와) 등 시리즈를 출간했다.

네이버 블로그를 시작하고 디지털 전문 강사, 생성형 AI 강사, 브랜드 컨설턴트, 마케팅 대행, 작가로 N잡을 하는 1인 기업가이며, 브랜드 블로그 관리 대행 업체 '더드림마케팅'의 대표이다. 서울시 인재개발원, 서울시 50플러스센터, 디지털배움터, aT농수산식품유통교육원 등 공공기관, 기업체, 청소년센터, 복지관, 미디어센터, 소상공인협회, 학교 등 다양한 곳에서 생성형 AI, SNS 마케팅, 브랜딩 강사로 활동 중이다.

네이버 블로그 blog.naver.com/imok1020
인스타그램 www.instagram.com/homo_anne

생성형 AI ChatGPT로 해결하는 키워드, 브랜딩, 포스팅 전략

하루 30분! 돈이 되는 네이버 블로그 with 챗GPT

초판 1쇄 발행 2024년 10월 28일
초판 2쇄 발행 2025년 01월 09일

지은이 조병옥(호모앤) / **펴낸이** 전태호
펴낸곳 한빛미디어(주) / **주소** 서울특별시 서대문구 연희로2길 62 한빛미디어(주) IT출판1부
전화 02-325-5544 / **팩스** 02-336-7124
등록 1999년 6월 24일 제25100-2017-000058호 / **ISBN** 979-11-6921-300-4 13000

총괄 배윤미 / **책임편집** 장용희 / **기획** 박지수 / **교정** 하민희
디자인 표지 최연희 내지 윤혜원 / **전산편집** 김보경
영업 김형진, 장경환, 조유미 / **마케팅** 박상용, 한종진, 이행은, 김선아, 고광일, 성화정, 김한솔 / **제작** 박성우, 김정우

이 책에 대한 의견이나 오탈자 및 잘못된 내용은 출판사 홈페이지나 아래 이메일로 알려주십시오.
파본은 구매처에서 교환하실 수 있습니다. 책값은 뒤표지에 표시되어 있습니다.
한빛미디어 홈페이지 www.hanbit.co.kr / 이메일 ask@hanbit.co.kr

Published by HANBIT Media, Inc. Printed in Korea
Copyright © 2024 조병옥 & HANBIT Media, Inc.
이 책의 저작권은 조병옥과 한빛미디어(주)에 있습니다.
저작권법에 의해 보호를 받는 저작물이므로 무단 복제 및 무단 전재를 금합니다.

지금 하지 않으면 할 수 없는 일이 있습니다.
책으로 펴내고 싶은 아이디어나 원고를 메일(writer@hanbit.co.kr)로 보내주세요.
한빛미디어(주)는 여러분의 소중한 경험과 지식을 기다리고 있습니다.

하루 30분! 돈이 되는
네이버 블로그 with 챗GPT

생성형 AI
ChatGPT로
해결하는
키워드, 브랜딩,
포스팅 전략

조병옥(호모앤) 지음

머리글

꿈을 그리는 블로그, ChatGPT가 준 기회

모두가 온라인에서 소통할 수밖에 없던 그 시절, 코로나19로 인해 계획했던 일상과 꿈이 바뀌었던 그 시기, 저도 마찬가지였습니다. 뉴질랜드 이민을 꿈꾸다 어쩔 수 없이 한국으로 돌아와 네이버 블로그를 만났고, 새로운 삶을 시작하게 되었습니다. 이전에는 상상도 못했던 모습으로, 제가 원하는 일을 하면서, 능동적으로 제가 하고 싶은 일을 선택할 수 있는 삶으로 인생이 변했습니다. 한국에서의 삶, 어쩔 수 없이 돌아왔던 삶이 너무나도 재미있고 흥미롭게 바뀌었죠.

2022년 11월, ChatGPT가 혜성같이 등장하며 모두의 관심이 고조된 시점에 저도 ChatGPT에 빠져들었습니다. 네이버 블로그를 시작하면서 바뀐 저의 인생과 ChatGPT를 만나면서 한층 더 성장한 온라인 세상을 다른 사람에게도 알려주고 싶다는 생각이 들었습니다. '오랫동안 쓰고 싶었던 책을 내자'는 마음으로 2023년 초에 책을 쓰기 시작했죠. 그러나 얄궂게도, 저 역시도 모두가 온라인 세상에 빠져들게 된 바로 그 이유인 코로나19를 직접 겪게 되었습니다. 거의 5개월 동안 심하게 앓고 회복하는 시간을 보내며, 책을 잠시 내려놓을 수밖에 없었습니다.

그렇게 이 책은 2년 동안 제 안에서 머물러 있었습니다. 2024년, ChatGPT가 더 이상 뉴스가 아닌 누군가의 일상이 되고, 코로나19가 서서히 물러가던 시기에 이 책을 다시 쓰기 시작했습니다. 블로그를 통해 시작된 강의와 대행 업무로 바쁜 일상 속에서도, 오히려 그 덕분에 더 몰입할 수 있었습니다.

제가 제일 잘 알고, 제일 좋아하는 분야를 쓰다 보니 글을 쓰는 것이 힘들었지만 즐거웠습니다. 여러분에게 저와 같이 새로운 기회를 만들어주고 싶은 마음이 컸습니다. 꿈을 꿈으로만 남기지 않고 현실로 만드는 방법이 분명히 있는데, 왜 모두들 알지 못할까 하는 안타까운 마음으로 이 책을 썼습니다.

인플루언서로 몇억을 벌었다는 사람도 있고, 월 천만 원을 벌어야 한다고 말하는 블로그 책도 있습니다. 하지만 돈은 자연스럽게 따라온다고 말하고 싶습니다. 일단 블로그를 시작해보세요. 이 책에 나온 대로 블로그를 이해하고 꾸준히 하다 보면 자연스럽게 기회, 수익, 변화, 성장이 찾아올 겁니다. 어쩌면 돈보다 더 큰 가치를 발견할 수도 있습니다. 그 변화를 저에게 알리고, 다른 사람에게도 나누길 바랍니다.

감사의 말을 전하며

먼저 이 모든 과정을 이끌어주신 주님께 감사드립니다. 책을 함께 기획해주신 '책과 강연'의 이정훈 대표님, 김태한 대표님께 감사드립니다. 초보 작가인 저를 잘한다고 격려해주고 잘 이끌어준 박지수 편집자님께도 감사드립니다. 지금의 저를 만들어주시고, 언제나 응원해주신 '호모앤더드림'의 호모앤팸 여러분들께 무한한 감사의 마음을 전합니다.

머리글

잘 알지 못하는 분야임에도 끝까지 책 진행 과정을 신경 써준 언니, 마지막 교정을 도와준 남편, 그리고 책을 완성하는 데 동기를 부여해준 둘째 딸에게도 감사의 마음을 전합니다. 그리고 제가 하는 온라인 강의를 모두 듣고, 책 내용을 함께 의논하며, 진도까지 챙겨줬던 우리 큰딸에게도 사랑하고 고맙다는 말을 전하고 싶습니다. 마지막으로 이 책을 선택해주신 독자분들께 감사의 마음을 전합니다.

2024년 10월
조병옥

일러두기

도서 헬프 페이지 활용 방법 안내

❶ **도서 소개 생성형 AI 프롬프트** : 도서에 사용된 ChatGPT를 비롯한 프롬프트를 별도의 웹페이지로 제공해드립니다. 필요한 내용은 바로 복사, 붙여 넣기로 활용해 보세요!

❷ **주요 참고 사이트 링크** : 도서에 소개된 네이버 블로그 운영에 유용한 웹서비스 및 사이트, 주요 생성형 AI 링크를 한곳에 모아 소개해드립니다.

▲ 접속 주소 : m.site.naver.com/1tY26

해당 도서에 사용된 ChatGPT를 비롯한 생성형 AI 서비스 화면은 업데이트 시기에 따라 다소 다르게 보일 수 있습니다. 프롬프트 사용 방법 위주로 안내하니 활용에는 크게 문제는 없습니다. 주요 업데이트 사항은 헬프 페이지에 공지하겠습니다.

추천사

호모앤과 함께 성장한 블로거의 생생한 추천

상냥한 주디님, 김정훈 강사님

호모앤님을 처음 만난 것은 블로그를 막 시작하던 때였습니다. 블로그를 통해 무언가 할 수 있겠다는 방향성을 공유하며 친해질 수 있었고요. 저와 호모앤님 모두 블로그 초보였지만, 호모앤님은 특히 블로그 로직과 마케팅에 대한 탁월한 감각을 가지고 계셨습니다. 블로그를 통해 다른 사람을 돕고 싶다는 저에게 강의를 제안해주셨고, 덕분에 한 번도 해보지 못했던 강의를 시도할 수 있었습니다. 그 과정에서 호모앤님께 많은 도움을 받았고, 같은 꿈을 향해 함께 나아갔습니다. 호모앤님은 다른 사람들의 재능을 발견하고, 성장으로 이끌어주는 뛰어난 능력을 가지고 있습니다. 제가 디지털 노마드로 성장하는 데 있어 호모앤님의 지지와 응원은 큰 힘이 되었습니다. 저에게 정말 감사한 분입니다.

책 읽는 토끼 엄마, 민선미 강사님

호모앤님과의 인연은 2020년 12월, 블로그 강의를 통해 시작되었습니다. 그분과 함께한 커뮤니티는 인스타그램 강의, 홈페이지형 블로그 제작, 블로그 수익화를 위한 키워드 글쓰기 등 최신 트렌드를 배울 수 있는 소중한 공간이었습니다. 공통의 목표와 관심사를 가진 사람들과 함께하며 서로에게 큰 힘이 되었고, 매일 글을 쓰며 일상을 나누는 동안 우리는 자연스럽게 가족처럼 가까워졌습니다. 먼 친척보다 매일 보는 이웃사촌이 더 친근하다고, 매일 글을 쓰는 블로거들끼리 일상을 나누며 가족같이 친해지고 서로를 응원하는, 원원하는 커뮤니티였습니다. 호모앤님은 그 안에서 항상 따뜻한 응원과 지지를 보내주셨고, 그 덕분에 함께하는 모든 순간이 유익하고 감동적이었습니다.

땡깡작가, 땡작님

호모앤님의 책 출간 소식을 듣고, 처음 커뮤니티를 만드셨던 때가 떠오릅니다. 당시 저는 호모앤님의 능력을 잘 알지 못한 채, 그저 지켜드리고 싶다는 마음으로 커뮤니티에 가입했습니다. 하지만 호모앤팸 커뮤니티에서 함께하면서, 다른 곳에서는 느낄 수 없는 깊은 애정을 경험했습니다. 호모앤님은 리더로서 뛰어난 능력을 갖추고 계셨습니다.

책마마, 박한나 작가님

2021년 새해 첫날, 네이버 블로그 챌린지를 통해 호모앤님과 만났습니다. 예순의 나이, 저는 여전히 소셜 미디어가 낯선 아날로그 세대였지만, 독자와 소통하기 위해 블로그가 필요하다고 느꼈습니다. 2000년대 초에 블로그를 개설했으나, 정작 활용법을 몰라 방치해둔 상태였습니다.

그런데 짜잔! 수호천사처럼 나타난 호모앤님! 카카오톡 이모티콘조차 찾지 못하던 IT 왕초보인 저에게 사소한 부분까지 친절하고 세심하게 알려주셨습니다. 호모앤님은 다른 사람에게도 블로그 무료 강의를 통해 지식을 나누며 기쁨을 느끼셨고, 넉넉하고 따뜻한 인간애 덕분에 저도 자연스럽게 블로그 지기들과 친해졌습니다. 덕분에 블로그를 꾸준히 이어갈 수 있는 원동력을 얻었습니다.

긍정적이고 적극적인 마인드로 사람들에게 활력을 불어넣는 탁월한 매력을 지닌 호모앤님! 호모앤님과 함께한 사람들 중 많은 분이 책을 출간하기도 했습니다. 제가 이번에 출간한 책《문해력 브레인》(2024, 박이정출판사)의 마케팅 조언도 아낌없이 주셨습니다. 평소 트렌드를 빠르게 익히며 메신저 역할을 톡톡히 해온 그 수많은 지식을, 이제 세상에 나누고 싶어 하시는 호모앤님의 출간을 진심으로 축하드립니다. '앞으로도 파이팅'을 외칩니다.

목차

머리글 — 4
일러두기 — 7
추천사 — 8
목차 — 10
프롤로그 — 22

CHAPTER 01 | 퍼스널 브랜딩의 시작 네이버 블로그

LESSON 01 소셜 미디어로 시간과 자유를 얻자 — 28
- 월 1,000만 원의 꿈을 이룬 사람들 — 28
- 디지털 노마드의 삶을 꿈꾼다면 소셜 미디어를 시작하자 — 29
- 소셜 미디어와 인플루언서의 등장 — 30
- 다양한 소셜 미디어 플랫폼, 어떤 특징이 있을까 — 31

LESSON 02 당장 네이버 블로그를 시작해야 하는 이유 — 34
- 왜 다른 플랫폼보다 네이버 블로그가 유리할까 — 34

📇 블로거 인터뷰 : 상냥한 주디 — 38

CHAPTER 02 | 네이버 블로그로 이루는 수익화 방법

LESSON 01 블로그로 돈의 파이프라인을 만들자 — 46
- 네이버 블로그를 활용해 돈 버는 기회 만들기 — 46

애드포스트 47
체험단/기자단 48
제휴 마케팅 51
원고료 52
지식 창업 54

LESSON 02 블로그 수익화 방법은 하나가 아니다 56

네이버 블로그를 통한 독특한 수익화 56
블로그 마케팅의 생태계는 어떻게 움직일까 57
사진 작가 58
원고 작가 58
스마트플레이스 세팅 컨설턴트 59
네이버 로직 연구 프로그래머 60
전문 리뷰어 61
온라인 건물주 : 네이버 카페지기 62
커뮤니티 리더 : 오픈 채팅방 리더 63
네이버 블로그 전문 강사 & 전문 디자이너 64
브랜드 블로그 관리자 65
마케팅 대행사 65

LESSON 03 다양한 시도가 기회를 만든다 67

배경과 결과는 모두 달라도, 결국 시작은 네이버 블로그 ... 67
어렵게 결정한 뉴질랜드 유학과 좌절 68
갑작스러운 코로나 시대와 무너진 계획, 그리고 네이버 블로그 ... 69
네이버 블로그로 이룬 다양한 경험 70

목차

네이버 블로그로 새로운 세상과 만나다 ······ 71

LESSON 04 무엇부터 해야 할지 모르겠다면 잘하는 것부터 해보자 ······ 73

세분화된 개인의 취향에 맞춰야 한다 ······ 73
네이버 인플루언서 도전을 목표로 ······ 74
이동진 기자와 「슈앤슈맘」 님의 사례 ······ 75

LESSON 05 고속 성장은 방향이 중요하다 ······ 77

네이버 블로그를 어떤 목적으로 활용할 것인가 ······ 77
기왕에 시작한 거 돈을 벌어보세요 ······ 78
내 블로그의 방향성은 나에 대한 탐색이 우선 ······ 79
목표를 정했으면 전략도 정해야 한다 ······ 80

LESSON 06 셀프 퍼스널 브랜딩을 위한 네이버 블로그 활용 ······ 83

퍼스널 브랜딩에 최적화된 네이버 블로그 ······ 83
나를 알리는 콘텐츠를 만드는 방법 ······ 85
나와 같이할 사람들을 찾아라 ······ 86
연속된 콘텐츠를 발행할 수 있어야 한다 ······ 87

LESSON 07 팬 없이는 브랜딩도 없다 ······ 89

1,000명의 진정한 팬을 만들자 ······ 89
소셜 미디어를 활용하면 1,000명의 팬을 만들 수 있다 ······ 90

블로거 인터뷰 : 혜자포터 이지훈 ······ 92

CHAPTER 03 | 생성형 AI 시대 콘텐츠 생성 혁명에 참여하라

LESSON 01   모든 콘텐츠 생산이 가능한 생성형 AI의 시대 ———— 98
- 생성형 AI의 출현과 콘텐츠 양상의 변화 ———— 98
- 생성형 AI가 가져온 삶의 변화 ———— 100

LESSON 02   ChatGPT로 콘텐츠 생산 시작하기 ———— 102
- ChatGPT 시작 어렵지 않아요 ———— 102
- OpenAI 계정 생성하고 바로 시작해보기 ———— 103

LESSON 03   맞춤 설정만 제대로 입력해도 시간 절약 OK ———— 107
- ChatGPT를 제대로 활용하기 위한 맞춤 설정 방법 ———— 107
- 맞춤형 지침 설정하기 ———— 108
- ChatGPT의 응답 방식 설정하기 ———— 109
- ChatGPT 프롬프트 작성 시간도 단축해야 똑똑하게 쓰는 것 ———— 111

LESSON 04   또 다른 생성형 AI모델 ———— 113
- 쏟아져 나오는 생성형 AI ———— 113
- 구글 Gemini ———— 114
- 마이크로소프트 Copilot ———— 117
- 앤트로픽 Claude ———— 121

LESSON 05   국산 AI CLOVA X와 네이버 cue: ———— 128
- 드디어 등장한 국산 LLM 기반 생성형 AI ———— 128

목차

  네이버 CLOVA X의 등장과 의의 ······ 129
  네이버 CLOVA X의 장점과 한계 ······ 132
  검색 엔진에 특화된 네이버 cue: ······ 133

LESSON 06 주요 생성형 AI 모델 한눈에 비교하기 ······ 138
  각 생성형 AI 장점 살펴보기 ······ 138
  각자 목적에 맞는 AI가 다르다 ······ 139
  생성형 AI 비교표 ······ 141

▶ 블로거 인터뷰 : 뷰주미 ······ 142

CHAPTER 04   활용도가 남다른 ChatGPT 유료 버전 알아보기

LESSON 01 값어치 하는 ChatGPT의 다양한 유료 기능 ······ 150
  ChatGPT 유료 버전 ······ 150
  ChatGPT-4 주요 기능과 특징 ······ 151

LESSON 02 GPTs store 탐구생활 ······ 154
  GPTs 이해하기 ······ 154
  본격적으로 GPTs 사용하기 ······ 155

LESSON 03 GPT-4를 활용한 손쉬운 이미지 생성 방법 ······ 160
  DALL-E 내장 기능을 활용해 텍스트로 이미지 생성하기 ······ 160
  참고 이미지를 전달하여 이미지 생성하기 ······ 162

LESSON 04 더욱 강력한 성능으로 찾아온 ChatGPT-4o ·········· 165
    ChatGPT-4.0 Omni 무엇이 달라졌을까 ·········· 165
    강화된 한국어 지원 기능과 생성 능력 ·········· 167

📖 블로거 인터뷰 : 설렌데이 ·········· 170

CHAPTER 05 | ChatGPT를 활용한 블로그 글쓰기 활용법

LESSON 01 ChatGPT 프롬프트 사용의 기초 ·········· 176
    ChatGPT 활용은 프롬프트로 시작해서 프롬프트로 끝난다 ·········· 176
    한 가지 주제로 대화하기 ·········· 177
    결과물의 형식을 지정하기 ·········· 178
    명확한 역할, 페르소나 부여하기 ·········· 179
    독자 타깃을 명확하게 설정하기 ·········· 179
    작업 결과물의 목적을 제시하기 ·········· 180
    유용한 예시 제시 요청하기 ·········· 181
    특정 어조(톤 앤드 매너)를 명시하기 ·········· 181
    구체적 활용 장소를 지정하기 ·········· 182
    글의 맥락을 이해할 수 있도록 작성하기 ·········· 182
    사소한 명령어 변화로 다양하게 활용하기 ·········· 183
    생성형 AI는 결국 프롬프트 활용이 기본이고 전부다 ·········· 184

LESSON 02 ChatGPT를 활용해 관심을 끄는 블로그 글 작성하기 ·········· 185
    네이버 로직에 맞는 글쓰기가 필요하다 ·········· 185

목차

네이버가 좋아하는 글을 쓰는 것이 상위 노출의 지름길 ···················· 186
키워드 추천받기 ···················· 187
유용한 키워드 전부 뽑아보기 ···················· 189
상위 노출된 글을 네이버 cue:로 찾아보기 ···················· 190
ChatGPT를 이용해 글쓰기 ···················· 191
다른 주제의 블로그라면 어떻게 글을 쓸 수 있을까 ···················· 195
제대로 활용하기 위해서는 리더의 마음가짐을 가져보자 ···················· 197
지금도 누군가는 앞서가고 있다 ···················· 198

LESSON 03 유사 문서를 피하고, 시간은 줄이고, 품질은 높이는
ChatGPT 활용 방법 ···················· 200

유사 문서는 블로거에게 반드시 피해야 할 과제 ···················· 200
시간을 효율적으로 활용하려면 ChatGPT 활용은 필수 ···················· 202
내 글처럼 보이도록 재가공하는 작업도 필수 ···················· 203
ChatGPT를 효과적으로 사용하기 위해 이것만은 꼭 기억하세요 ···················· 204

블로거 인터뷰 : 공감씨의 하루 ···················· 206

CHAPTER 06 | 키워드를 통한 실전 블로그 활용 전략

LESSON 01 키워드를 알아야 네이버 블로그가 보인다 ···················· 212

키워드란 무얼까요? ···················· 212
검색량이 많은 키워드는 무조건 좋을까? ···················· 213
관련성이 높은 연관 키워드 ···················· 213

차별화된 틈새 키워드 ······ 214
시즌 및 이슈성 키워드 ······ 215
신제품 키워드도 유용하게 활용해보자 ······ 216

LESSON 02 네이버 키워드는 이렇게 활용하자 ······ 218

제목과 본문에 키워드는 반드시 포함하기 ······ 218
키워드의 위치와 빈도수 고려하기 ······ 219
포스팅 키워드와 블로그 키워드의 연관성 고려하기 ······ 220
키워드를 활용한 태그 작성하기 ······ 221

LESSON 03 상위 노출을 위한 키워드 관리 방법 ······ 223

적극적으로 키워드를 수집해보자 ······ 223
키워드를 적용한 포스팅 작성하기 ······ 225
콘텐츠의 퀄리티 유지는 필수 ······ 226
키워드를 변형해 사용하자 ······ 227
시리즈 포스팅으로 방문자의 체류 시간을 늘리자 ······ 227
정기적인 업데이트와 최적화도 꼼꼼하게 진행하자 ······ 228

LESSON 04 네이버 인플루언서에 도전해보자 ······ 229

네이버 인플루언서란? ······ 229
네이버 인플루언서 카테고리와 지원 방법 알아보기 ······ 231
인플루언서 활동 시작하기 ······ 233
네이버 인플루언서에 확실하게 선정될 수 있는 방법은? ······ 234

목차

LESSON 05 네이버가 말하는 좋은 문서 작성 방법 ⋯⋯⋯⋯ 237

    네이버에서 제시하는 양질의 문서 기준은? ⋯⋯⋯⋯ 237

    상위 노출의 비결이 있을까? ⋯⋯⋯⋯ 240

    공감, 스크랩, 댓글, 체류 시간(공스댓체)은 꼭 챙기자 ⋯⋯⋯⋯ 240

    블로그 지수는 어떻게 높일까요? ⋯⋯⋯⋯ 241

    추천 블로그, 포스팅 지수 확인 사이트 ⋯⋯⋯⋯ 243

LESSON 06 똑똑한 키워드 분석 도구 활용하기 ⋯⋯⋯⋯ 250

    키워드를 분석해야 네이버 블로그 운영을 제대로 하는 것 ⋯⋯⋯⋯ 250

    키워드마스터 ⋯⋯⋯⋯ 251

    블랙키위 ⋯⋯⋯⋯ 252

    네이버 데이터랩 ⋯⋯⋯⋯ 255

    네이버 검색광고 ⋯⋯⋯⋯ 258

    리얼 키워드 ⋯⋯⋯⋯ 259

    블로거 인터뷰 : 책 읽는 토끼 엄마, 민선미 ⋯⋯⋯⋯ 262

책 속의 책 | 반드시 알아야 하는 블로그 용어 42선

    1 C-Rank ⋯⋯⋯⋯ 270

    2 블로그 지수 ⋯⋯⋯⋯ 270

3 최적화 블로그 — 271

4 저품질 블로그 — 272

5 D.I.A. 로직(모델) — 273

6 D.I.A.+ 로직(모델) — 273

7 질의 의도 — 274

8 지식스니펫(Knowledge Snippets) — 275

9 VIEW 탭(뷰 탭) — 276

10 스마트블록 — 277

11 블로그 탭, 카페 탭 — 277

12 상위 노출(상노) — 278

13 서이추(서로이웃 추가) — 279

14 비댓(비밀 댓글) — 279

15 공스댓체(공감, 스크랩, 댓글, 체류 시간) — 280

16 체험단 — 280

17 기자단 — 281

18 협찬 — 281

19 공정위 문구 — 282

20 프롤로그 — 283

목차

21 스마트에디터 원 ······ 284

22 글감 ······ 284

23 템플릿 ······ 285

24 애드포스트 ······ 285

25 크리에이터 어드바이저 ······ 286

26 검색어 자동 완성(자완) ······ 287

27 연관 검색어 ······ 288

28 키워드 ······ 289

29 스킨 ······ 289

30 포스팅 ······ 290

31 1일 1포스팅(1일 1포) ······ 291

32 방문자 수 VS 조회 수 ······ 291

33 체류 시간 ······ 292

34 프로필 ······ 293

35 블로그 주제 ······ 293

36 카테고리 ······ 294

37 위젯 ······ 295

38 CCL ······ 296

39 섬네일 ⋯⋯⋯⋯⋯⋯⋯⋯⋯⋯⋯⋯⋯⋯⋯⋯⋯⋯⋯⋯⋯⋯⋯⋯⋯⋯⋯⋯⋯⋯ 297

40 트렌드 ⋯⋯⋯⋯⋯⋯⋯⋯⋯⋯⋯⋯⋯⋯⋯⋯⋯⋯⋯⋯⋯⋯⋯⋯⋯⋯⋯⋯⋯⋯ 300

41 플레이스 ⋯⋯⋯⋯⋯⋯⋯⋯⋯⋯⋯⋯⋯⋯⋯⋯⋯⋯⋯⋯⋯⋯⋯⋯⋯⋯⋯⋯ 301

42 클립 ⋯⋯⋯⋯⋯⋯⋯⋯⋯⋯⋯⋯⋯⋯⋯⋯⋯⋯⋯⋯⋯⋯⋯⋯⋯⋯⋯⋯⋯⋯⋯ 302

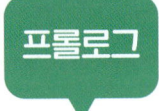

지금 당장 시작하는 네이버 블로그, 여러분의 30분을 돈으로 바꾸는 법

하루 24시간 중 30분을 어떻게 쓰는가에 따라 인생의 많은 부분이 달라진다면 여러분은 그 30분을 어떻게 투자할 건가요? 30분을 효과적으로 활용하는 법은 여러 가지가 있을 겁니다.

첫째로 자기 계발의 시간으로 활용할 수 있습니다. 책을 읽거나 온라인 강의를 들으며 역량을 키울 수 있을 겁니다. 자기 계발은 장기적으로 꼭 필요한 투자입니다. 하지만 시간을 꾸준하게 투자한다고 해서 돈을 벌 수 있는 일은 아닙니다. 자기 계발은 1년이고, 2년이고 시간을 들여 자신을 키우는 일입니다.

둘째는 습관을 형성하는 일입니다. 운동을 하고, 명상도 하면서 자신의 가치를 업그레이드해줄 새로운 습관을 만들 수 있습니다. 이 역시 장기적으로는 꼭 필요합니다. 몸이 건강하고, 정신도 건강해야 우리의 일상이 가능해지니까요. 하지만 이 방법도 당장 돈을 벌어주지는 못합니다.

셋째는 투자 공부를 하며, 투자에 집중하는 시간을 보내는 겁니다. 요즘 주식이나 부동산을 제대로 알지 못하고서 투자를 할 수 없습니다. 부동산 호재인 곳을 알아야 하고 법과 규제도 이해해야 합니다. 묻지마식 투자는 나중에 그 책임을 누구에게도 미룰 수 없기 때문입니다. 다만 이 방법은 투자할 시드 머니가 있을 때 가능한 일입니다. 아무리 공부해봐야 시드 머니가 없다면 실제로 적용하지 못해 아무 소용이 없습니다. 나중에 큰 부를 가져다 줄지 모르지만, 자본이 있어야 할 수 있는 일입니다.

넷째는 창업 아이디어 구상입니다. 새로운 혁신 모델을 만들어 미래 비즈니스 모델을 만들어보는 겁니다. 얼마든지 시간을 투자할 수 있는 가치가 있겠지요. 단지 미래 비즈니스 모델을 만들 수 있는 본인만의 특색 있는 경험과 그 지식이 수반되어야 합니다. 일반인이 쉽게 시작하긴 어려운 일입니다.

다섯째는 배달, 편의점, 커피숍 아르바이트입니다. 하루 최소 1시간 이상 아르바이트를 하는 겁니다. 당장 돈을 만들 수 있는 최적의 방법입니다. 적은 돈이지만 실질적으로 돈을 벌 수 있습니다. 다만 이 방법으로는 그 이상의 가치, 돈을 벌 수 없습니다.

시급으로 따져도 더 많은 급여를 받는 직장인이 아르바이트, 사이드 잡을 찾는 이유가 바로 여기에 있습니다. 평생 직장도, 평생 아르바이트도 없다는 건 우리 모두가 잘 압니다. 우리 모두 평소 버는 월급, 시급에 계속 머무르고 싶어 하지 않습니다. 그렇다고 금액이 갑자기 확 오르진 않으니까요. 저도 많은 시간을 들여 이런 고민, 여러분과 똑같은 고민을 했습니다.

저는 투자할 수 있는 자본금도 없었고, 직장인이어서 시간을 더 낼 수도 없었어요. 저녁 시간에 아르바이트로 버틸 체력도 되지 않았어요. 자기 계발도 좋았지만 계속 배우고만 하고 싶지는 않았습니다. 뭔가 결과를 만들고 싶었던 것은 당연했고요.

2024년 기준 최저 시급은 9,860원입니다. 매일 1시간을 투자해서 1년 동안 벌 수 있는 돈은 3,598,900원입니다. 매일 1시간의 아르바이트로 1년 동안 약 360만 원을 버는 것에 여러분은 만족하십니까?

하지만 생각을 바꾸니 그 1시간으로 다른 결과를 만들어낼 수 있었습니다. 제 시간은 최저 시급보다 훨씬 높은 대우를 받을 수 있다고 생각했습니다. 그 시간으로 저는 더 많은 돈을 만들어낼 수 있기 때문입니다. 그 뒤로는 최저 시급에 목메지 않았습니다. 물론 처음에는 1시간에 1원도 만들지 못했습니다.

그저 시간을 쏟아 부었습니다. 누구도 1원 한 푼 주지 않았어요. 끊임없이 머리를 쓰며 생각해야 했고, 내용을 채우기 위해 찾아다녀야 했습니다. 하루 1시간이 아니라 3시간의 품이 들어가는 날도 있었고요.

매일매일 시간을 투자했습니다. 그 시간을 견디니 실질적인 이익이 생기기 시작했습니다. 여러 물품을 제공받아 생활비를 아낄 수 있었고, 체험단을 통해서 맛집에서 무료로 식사를 할 수도 있었습니다. 처음은 이런 소소한 재미로 채웠습니다.

그 후에는 기회가 생기기 시작했습니다. 기회는 조금씩 조금 다양한 모습으로 다가왔습니다. 제가 할 수 있는 여러 일이 생기기 시작했습니다. 삶의 반경이 늘어났고 인간관계가 늘어나면서 인맥이 형성되었습니다. 제 주변에도 최저 시급에 신경 쓰지 않고 저와 비슷하게 노력한 분들이 많았습니다. 다양한 곳에서 강의와 프로젝트 요청도 들어왔습니다. 글만 썼을 뿐인데 다양한 기회가 생기기 시작했습니다.

1원 한 푼 받지 못했던 1시간이 30분으로 줄고, 월 100만 원을 만들었으며, 300만 원까지 가치를 높였습니다. 현재 1,000만 원을 버는 이 방법은 무엇일까요?

바로 네이버 블로그입니다. 하루 30분, 또는 1시간 블로그를 시작했을 뿐인데 일어난 변화입니다. 저만의 이야기일까요? 그렇지 않습니다. 주변에 많은 분이 저와 같은 경험을 했습니다. 네이버 블로그를 만나고 꾸준히 시간을 투자해 인생의 많은 부분이 바뀐 분들이 생각보다 많습니다.

이 책은 저와 같은 경험을 가진 많은 블로거의 이야기를 담았습니다. 여러분이 '인플루언서'라고 알고 있는 분들의 시작도 엿볼 수 있습니다. 저처럼 평범한 사람이 어떻게 블로그를 통해서 삶의 변화와 수익화를 이뤄냈는지 그 방법을 나누려고 합니다.

아이를 키우는 전업주부, 부업을 희망하는 직장인, 은퇴 후 노후를 준비 중인 중년층, N잡을 꿈꾸는 MZ 세대 모두 가능한 방법입니다. 그 누구든 동일하게 적용할 수 있습니다. 스펙이 굳이 필요하지 않습니다. 글쓰기에 석사, 박사 증명이 필요하지 않거든요.

물론 나이 제한도 없습니다. 나이가 있으면 있는 대로 경험이 있으니 유리하고, 젊으면 젊을수록 트렌드를 잘 알고 있으니 유리합니다. 남녀 차별? 당연히 없습니다. 남자들이 궁금해하는 정보를 적으면 되고, 여자들이 더 공감할 수 있는 내용을 쓰면 됩니다.

정해진 시간도 없습니다. 아침, 점심, 저녁 어느 때라도 가능합니다. 언제든 여러분이 낼 수 있는 시간이면 됩니다. 처음엔 감도 잡히지 않고 결과도 보이지 않는 답답한 시간일 수 있습니다. 30분보다 더 많은 시간이 필요할 수도 있습니다. 다만 한 가지, 미래의 모습을 구체적으로 그려보고 갖고 싶은 가치를 그려볼 수 있길 바랍니다. 블로그로 현재를 바꾼 분들의 이야기를 통해 여러분이 가고자 하는 방향도 찾아보세요.

이 책에는 블로그를 시작하면서 겪게 된 많은 변화와 기회에 대한 내용을 담았어요. 주변의 이야기도 담아서, 여러분도 나만의 블로그를 어떻게 운영하면 좋을지 힌트를 얻을 수 있을 겁니다. 블로그에 대한 기초지식이 전혀 없다고 해도 문제될 게 없습니다. 누구나 보고 따라 하면, 쉽게 글을 쓸 수 있도록 구체적인 방법도 담았습니다. 저도 처음에 댓글 하나 달기 어려웠던 시절이 있었습니다. 나중에 알고 보니 별거 아니었지만, 그 별거 아닌 게 어렵던 왕초보 시절이 있었습니다. 블로그를 어느 정도 운영해야 알 수 있는 내용을 담아 초보를 벗어날 느낄 시간을 줄일 수 있게 될 겁니다.

또한 여러분의 시간을 제대로 소중하게 사용할 수 있도록 콘텐츠 작성의 시간을 줄일 수 있는 ChatGPT 소개와 활용법을 중요하게 담았습니다. 소설도 척척 쓰는 ChatGPT를 어떻게 블로그 콘텐츠 작성에 활용하면 좋을지, 다양한 방법을 알아보세요! 어떤 키워드로 글을 써야 하는지, 글감을 얻는 방법부터 프롬프트를 사용해서 글을 쓰는 방법까지 함께 고민했습니다. ChatGPT뿐만 아니라 네이버에서 개발한 AI인 '클로버 X$^{CLOVA\,X}$'와 '네이버 큐$^{cue:}$'의 차이도 알아보겠습니다.

블린이(블로그 초보)들이 궁금해했던 요소도 모두 설명했습니다. 저는 '호모앤 블로그 브랜딩 프로젝트'를 진행하면서 초보자 대상 강의부터 비즈니스 컨설팅까지 진행했습니다. 그래서 블린이가 어떤 부분을 제일 궁금해하는지 누구보다 잘 알고 있습니다. 이 책에는 제 몇 년간의 경험과 수업 내용이 모두 녹아 있습니다.

지금부터 여러분과 돈이 되는 블로그를 만들기 위해 실용적인 부분부터, 브랜딩을 위한 마인드와 세팅까지 모두 알아보겠습니다. 여러 수익화 방법도 함께 담았으니, 블로그를 하면서 본인에게 잘 맞는 방향도 함께 찾을 수 있길 바랍니다.

블로그를 만나고 바뀐 저의 이야기를 공유할 수 있게 되어서 참 행복합니다. 저의 행복한 이야기를 여러분과 나누고 싶습니다. 그럼 지금부터 여러분의 시간을 돈으로 바꿀 수 있는 방법을 같이 시작해보겠습니다.

CHAPTER 01

퍼스널 브랜딩의 시작 네이버 블로그

소셜 미디어로 시간과 자유를 얻자

월 1,000만 원의 꿈을 이룬 사람들

디지털 강사, 블로그 강사, 브랜딩 컨설턴트, 작가, 전자책 기획자, ChatGPT AI 강사, 온라인 마케팅 대표

모두 저를 지칭하는 말입니다. 제가 하는 일에 따라서 사람들은 저를 다르게 부릅니다. 사람들이 흔히 말하는 N잡인 셈입니다.

바이올리니스트, 피아니스트, 학원 원장, 사회 복지사, 작가, 출판사 대표, 한의원 원장, 구청 공무원, 요양 보호사, 마케팅 회사 대표, 마케터, 부동산 중개인, 소방관, 의사, 학교 선생님, 대사관 직원, 아파트 관리소장, 인문학 센터 원장, 유튜버, 1인 기업 대표, 교수, 라이프 코치, 컨설턴트, 번역가, 아기 모델, 펜션 주인, 은행원

제가 블로그를 통해서 알게 된 사람들입니다. 3년 동안 다양한 분야, 여러 지역에 있는 분들과 인연을 만들었습니다. 제가 평범하게 살았다면 평생 만나기 힘든 인맥이기도 합니다. 하지만 지금은 전국 일주를 해도 될 만큼의 친구가 생겼습니다.

월 800만 원, 제가 블로그를 통해서 한 달 동안 벌었던 수익입니다. 물론 블로그 포스팅만 쓰던 시기도 있었습니다. 회사에서 꼬박꼬박 주는 월급과는 다르게 내가 어떻게 활동하는지에 따라 월급 외 수익이 생겼습니다.

월급만으로 힘들다. 모두가 이야기합니다. 그래서 월급 외 수익을 어떻게 만드느냐가 중요해졌습니다. 이런 고민이 있는 분이라면 저처럼 블로그만으로도 기회를 만들 수 있습니다.

블로그를 시작하면서 월 수익 1,000만 원이 넘는 분들을 꽤 만났습니다. 시작은 일상 블로그였지만, 지금은 여행 인플루언서로 여행을 다니면서 계속 콘텐츠를 만드는 분도 계세요. 여행이 좋아 시작한 기록이 이제는 본인의 직업이 된 것이죠.

블로거 「꿈꾸는 유목민」 님은 서평을 주로 쓰다 도서 인플루언서가 되고, 그 내용으로 책을 써 작가로 활동하고 있습니다. 생활비를 아끼기 위해 육아/일상 블로그로 시작한 블로거 「설렌데이」 님은 불과 2년 만에 체험단으로 받은 제품만 1,000만 원이 넘고, 아이는 모델로 데뷔해 추가 수익을 만들고 있습니다.

디지털 노마드의 삶을 꿈꾼다면 소셜 미디어를 시작하자

여러분은 '디지털 노마드'라는 단어에 익숙한가요? 9시부터 6시까지 할당된 업무를 하고 정해진 월급을 받는 삶이 아닌, 시간에 구애받지 않고 수익을 만들며 자유로운 삶을 누리는 사람이 바로 '디지털 노마드'입니다. 제가 자유로운 '디지털 노마드'가 된 것은 노트북 하나만 있다면 어디든 원하는 곳에서 일할 수 있는 블로그를 시작한 덕분입니다.

네이버는 우리나라 사람이 가장 많이 사용하고, 숨 쉬듯 자연스럽게 정보를 얻고 검색하는 대표적 포털 사이트입니다. 바로 그 네이버에 나의 정보, 일상을 글과 사진으로 담고, 공유하는 방법 중 하나가 블로그를 운영하는 겁니다.

블로그는 글이 중심이긴 하나 사진도, 글도, 동영상도 모두 남겨 놓을 수 있습니다. 본인이 가진 유명세와도 상관없이, 상대방의 검색 의도에 맞는 좋은 글 한 편이면 불특정 다수에게 노출될 수 있습니다. 외모가 특출나지 않아도 글만으로 좋은 평가를 받을 수 있습니다. 그래서 네이버 블로그는 일반인이 시작하기에 가장 손쉬운 플랫폼입니다.

블로그를 한다는 건 새로운 기회를 만드는 것입니다. 제가 바로 그 증거입니다.

소셜 미디어와 인플루언서의 등장

글로벌 시장 조사 업체 Data-Reportal의 '디지털 2024 : 글로벌 조사 결과(Digital 2024 : Global Overview Report)' 보고서에 따르면 우리나라는 소셜 미디어 이용률이 세계 평균 62.3%의 약 1.5배에 달하고, 순위로는 세계에서 세 번째로 많이 사용하는 나라라고 합니다.* 전 세계적으로 소셜 미디어 영향력은 커지고 있고, 통신 분야가 발달한 우리나라에서 소셜 미디어 이용률은 특히 높은 편이기도 합니다.

---

* Digital 2024 : Global Overview Report, Simon Kemp, Datareportal, 2024년 1월,
  출처 : https://datareportal.com/reports/digital-2024-global-overview-report

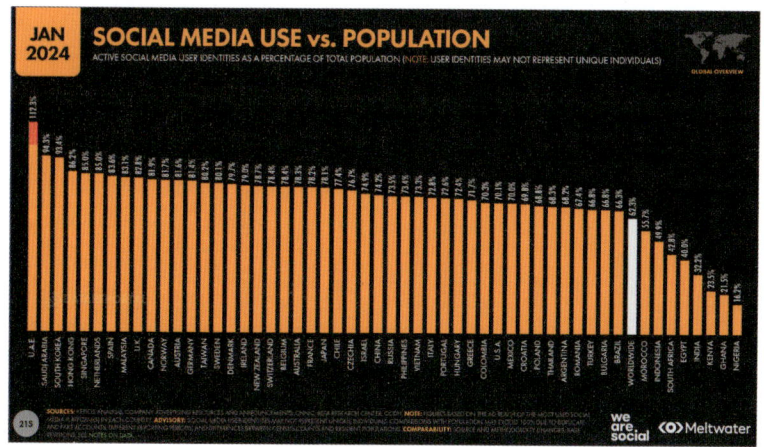

▲ 국가별 소셜 미디어 이용률*

우리는 소셜 미디어를 통해 사람들과 소통하고, 정보와 지식을 공유하며, 자신의 의견을 표현하고 있습니다. 또한 소셜 미디어는 기업과 브랜드의 마케팅과 홍보에 중요한 역할을 하고 있습니다.

그만큼 소셜 미디어를 많이 소비하는 나라이기에 글을 올리고 팬을 만들어나가는 인플루언서가 되면 노력하는 만큼의 가치를 만들 수 있습니다. 그 가치는 자연스럽게 수익으로 연결됩니다.

다양한 소셜 미디어 플랫폼, 어떤 특징이 있을까

우리나라에서 사용자들이 주로 사용하는 소셜 미디어 채널은 인스타그램, 유튜브, 틱톡, 네이버 등이 있습니다. 네이버를 본격적으로 알아보기에 앞서 각 플랫폼의 특징을 간단히 살펴보겠습니다.

---

* 아랍에미리트(U.A.E.)는 다중 계정 사용 등 인위적으로 부풀려진 숫자이거나, 해당 국가에서 거주 혹은 업무 목적으로 체류 중인 총 인구 수가 과소 집계되어 나타난 현상인지는 불분명.

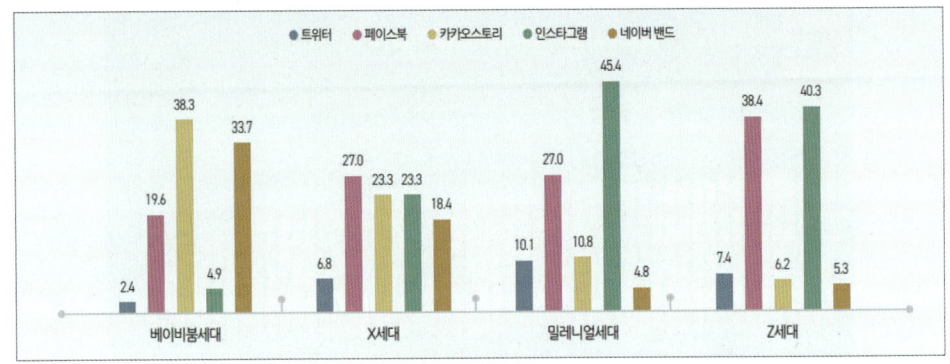

▲ 세대별 SNS 이용 현황*

1 인스타그램 : 인스타그램은 매우 시각적인 플랫폼으로, 10대부터 30대까지의 젊은 층에게 인기가 많습니다. 인스타그램 사용자들은 주로 일상을 사진과 동영상으로 공유하고 소통합니다. 대규모 사용자 기반의 참여도가 높은 채널로 다양한 잠재 고객과 연결될 수 있습니다.

인플루언서 문화의 근원이며 패션, 뷰티, 여행 분야의 브랜드와 협업하기 좋은 채널입니다. 최근 인스타그램은 기업들의 제품과 서비스의 소통 창구로도 애용됩니다. 우리나라 셀러브리티의 일거수일투족을 통해 K-컬처 확산을 돕는 진원지가 된 것도 인스타그램입니다.

2 유튜브 : 명실상부 우리나라 사람들이 가장 많은 시간을 소비하고, 모든 연령층에서 인기 있는 채널입니다. 또한, 분야를 가리지 않아 거의 모든 분야에 걸쳐 콘텐츠가 생산됩니다.

유튜브를 넘어 지상파, 케이블 TV 프로그램에 출연하는 크리에이터도 점차 늘고 있습니다. 영상 순위나 조회 수가 급상승해 크리에이터가 인기를 얻게 된, 소위 '떡

---

* 세대별 SNS 이용 현황, 2022년 6월, KISDI(정보통신정책연구원), 김윤화.
  출처: https://www.kisdi.re.kr/report/view.do?key=m2101113025790&arrMasterId=4333447&masterId=4333447&artId=1674096

상했을 때 얻게 되는 이익은 다른 어떤 채널보다 큰 편입니다. 하지만 영상 콘텐츠의 특성상 촬영 장비, 영상 편집 등 초기 투자가 많이 필요하기 때문에 시작하기 쉽지 않은 특징도 있습니다.*

❸ **틱톡** : 5초에서 1분 길이의 동영상을 촬영, 편집한 숏폼Short-Form 동영상을 업로드하는 플랫폼으로 10~20대가 주로 이용합니다. 숏폼 원조 채널답게 다양한 챌린지와 재미있는 영상이 인스타그램 릴스나 유튜브 쇼츠로 재생산, 공유되는 경우가 많습니다.

다만 개인 정보 보호에 취약한 중국에서 만든 서비스라는 부정적인 이미지, 특유의 외국발 B급 정서와 유머가 우리나라에 맞지 않아 다른 세대까지 널리 퍼지기 힘든 특징도 있습니다. 틱톡 콘텐츠는 10~20대 정도의 젊은 층에서만 유행이라고 여겨지며, 숏폼이 대세임에도 불구하고 브랜딩을 위한 상승 요소가 적은 채널이기도 합니다.

이렇게 다양한 소셜 미디어 플랫폼을 통해 일반인도 자신이 지닌 생각, 노하우, 지식을 콘텐츠로 만들어 유명인이 되고 사회에 영향력을 끼칠 수 있습니다. 권위 있는 공식 협회의 인정, 학계 발표, 등단, 시상, 공중파 출현 없이도 콘텐츠만 생산하면 되는 시대가 된 것이죠.

이런 환경에서 콘텐츠를 소비만 한다는 건 시대를 따라가지 못하는 것일 수 있습니다. 나에게 잘 맞는 소셜 미디어 플랫폼을 골라 콘텐츠 크리에이터가 되면 더 많은 기회를 만들 수 있는 세상이 되었습니다. 지나가는 기회를 보고만 있을지, 기회를 만들지에 대한 선택만 남았습니다.

---

* 영상을 만들어 업로드한다고 무조건 알려지는 것도 아닙니다. 유튜브는 철저히 개인, 비슷한 취향을 가진 사람들의 시청 영상을 분석한 추천 알고리즘에 의해서 노출됩니다. 따라서 구독자 100만 명 이상의 막대한 영향력을 가진 크리에이터라도 사용자 개인 취향에 따라서 전혀 노출되지 않는 경우도 허다합니다.

당장 네이버 블로그를 시작해야 하는 이유

왜 다른 플랫폼보다 네이버 블로그가 유리할까

앞서 LESSON 01에서 다양한 소셜 미디어 플랫폼을 알아보았습니다. 다른 소셜 미디어 플랫폼이 아닌 네이버 블로그로 채널 운영을 시작해야 하는 이유가 있습니다. 그 이유를 한번 살펴보겠습니다.

첫 번째, 우리나라 사람에게 친화적인 채널입니다. 네이버는 유튜브나 인스타그램 등 다른 소셜 미디어와 달리 한국 회사가 만든 한국인 기반의 플랫폼입니다. 국내에서 가장 지배적인 포털, 네이버에서 지원하는 소셜 미디어이고, 한국어를 사용하는 방대한 사용자가 대상입니다.

글로벌 스타가 되는 게 꿈이 아니라면, 또는 영어를 자유롭게 구사하는 게 아니라면 한국인들 대상으로 한 네이버 블로그가 무엇보다 유리한 채널임은 틀림없습니다.

두 번째, 검색 엔진 최적화가 가능합니다. 네이버는 검색 결과에서 다른 웹사이트보다 네이버 콘텐츠를 우선시하는 경향이 있습니다. 한국인이라면 모르는 게 있을 때 우선 네이버에서 검색합니다. 많은 회사가 네이버 마케팅에 돈을 쏟아붓는 이유가 바로 이런 한국인의 검색 성향 때문입니다. 당장 무명의 일반인이 자신을 홍보하려 한다면 네이버에서 검색되어야 합니다.

생각해보면 간단합니다. 처음 듣는 사람의 이름을 검색할 때 어디에서 먼저 찾으시나요? 인스타그램이나 유튜브보다는 네이버에서 검색할 겁니다. 그래서 나를 홍보하고자 하는 사람이라면 네이버에서 검색되길 바랍니다. 이때 네이버 블로그만 있다면 네이버 검색에서 노출이 가능해 나를 알리고, 블로그 채널도 홍보 기회가 생기는 겁니다.

세 번째, 블로그와 연결할 수 있는 다양한 자체 서비스가 있습니다. 네이버는 네이버 자체에서 사용자가 모든 콘텐츠를 소비하도록 가두리 형식을 취합니다. 네이버는 카페, 웹툰, 포스트, 오디오클립, 네이버TV, 스마트스토어 등 다양한 통합 서비스를 제공합니다. 네이버 블로그를 운영하면 네이버 내 자체 서비스에 콘텐츠를 쉽게 연결하고 홍보해 도달 범위를 확장하고 더 많은 고객을 확보할 수 있습니다.

네 번째, 팬과의 소통에 유리합니다. 네이버 블로그는 댓글과 쪽지, 톡톡 등 이웃과 소통할 수 있는 다양한 시스템을 구축해놓았습니다. 여기에 서로이웃을 만드는 이벤트나 포스팅 공유 같은 기능을 통해 이웃과 다양한 상호 작용도 가능합니다.

블로그를 통한 인연으로 카페나 밴드를 만들어 공동체 의식을 조성할 수도 있습니다. 네이버 인플루언서에 선정되어 전문가 타이틀을 확보한 후 네이버 포스트를 이용한 프리미엄 콘텐츠를 만들어 구독 서비스를 운영하며 자연스럽게 팬덤을 형성할 수도 있습니다. 다양한 네이버 시스템을 활용해 콘텐츠를 계속 발행하다 보면, 내 글을 읽어주는 나만의 독자가 이웃이 되고 팬이 됩니다.

다섯 번째, 다양한 수익 창출 기회가 있습니다. 네이버는 광고를 통해 이익을 얻는 채널입니다. 자체 서비스인 애드포스트는 물론 블로그는 체험단과 기자단으로 활동하며 수익을 창출할 수 있습니다. 블로그가 인기를 얻어 방문자가 많아지면 원고료를 받고 포스팅하기도 합니다.

네이버 인플루언서만을 대상으로 체험단 서비스를 제공하던 브랜드커넥트가 2024년 초에는 전체 블로거를 대상으로 그 범위를 확대했습니다. 이웃 수 1,000명 이상 직전 월 방문 횟수가 10,000명 이상일 때 신청 가능합니다. 내가 원하는 브랜드와 제휴할 수 있는 기회를 네이버에서도 지원하게 된 것입니다.

본인의 사업체가 있다면 광고비를 쓰지 않고 블로그 홍보만으로도 광고 이상의 매출을 올릴 수도 있습니다. 다른 사람의 업체를 홍보하고 대가를 받든, 내 사업체를 홍보하면서 홍보비를 줄여서 이득을 취하든 목적에 맞게 수익화를 할 수 있습니다.

여섯 번째, 사용 방법이 쉽습니다. 포스팅 작성 기능인 스마트 에디터는 처음 접하는 사람도 쉽게 시작할 수 있습니다. 사진과 동영상을 업로드하는 방법도 어렵지 않고 다른 어떤 블로그 플랫폼보다 사용법이 간단해 쓰기가 편합니다.

기술적인 문제가 생겼을 때는 고객 센터와 소통도 쉽고 빠른 대처가 가능하기에 연령과 성별에 상관없이 시작할 수 있습니다. 네이버 블로그는 컴퓨터로 간단한 문서 작성을 할 수 있다면 나이가 지긋하신 분들도 쉽게 시작할 수 있습니다. 이는 네이버 블로그의 가장 큰 장점입니다.

네이버 블로그는 다른 채널에 비해 시작 허들이 높지 않고, 채널을 키웠을 때 돌아오는 이익이 다른 어떤 채널에도 뒤지지 않습니다. 시작만 하면 돌아올 가치가 어마어마한데, 망설일 이유가 있을까요?

이제 시작만 하면 됩니다.

15년 차 전업주부에서 N잡러로

블로거 인터뷰 : 상냥한 주디

Q 본인을 소개해주세요.

A 안녕하세요. 15년 차 전업주부에서 지금은 N잡러(웹디자이너, 강사, 작가, IT 인플루언서, 유튜버)로 살고 있는 「상냥한 주디」입니다. 저는 블로그로 시작해 다양한 N잡에 도전하게 되었습니다. 책 《상냥한주디가 알려주는 N잡러를 위한 미리캔버스》* 출간 후 사람들에게 미리캔버스를 N잡에 활용할 수 있도록 도와주는 일을 계속하고 있습니다. 사람들을 돕다 보니 스스로 N잡러의 상징이 되었습니다.

Q 블로그를 시작하게 된 계기는 무엇인가요?

A 저는 비교적 20대 이른 나이에 결혼해서, 어느 강사님 표현대로 501호 아줌마로 사는 평범한 전업주부였습니다. 어느 날 딸과 함께 간 도서관에서 《지금의 조건에서 시작하는 힘》**이라는 책 제목이 저를 끌어당겨서 읽게 되었어요. 그 책에서

---

* 《상냥한주디가 알려주는 N잡러를 위한 미리캔버스》, 상냥한주디(김정훈) 저, 위키북스, 2023년 6월
** 《지금의 조건에서 시작하는 힘》, 스티븐 기즈 저/조성숙 역, 북하우스, 2015년 12월

는 실패에 대한 두려움으로, 뭐든지 준비가 완벽히 된 후 시작하려고 하는 사람을 '게으른 완벽주의자'라고 표현하더라고요. 그 책의 '게으른 완벽주의자'가 딱 저라는 생각이 들었어요.

그 이전까지의 제가 그랬거든요. 남들의 시선이 신경 쓰여 무언가를 시작하기 전에 실패할까 두려워서 시작하지 못했어요. 시작하는 대신 항상 주변 환경을 탓하고 있었어요.

당시 제 상황은 13년을 전업주부로 생활하고, 막 일을 시작한 시점이었어요. 둘째가 초등학교에 입학한 후 시작한 지인의 쇼핑몰에서 디자인 일을 도와주고 집안일을 했고요. 하지만 제가 번 돈은 아이들 학원비에도 크게 보탬이 안되는 돈이었어요. 일은 하는데 저를 위해 쓸 돈도 없고, 일을 하고 있어도 남편은 여전히 저를 전업주부로 생각해 가사일을 전혀 도와주지 않았어요.

쇼핑몰 일을 하게 되며 낮에 어울리던 동네 엄마들과 소원해지니 말할 상대도 없었어요. 결혼 후 잔뜩 살이 찐 제 모습도 싫었습니다. 정말 변화하고 싶다는 생각이 간절했습니다. 특히, 능력이 없는 남편과 살고 있어서 제가 이렇게 살고 있다는 부정적인 생각도 했어요. 다른 엄마들은 남편이 돈도 잘 벌고, 시댁도 부자라서 잘 쓰고 편히 사는 것 같은데, 저는 그런 환경이 아니라 저도 밥벌이를 한다는 생각에 남편 탓을 많이 했어요.

이때 《지금의 조건에서 시작하는 힘》이란 책이 저에게 큰 깨달음을 주었죠. '실패한다 해도, 그 시도를 통해서 경험이란 자산이 쌓이니, 나는 손해 볼 게 없다'는 메시지가 힘이 되었습니다.

가장 먼저 다이어트를 시도했고, 1년 동안 15kg을 감량해 자존감이 올라갔어요. 다이어트에 성공하니 뭔들 못하겠냐는 생각에 20년 만에 자격증 시험에 도전해서 컴퓨터활용능력, 컴퓨터그래픽스운용기능사 자격증을 취득하고 아이들을 돌보는 것을 고려해 가까운 동네의 가구 쇼핑몰에 취직했어요.

작은 쇼핑몰이다 보니 제가 전공한 디자인만 하는 게 아니라 견적도 내고, 상담해서 가구도 팔아야 했죠. 처음엔 못할 것 같았고, 하기도 싫었지만 무작정 '뭐든 도전해보자!'라는 생각으로 시작한 일이 두 배의 매출을 올리면서 영업 실적까지 승승장구하게 되었습니다.

조금 길게 이야기하게 되었네요. 하지만 그때까지의 제 상황을 이야기해야 제가 블로그를 시작한 시점을 말해드릴 수 있답니다. 바로 그 가구 쇼핑몰에서 블로그를 관리해야 한다고 해서 회사 블로그도 전담했습니다. 그러면서 제 블로그도 2020년 4월 다시 시작했고요. 그게 바로 제 블로그의 시작입니다.

Q 처음 시작한 블로그는 어떤 내용이었나요?

A 워킹맘이라 회사에 다니면서 아이들을 돌보고, 집안일도 하면서 계속 뭔가를 배우고 성장하고 싶은 욕구가 컸던 것 같아요. 그때 읽었던 책이 《미라클 모닝》* 입니다. 미라클 모닝을 통해 내 시간을 가질 수 있겠구나 싶어 새벽에 기상하기로 마음먹고, 인증하기 위해 블로그를 시작했어요. 처음에는 단지 인증이 목적이었고, 브랜딩이나 수익화 생각은 전혀 없었어요. 사실 그런 게 있는지도 몰랐어요.

Q 블로그를 하면서 이루고 싶은 목표가 있었나요?

A 블로그를 하던 중에 '디지털 노마드'라는 단어를 알게 됐어요. 시간과 공간에 구애받지 않고 디지털 기기를 가지고 다니며 언제 어디서든 일하는 사람이라고 하더라고요. 저는 이 단어에 꽂혀서 디지털 노마드가 되는 게 목표가 되었어요.

---

* 《미라클 모닝》, 할 엘로드 저/김현수 역, 한빛비즈, 2016년 2월

지금은 그 꿈을 이루었고, 또 다른 목표가 생겼어요. 이제는 예전의 저처럼 자존감 낮은 전업주부에게 블로그를 통해 성장할 수 있다는 걸 알려주고, 함께 성장하는 게 목표랍니다. 누구보다도 저처럼 세상으로 다시 나오고 싶은 분들을 위해 제 경험을 나누면서 희망을 전하고 싶어요. 그분들을 위한 동기부여 강사가 되는 게 최종 목표입니다.

Q 직접 경험한 '디지털 노마드'의 삶은 어떤 것인지 묻고 싶네요. 이미 어느 정도 목표를 이루신 거죠?

A 말 그대로 어느 장소에서나 일할 수 있다고 말하고 싶네요. 집에서 아이들을 돌보면서 일할 수 있고, 여행 가서 온라인 강의도 할 수 있고, 스스로 스케줄을 조정하면서 일할 수 있다는 부분이 제일 좋아요. 제가 꿈꾸던 삶이에요. 회사에 매여 있지 않아 지난주에도 온 가족이 일본 여행을 다녀왔어요. 그러면서도 동시에 일할 수 있었죠. 이런 삶이 바로 디지털 노마드의 삶이에요.

Q 그럼 블로그를 시작하기 전과 후의 삶을 비교해주실 수 있을까요?

A 블로그를 시작하기 전에는 수동적으로 누가 시키는 일만 하고, 환경 탓을 하면서 항상 제 한계를 정해놓고 못한다고만 생각했어요. 하지만 사람들에게 무언가 알려주게 된 이후 '내가 참 가치 있는 사람이구나'를 알게 되었죠. 가장 큰 차이점이라고 볼 수 있어요.

자존감이 낮은 아줌마에서 N잡러로 성장했거든요. 인생이 거의 180도 바뀐 셈이죠. 저는 동네 아줌마에서 작가, 강사, 디자이너, 컨설턴트, 챌린지 리더 등 다양한 직업을 가지게 되었어요. 이전에는 동네 아줌마들만 만났다면, 이제 주변에는 작가님, 자기 계발을 하시는 분들이 많아요. 삶을 바꾸는 능동적인 분들을 만나고 있거든요. 예전의 저라면 만나지 못했을 다양한 사람들을 만날 수 있게 된 거죠. 블로그를 시작하지 않았다면 저는 전업주부, 워킹맘에 멈춰 있는 삶을 살았을 거고 지금처럼 성장하지 못했을 겁니다.

Q 수익화 부분도 많은 변화가 있었나요?

A 블로그 초기에는 네이버 애드포스트로 100~1,000원 버는 게 시작이었어요. 돈이 벌리는 거 자체가 신기했죠. 본격적으로 블로그를 공부하면서 자고 있을 때도 돈이 들어오는 파이프라인을 만들기 시작했어요. 이후에 블로그를 통해 디자인 의뢰가 조금씩 들어오면서 블로그를 통한 수익화가 구체화되었어요. 그때까지는 회사를 다니면서 부수입을 벌었고, 온라인 강의를 진행하면서 본격적으로 수익화가 가능하다는 확신이 들었어요.

가능성을 믿고 퇴사할 때가 블로그를 시작한 지 딱 1년이 된 시점이었어요. 처음엔 월 수익이 100만 원 정도였어요. 어느새 외부 출강, 책 집필, 온라인 강의를 통해 월급 이상의 수익이 생겼습니다.

2년 차에는 책을 출간했고, 디지털 강의로 고정 수익을 만들어 월 500만 원 정도 수익을 올렸습니다. 3년 차엔 더 많은 강의 제안이 들어왔고, 디자인 의뢰, 추가로 책을 집필해 월 1,000만 원이 넘는 수익을 만들 수 있게 되었어요. 13년 차 전업주부, 2년 차 워킹맘일 때는 전혀 상상하지 못했던 금액이었습니다. 지금은 제가 성장할수록 수익이 늘어나는 걸 알기 때문에, 2024년에는 더 많은 수익이 가능하리라 믿어요.

Q 「상냥한 주디」 님의 경우에는 블로그를 전혀 모르던 사람이 셀프 브랜딩으로 월 1,000만 원의 수익을 올리기까지 3년이 걸렸다는 거네요. 누구라도 가능할까요?

A 저는 딱 3년이 걸렸는데, 더 빠른 분들도 있고 저보다 느린 분들도 있어요. 만약 조금 더 일찍 블로그 수익화를 알고 시작했으면 더 단축되었을지도 모르겠단 생각이 들어요. 주변에 도와주는 사람이 있다면 분명 더 빠르게 성장할 수 있을 겁니다.

Q 「상냥한 주디」 님께 블로그란 어떤 곳인가요?
A 블로그는 '나를 브랜딩하는 곳'이라고 생각해요. 제 성장 과정들을 기록하는 과정에서 '상냥한 주디'라는 브랜드를 만들었고, 브랜드를 통해 수익화가 가능했기 때문이에요.

Q 여러 소셜 미디어 플랫폼을 경험하셨다고 들었는데, 플랫폼별 특징이 있나요?
A 블로그 외에 제가 경험을 축적한 채널로 인스타그램이 있습니다. 인스타그램은 주로 DM으로 제안을 받고, 프로필에 등록한 채널 링크로도 제안을 받을 수 있어서 좋았습니다. 아무래도 블로그보다는 콘텐츠 작성 시간이 덜 걸리는 것이 장점입니다. 반응이 빠르게 오는 것도 인스타그램 쪽이었습니다. 2023년엔 인스타그램에서 제안이 많이 들어와서 여러 플랫폼을 잘 활용하는 것도 필요하다는 걸 알게 되었어요.

그래도 제가 제일 좋아하는 플랫폼은 네이버 블로그에요. 제가 블로그를 통해 성장했고, 블로그로 '찐' 이웃님을 많이 만났거든요. 책 집필 제안도 블로그를 통해서 왔습니다. 그래서 여러분께 제일 권하고 싶은 플랫폼도 네이버 블로그이고요. 블로그를 기본에 두면 여러 플랫폼의 채널로 확장하기 좋기 때문에 브랜딩도 좀 더 빠르게 성공할 수 있어요. 적어도 제 경험에 비춰보았을 때는요.

Q 블로그를 시작하려는 분들께 해주고 싶은 말은?

A 저와 비슷한 시기에 같이 시작했는데 저보다 더 좋은 성과를 내신 분, 그만두신 분, 머물러 계신 분도 계세요. 다양한 건 사실입니다. 결정적 차이는 성과를 내고 성장하신 분들은 대부분 실행력이 있으셨어요. 배우기만 하고 실행하지 않으면 결과가 나오지 않거든요. 절실한 사람은 실행합니다.

오늘부터 블로그에 글을 한 개라도 써보고, 배운 것, 공부한 것을 어떻게 수익으로 연결할 수 있는지 고민하고 실행해보라고 이야기하고 싶어요. 블로그 시작은 고민할 문제가 아니거든요. 무조건 시작하세요. 아줌마가 블로그에 글 하나를 올린 이후로 인생이 180도 바뀌었잖아요. 여러분도 할 수 있어요!

> **상냥한 주디 소셜 미디어**
> - 네이버 블로그 : blog.naver.com/melon104
> - 인스타그램 : www.instagram.com/kindjudy
> - 브런치 : brunch.co.kr/@melon0110
> - 유튜브 : www.youtube.com/@kindjudy
> - 카카오채널 : pf.kakao.com/_xlxfWxkK

CHAPTER 02

네이버 블로그로 이루는 수익화 방법

블로그로 돈의 파이프라인을 만들자

네이버 블로그를 활용해 돈 버는 기회 만들기

네이버 블로그는 일기, 추억 기록의 공간으로 시작했습니다. 사람들은 맛집과 여행을 다녀와 글을 남겼고, 제품에 대한 자신의 솔직한 후기를 기록했습니다. 이렇게 쌓인 순수한 기록이 실제 경험 후기가 필요한 사람들에게는 큰 정보가 되었습니다.

사람들이 모이는 곳에는 돈도 모이기 마련입니다. 많은 사람이 정보를 찾고 답을 얻는 과정에서 돈을 벌 수 있는 시스템도 마련되었습니다. 트래픽이 발생하면서 수익화의 기회가 생긴 겁니다.

이제 네이버 블로그는 용돈벌이를 넘어 부업이나 창업의 수단으로 시작하는 사람도 많아졌습니다. 블로그에 광고를 달고 제품/서비스를 홍보하거나 지식과 경험을 판매하는 방법으로요. 네이버 블로그만 잘 운영해도 이런 기회가 생깁니다. 그럼 여러분이 가장 궁금해할 네이버 블로그의 다양한 수익화 방법에 대해 알아보겠습니다.

애드포스트

네이버의 비즈니스 모델은 여러 가지가 있지만 역시 광고가 주 수입원인 플랫폼입니다. 네이버에는 대놓고 광고라고 노출하는 '프리미엄 광고' 영역이 있습니다. 프리미엄 광고는 콘텐츠 사이에 콘텐츠와 관련된 광고를 싣는데 여기서 콘텐츠의 메인은 네이버 블로그입니다.

블로그 포스팅 사이에도 광고가 붙습니다. 광고 단가는 광고의 종류에 따라 정해집니다. 정산도 포스팅을 읽는 누군가가 광고를 클릭하면 블로거가 일정한 금액을 받는 방식입니다. 이렇게 네이버 블로그를 통해 수익을 창출할 수 있는 시스템이 바로 **애드포스트**입니다. 블로그 운영 후 애드포스트 자격 조건이 충족되면 블로그에 광고를 게재할 수 있습니다.

최소 자격 조건은 ① 블로그 개설일로부터 최소 90일이 경과되고, ② 포스팅 수는 최소 50개 이상, ③ 일일 방문자는 100명 이상일 경우 가능합니다. 가입이 승인되면 블로그에 광고가 게재됩니다. 애드포스트는 블로그 수익화의 가장 기본적이고 쉬운 방법입니다.

다만 몇 가지 제약은 있습니다. 첫째로 애드포스트 광고를 블로거가 선택할 수 없습니다. 블로그 단가도 알 수 없습니다. 사업주들이 가입하는 네이버 광고를 통해 대략적인 광고 단가를 추측할 수 있긴 합니다만, 그렇게까지 하는 블로거는 많지 않습니다.

둘째로 벌 수 있는 금액도 적은 편입니다. 애드포스트는 방문자 전환율(포스팅 방문자 대비 광고 클릭 수)과 비례해 수익이 발생합니다. 광고가 한 번 클릭될 때 수익이 10원부터 1,000원까지 다양한 편입니다. 방문자가 100명이어도 아무도 광고를 클릭하지 않으면 수익도 10원 미만입니다.

내 블로그의 전환율이 1%이면 100명 중 1명은 클릭한다고 볼 수 있습니다. 1,000명이면 10명, 10,000명이면 100명의 확률로 광고를 클릭하는 것이지요. 주제마다 다르지만 10만 명 정도 방문하는 블로그에서 하루 약 100,000원 정도의 수익을 낸다고 하니 꽤 많은 방문자가 있어야 수익화 가치가 있습니다.

체험단/기자단

블로그를 하면서 소소히 돈 버는 재미를 느낄 수 있는 게 바로 체험단과 기자단입니다. 애드포스트는 소극적인 방법의 수익화라면 체험단과 기자단은 적극적인 방법의 수익화 수단입니다.

우선 체험단은 제품 또는 서비스를 받고 그에 대한 후기를 포스팅하는 활동입니다. 소정의 원고료가 제공되는 경우도 있지만 대부분은 제품/서비스만 무료로 제공합니다. 단편적인 사례로 사전 협의된 식당에 가서 제공된 음식을 먹고 그 내용을 맛집 후기로 기록하는 겁니다. 대다수 사람은 엄청나게 맛있거나 마음에 쏙 들지 않는 이상 시간과 노력을 들여 후기를 남기지 않습니다. 같은 리뷰도 체험단 리뷰와 소위 '내돈내산' 리뷰를 비교해보면 바로 글의 품질 차이가 느껴질 겁니다. 홍보가 필요한 업체가 무료로 음식을 제공하고 후기를 얻는 이유이기도 합니다. 여전히 많은 사람이 식당에 가기 전에 다른 사람이 쓴 리뷰를 보고 갈지 말지 결정합니다.

체험단이 식당, 맛집만 있는 것은 아닙니다. 헤어숍, 메이크업, 마사지, 피트니스 센터, 심리 상담 등 서비스가 다양합니다. 꼭 밖으로 나가야만 하는 것도 아닙니다. 배송형 체험단으로 제품을 집에서 받아 실제로 써보고 리뷰할 수도 있습니다. 단, 블로그 주제에 따라 체험단으로 받을 수 있는 서비스와 제품의 종류가 달라질 수 있습니다.

체험단이 수익화 방법으로 대중화된 이유는 생활비를 절약하고 블로그를 즐겁게 할 수 있기 때문입니다. 전국적으로 알려진 체험단 대행 업체만 100개가 넘습니다. 지역 단위, 로컬 체험단까지 합한다면 수가 어마어마합니다. 여러 체험단 대행 업체를 통해 여러분이 필요한 제품과 서비스를 제공받는다면 단순히 생활비 절약을 넘어서 고정 지출 자체를 줄일 수도 있습니다.

집에서 자주 쓰는 치약, 칫솔, 세제와 한 끼 식사로 충분한 즉석 식품부터 친구나 연인과 함께할 수 있는 보드게임 카페, 실내 테니스 체험, 저녁 가족 식사로 좋은 맛집까지 협찬을 받게 됩니다. 이렇게 체험한 제품 또는 서비스로 블로그에 올릴 콘텐츠를 생산할 수 있습니다. 체험단 활동 자체는 무료라도 실질적으로 제품 가격만큼의 수익을 얻는 겁니다.

먹고 즐기는 것이 아니라 제품을 제공받아 직접 사용한다면 더 이상 필요 없거나 남는 물건이 있을 수 있습니다. 이때 체험단 약관상 문제가 없다면 리뷰가 끝나고 중고 마켓에서 판매해 부수입을 만들 수 있습니다.

기자단은 직접 체험하는 것이 아닌 원고와 사진을 제공받아 자신이 경험한 것처럼 포스팅을 작성하는 활동입니다.* 이때 소정의 원고료를 받게 됩니다. 제품이 크

---

* 간혹 공공기관, 단체에서 '기자단'이라는 이름으로 블로거를 모아 체험, 행사를 주최하고 이를 포스팅으로 작성한 대가로 원고료를 제공하는 경우도 있습니다. 여기에서 다루는 기자단과는 상이할 수 있습니다.

거나 고가의 경우 또는 설치가 필요한 경우에는 체험단 모집이 어렵기 때문에 기자단을 활용합니다. 블로거 입장에서도 굳이 나가거나 직접 사용해보지 않아도 되니 편리한 수익화 방법입니다.

다만 실제로 체험하지 않아 생생하지 않은 밋밋한 글이 나올 수 있습니다. 또 주어진 원고와 사진이 한 명의 블로거에게만 제공된 것이 아니라면 유사 문서로 판단되어 블로그에 안 좋은 영향을 끼칠 수 있습니다. 그 부분을 잘 조절해서 활용할 수 있다면 기자단은 시간 대비 효율이 높은 수익화 방법입니다.

기자단은 대부분 체험단 사이트에서 같이 모집하는 편입니다. 마케팅 대행사가 오픈 채팅방을 만들어 블로거를 초대하기도 합니다. 모집 글을 올리고 구글 폼이나 네이버 폼으로 신청을 받기도 합니다. 이때 블로그를 대행사에서 선별하는데 노출 순위가 큰 영향을 미칩니다. 방문자가 적거나 블로그 지수가 낮은 경우에는 잘 선정되지 않는 편입니다. 따라서 원고료를 제대로 받는 기자단을 하려면 우선 블로그 지수를 올리고, 마케팅이 되는 글을 쓸 수 있어야 하며, 이전에 작성한 글도 어느 정도 노출이 되어야 합니다.

체험단은 아무래도 발품을 팔아서 하고, 사진도 촬영해야 합니다. 이런 번거로움이 싫어 사진과 글이 모두 제공되는 기자단을 선호하는 블로거들이 많습니다. 기자단을 전문으로 하는 블로거는 하루에도 몇 개의 포스팅을 발행하면서 수익화에 주력하기도 합니다. 원고료는 제품/서비스의 가격에 따라 달라지기도 합니다. 5,000원부터 100만 원까지, 원고료 편차가 큽니다.

원고료는 블로그 포스팅을 통해 업체의 매출이 발생한다는 것을 전제로 블로거에게 포스팅을 요청하는 겁니다. 아무래도 원고료는 제품 단가에 의해서 많이 좌우되는 편이지요. 제품 단가가 20,000원을 넘지 않는다면 원고료가 10,000원을 상회하기는 어렵습니다.

매장을 홍보하는 글일 경우, 가구 매장에 한 번 방문 시 고객이 적게는 수십만 원에서 많게는 수백만 원의 제품 구매까지 이어질 수 있습니다. 이런 경우라면 원고료가 십만 원대로 훌쩍 상승하기도 합니다. 원고료의 기준이 정해져 있기 보다는 제품 단가에 따라 천차만별로 지급되고, 금액은 제품 혹은 서비스 단가에 비례한다고 생각하면 됩니다.

제휴 마케팅

블로그 방문자에게 제품을 홍보하면서 링크로 구매를 유도하는 제휴 마케팅도 수익화의 일환입니다. 한때 쿠팡 파트너스 열풍이 불면서 모든 리뷰에 쿠팡 링크를 달던 시기가 있었습니다. 제품을 리뷰하고 방문자가 링크를 통해서 제품을 구매하도록 유도해 결제하는 방식이고, 결제 금액의 3% 정도의 수수료를 받을 수 있었습니다. 이런 식으로 월 300만 원을 넘게 벌었다는 블로거 인증이 꽤 많이 나오기도 했습니다.

문제는 네이버가 쿠팡 파트너스 링크를 그다지 좋아하지 않는다는 것입니다. 지금은 네이버 블로그에서 쿠팡 파트너스 링크를 어뷰징*으로 판단한다는 것이 전문 블로거들의 중론입니다. 탑존포인트처럼 어뷰징을 피할 수 있는 여러 방식이 있다고 하지만 쉬운 방법은 아닙니다.

네이버에는 쇼핑몰 플랫폼인 스마트스토어가 있고, 앞서 소개한 스마트스토어 제휴 마케팅을 중개하는 서비스인 브랜드커넥트도 자체적으로 운영 중입니다. 따라

---

* 어뷰징은 부정한 방법으로 블로그의 순위를 인위적으로 올리거나, 광고성 콘텐츠를 반복적으로 게시해 검색 알고리즘을 악용하는 행위를 의미합니다. 이는 키워드 과다 사용, 자동화된 프로그램을 통한 무분별한 글 작성, 타 블로그의 콘텐츠를 무단 복제하는 행위 등을 포함하며, 네이버의 검색 품질과 사용자 경험을 저해하기 때문에 제재의 대상이 됩니다.

서 네이버에서 외부 쇼핑몰, 타사의 제휴 서비스를 선호할 이유는 없으니 네이버 이외의 수익 링크를 블로그에 올리는 것은 신중히 판단하고 결정할 문제입니다.

어떤 서비스를 활용하든 제휴 마케팅 글쓰기는 제품/서비스에 대한 자세한 정보성 내용이 포스팅이 되어야 합니다. 검색해서 들어온 방문자가 내용을 읽고 이 사이트에서 구매하겠다고 생각하거나, 링크를 클릭해 문제를 해결하고자 하는 생각이 들어야 하는 것이지요.

텐핑Tenping이나 아고다Agoda 같은 서비스는 가입 시 서비스 추천인을 입력하도록 유도해 일정 금액을 리워드로 제공합니다. 아직 널리 알려지지 않은 서비스의 경우 포스팅에 잘 녹여서 발행하면 수익화 가능성이 훨씬 높은 편이라고 합니다.

일례로 텐핑 파트너 순위권에 드는 블로거는 하루에 1,000만 원, 월 10억 원의 매출을 기록하기도 했습니다. 여러모로 잘 키운 네이버 블로그가 있어야 가능한 수익화 방법입니다.

원고료

방문자가 꽤 많을 때 광고주가 블로거에게 직접 연락해 포스팅을 요청하는 경우도 있으며, 이때 일정 금액의 원고료를 지불합니다. 대부분 제품 또는 서비스에 플러스알파로 원고료가 제공됩니다. 원고료는 적게는 1만 원, 많게는 수백만 원이 주어집니다. 글 하나로 바로 수익이 발생하기 때문에 메리트도 굉장히 큽니다.

다만 자신이 좋아서 쓰는 글이 아니라 광고주가 좋아할 만한 글을 써야 합니다. 거기에 높은 원고료를 받으려면 수십만 명이 검색하는 키워드에 상위 노출, 그것도

1등을 보장해야 가능한 수익이긴 합니다. 따라서 블로그 지수가 높은 최적화 블로그일 때 도전할 수 있다는 한계도 있습니다.

원고료 포스팅은 대부분 대행사나 업체에서 블로거에게 메일이나 쪽지로 제품을 사용하거나 서비스를 받고 포스팅이 가능한지 연락을 보냅니다. 처음에 제시하는 원고료가 있지만 블로거가 다시 조건을 제시하면 협상도 가능합니다. 단순히 포스팅 한 건인지, 상위 노출이 필수인지에 따라서 지급되는 원고료가 달라질 수 있습니다.

대부분의 광고주는 이전에 비슷한 주제의 글을 상위 노출했던 블로거를 찾습니다. 따라서 여러분이 받고 싶은 서비스 품목에 대해 미리 자체적으로 리뷰해 상위에 노출했다면 더 좋은 제안을 받을 수 있습니다.

> 경기도 광주시에 있는 대형 카페 포스팅으로 상위 노출한 블로거에게는 새로 오픈하는 카페를 '경기 광주 맛집'으로 상위 노출해달라는 제안이 올 수 있습니다. 업체에서 포스팅 한 건으로 10만 원의 원고료를 제안했다고 가정해보겠습니다. 하지만 체험단이라 직접 가야 하기 때문에 무언가 손해란 느낌이 들 수 있습니다. 이때 블로거는 제공받는 서비스를 제외한 원고료 15만 원에, 상위 노출 시 10만 원을 추가로 지급할 것을 제안할 수 있습니다. 업체에서도 상위 노출 시 이득이라고 생각한다면 추가 지급도 합의할 가능성이 높습니다.
>
> ··
>
> 한 평범한 블로거는 여름 휴가를 맞이해 수영복 상위 노출 포스팅을 미리 준비한 후 본인이 원하는 브랜드에 직접 제안해온 가족의 수영복을 제공받았습니다. 물론 원고료까지 포함해서요. 이후 포스팅이 상위 노출되어 기본 원고료에 상위 노출 성공 보수를 더한 원고료까지 받아온 가족이 여름 휴가를 신상 수영복과 함께 즐길 수 있었습니다.

스스로 어떤 주제의 글을 쓰고 상위 노출을 할 수 있는 능력과 블로그 주제/카테고리가 있다면 확실한 원고료를 보장할 수 있는 수익화의 방법입니다. 영민한 블로거는 이렇게 자신이 필요한 물건 또는 서비스에 대한 글을 미리 상위에 노출해놓고, 연이 닿는 업체에 직접 제안하는 방법을 쓰기도 합니다.

지식 창업

앞서 알아본 방법은 블로그 콘텐츠 발행을 통해 부수적으로 버는 수익화 방법입니다. 이와 달리 지식 창업은 본인이 가진 전문 지식을 블로그에 적용해 만드는 수익화 방법입니다. 쉽게 이해해보자면 블로그를 도구로, 광고판이자 홍보 채널로, 지식을 판매하는 루트로 만드는 겁니다.

자신의 전문 분야에 대해 콘텐츠를 작성하면 사람들이 궁금해하고, 돈을 써서라도 그 지식을 배우고 싶어합니다. 블로그를 꾸준히 하다 보면 강의나 컨설팅, 코칭 등으로 연결돼 수익을 올릴 수 있습니다. 제 주변에는 블로그로 시작해 전업 강사가 된 사람이 많습니다.

아직은 생소한 분야, 남들보다 조금 앞서 나간 지식 모두 수익으로 연결되는 세상입니다. 저 외에도 ChatGPT를 먼저 사용해보고 그 내용을 블로그에 포스팅한 분들의 경우 전자책 출간은 물론, 강의를 통해 수익화를 빠르게 이룬 경우가 많습니다.

클래스101, MKYU와 같은 유료 강의 플랫폼에서 강의 중인 유명 강사도 시작은 블로그인 경우가 많습니다. 소셜 미디어 글쓰기 강의로 유명한 박제인 님이나, 유튜브에서 소셜 미디어 부업을 강의하는 포리얼 님 같은 분들도 시작은 네이버 블로그였습니다.

블로그의 생태계를 이해하면 자연스럽게 마케팅 대행사 사업을 시작하는 경우도 있습니다. 다수의 체험단을 진행하며 광고주와 소통하다 보니 해당 분야에 대해 깊이 이해하게 된 블로거가 시작하는 사업이기도 합니다.

블로그로 수익화하는 방법은 다양하고 각각의 장단점이 있습니다. 자신의 목적과 상황에 맞는 수익화 방법을 선택하고, 필요한 기술과 노하우를 습득하면서, 방문자들에게 가치 있는 콘텐츠를 제공하면 무엇이든 가능합니다. 단, 방문자를 늘려 트래픽을 유도하는 건 어떤 블로거에게나 기본이 되는 일입니다.

그래서 가급적이면 블로그 운영 초반에 어떤 방향으로 수익화를 이루고 싶은지에 대한 고민이 필요합니다. 블로그 지식을 차곡차곡 쌓고, 열심히 포스팅하다 보면 여러 수익화 과정 중 하나를 따라가기 마련입니다. 물론 자연스럽게 익히기도 하지만, 약간의 목적성을 더한다면 남들보다 빠르게 수익화가 가능할 것입니다.

여기에 더해 단기적인 성과보다는 장기적인 관점에서 접근하는 게 좋습니다. 아무것도 배우지 않고 그저 포스팅만 하면 천 개, 만 개를 써도 바뀌는 건 없습니다. 꾸준히 성장하고 발전하겠다는 자세로, 블로그를 성공적으로 운영하는 사람들을 자세히 관찰해보면 수익화의 길이 보일 것입니다.

LESSON 02
블로그 수익화 방법은 하나가 아니다

네이버 블로그를 통한 독특한 수익화

　네이버 블로그를 하다 보면 생각지도 못한 다양한 일로 수익을 만들 수 있습니다. 급한 마음에 처음부터 블로그로 돈을 벌겠다고 시작하는 것보다 블로그를 꾸준히 하면서 수익화의 세계로 자연스럽게 접근하는 것이 가장 좋습니다.

　큰 수익화보다 생활비를 절약한다는 마음가짐으로 체험단과 기자단 활동을 하다 보면 네이버 블로그를 통한 마케팅 과정을 이해할 수 있습니다. 저도 블로그로 수익화가 가능하다는 것을 알고 시작은 했지만, 처음부터 지금과 같이 돈을 벌던 건 아닙니다. 여러 경험을 통해 조금씩 수익을 늘렸고, 이를 통해 알게 된 것입니다. 여러분도 이 책을 통해 공유받은 제 경험으로 시간을 허비하지 않으면서 빠르고, 안정적으로 자신의 길을 찾았으면 합니다.

블로그 마케팅의 생태계는 어떻게 움직일까

먼저 블로그 마케팅 생태계가 어떻게 움직이는지 간단한 사례로 알아보겠습니다. 아무리 좋은 업체도 마케팅 없이는 손님을 빠르게 모을 수 없는 세상입니다. 한 식당의 예시를 통해 블로그 마케팅 과정을 고스란히 살펴보겠습니다.

> 두바이 호텔 등 내로라하는 해외 호텔에서 7년 넘는 경력을 가진 한 셰프가 강남에 식당을 열기로 마음먹었습니다. 하지만 오픈 후 손님을 모으는 것부터 쉽지 않습니다. 사람들은 이미 유명한 맛집이라면 모를까 잘 알지 못하는 식당을 소셜 미디어에 정성스럽게 올려주지 않는 다는 걸 뼈저리게 실감했습니다.
>
> 본격적으로 식당을 알리고 싶어 찾아보니 지금은 네이버 스마트플레이스가 전단지 역할을 한다고 합니다. 바로 스마트플레이스에 식당을 등록하고, 하는 김에 카카오맵과 구글맵에도 식당을 등록했습니다. 하지만 웬걸? 등록한다고 무조건 노출되는 것도 아니었습니다. 가게가 노출되려면 광고를 붙이고, 광고로 들어온 사람들이 살펴볼 리뷰도 필요했습니다.
>
> 아무리 맛있다고 광고해봐야 리뷰가 없으니 사람들은 도무지 믿질 않습니다. 하지만 평생 요리만 하다 보니 소셜 미디어는 잘 알지도 못했고, 셰프이자 사장으로 일하면서 직접 채널을 관리할 시간도 부족했습니다. 이때 마케팅 대행사로부터 연락이 옵니다.
>
> 마케팅 대행사는 우선 네이버 스마트플레이스와 리뷰에 사용할 사진을 촬영하기 위해 작가를 구하고, 식당을 홍보해줄 사람도 구합니다. '강남 맛집' 키워드로 상위 노출해줄 원고를 쓸 작가, 체험단 블로거, 인스타그램 마케터, 기자단 등이죠. 체험단, 기자단으로 리뷰가 쌓이니 사람들에게 알음알음 알려집니다. 이후 TV 프로그램 출연, 촬영 장소 섭외 등 다양한 요청도 들어오고, 많은 사람들이 방문하기 시작하면서 소셜 미디어에 좋은 리뷰가 쌓이는 선순환이 시작됩니다.

예시를 통해 살펴보았지만 대부분의 업체 마케팅, 제휴 마케팅은 비슷한 방법으로 진행됩니다. 네이버라는 생태계 안에서 핵심은 '리뷰'이고, 이 리뷰는 '블로그'를 통해 이루어집니다. 블로그가 마케팅에 꽤 중요한 역할을 하고 있는 것이지요.

일반 블로거나 대행사와 함께 마케팅을 진행하면서 이 과정을 자연스럽게 알게 됩니다. 이후에는 이런 생태계 안에서 여러분이 제일 잘 하는 걸 찾으면 됩니다. 처음에는 체험단, 기자단으로 시작할 것입니다. 하지만 새로운 직업군을 탐색해보면, 본인이 가진 경험과 적성으로 새 직업을 찾을 수 있습니다.

사진 작가

블로그 마케팅 사진 작가는 꼭 사진 촬영을 전공하거나 유명 작가가 아니어도 됩니다. 인테리어가 예쁘게, 음식이 맛있어 보이게, 인스타그램 감성이 물씬 풍기는 사진으로 잘 찍어주면 작가가 될 수 있습니다.

오히려 전문 사진 작가는 이런 업체의 요청을 좋아하는 편이 아니고, 단가 문제로 업체에서 고사할 수도 있습니다. 오히려 업체는 사진 촬영이 취미인 블로거가 업체를 방문한 김에 촬영한 사진을 보고 홍보에 사용해도 되는지 연락합니다.

이걸 반복적으로, 전문적으로 하다 보니 블로그 전문 사진 작가가 된 경우가 많습니다. 이때부터는 업체에서 '기자단에서 활용할 사진 몇 백 장이 필요하다'는 식으로 먼저 사진 전문 블로거에게 부탁합니다. 단순한 취미로 시작했던 촬영과 블로그가 직업이 되는 것이지요.

원고 작가

주로 체험단을 진행해본 블로거는 어떻게 해야 자연스럽게 홍보 내용을 글에 담을지 알게 됩니다. 대행사 입장에서는 진행할 업체가 많아지면 글을 대신 써줄 사람을 구하게 되고요. 이때 블로거와 대행사의 협업이 성사됩니다.

직접 원고를 작성하며 체험단을 진행해본 블로거라면 그동안 써왔던 패턴을 따라 다른 키워드의 주제나 글을 쓰는 게 그리 어렵지 않습니다. 하루에 용돈벌이로 한두 편 쓰던 것이, 열 편 이상 쓰게 되어 전문 원고 작가가 되는 계기가 되기도 합니다. 원고 작가 대부분의 원고료는 한 글자당 3원 정도에서 시작하며, 원고 품질에 따라 높게 책정될 수도 있습니다. 주로 주부나 재택근무를 희망하는 분들에게 적임인 부업입니다.

스마트플레이스 세팅 컨설턴트

스마트플레이스 세팅 컨설턴트는 마케팅 대행사에서 일하다가 시작하는 분이 대부분입니다. 블로그를 하면서 리뷰 대행 업무를 하다가 각 업체의 특성을 잘 구분하고, 네이버 블로그의 로직을 잘 이해해 이쪽으로 확장하는 경우도 적지 않습니다.

오프라인 매장을 운영하는 자영업자에게 스마트플레이스 노출은 그야말로 소리 없는 전쟁터입니다. 1페이지 노출에 몇천만 원의 매출이 발생하기도 하고, 2페이지로 밀려 매출 하락을 크게 경험하기도 합니다. 그래서 스마트플레이스의 경우 개업 후 처음 몇 달이 가장 중요합니다.

자영업자가 스마트플레이스를 잘 다루려면 해당 지역과 업종을 잘 이해하고, 적용되는 로직도 이해해야 합니다. 당연히 어려운 일이기 때문에 대부분 대행사, 전문가에게 맡기는 편입니다.

네이버 블로그를 하다가 가볍게 시작한 상담, 의뢰에서 적성을 찾아 아예 전문가로 활동하시는 분들이 꽤 있습니다. 마케팅 대행사라면 전반적인 부분을 담당하지만, 스마트플레이스만 전문적으로 하는 컨설턴트 업체도 있습니다. 블로그와 체험단 등 두루 경험해보고, 네이버 생태계와 로직을 제대로 알아야만 가능한 특별한 분야이기도 합니다.

네이버 로직 연구 프로그래머

네이버의 상위 노출을 위해선 우선 네이버 로직*을 알아야 합니다. 문제는 네이버에서 로직을 순순히 알려주지 않는다는 점입니다. 공식적인 네이버 검색의 로직 변화는 Naver Search & Tech(https://blog.naver.com/naver_search) 블로그를 통해 공지합니다. 이 블로그에서 로직의 이름과 어떤 변화가 있을 거라고 예를 들어 설명하지만, 실제 그 내용이 어떻게 반영될지 일반인은 알기가 쉽지 않습니다.

결정적으로 그 변화를 통해서 어떻게 검색 결과 상위 노출할 수 있는지 방법적인 부분을 파악하긴 더 어렵습니다. 하지만 이런 네이버 로직을 연구해서 상위 노출의 원리를 파악하는 프로그램은 꽤 많이 있습니다.

무료로 키워드, 블로그를 진단해주고, 대량 키워드 조회, 개별 포스팅 진단 등 세밀한 부분은 유료 서비스입니다. 블로그 규모가 커져 어느 정도 전업 단계로 들어선 블로거는 이러한 유료 프로그램을 한두 개 정도 사용합니다. 그래서 프로그래밍에 대한 이해가 있고, 네이버 검색과 블로그 로직에 대해 이해하고 있다면 유료 프로그램을 만들어 돈을 벌 수 있습니다.

대표적인 유료 프로그램으로 블랙키위(https://blackkiwi.net/), 블렉스(https:

---

* 네이버 로직에 관한 자세한 내용은 237페이지와 270페이지를 참고합니다.

//blogdex.space/), 블연플(https://lablog.co.kr/), 웨어이즈포스트(https://whereispost.com/), 데이터랩툴즈(https://datalab.tools/) 등이 있습니다.

유명 블로거들은 이런 유료 프로그램을 최소 한두 개, 한 달에는 약 7~10만 원 정도 지불하고 이용합니다. 대형 대행사의 프로그램은 대량 키워드 조회, 자세한 분석이 가능해 월 50만 원까지 받는 경우도 있습니다. 대부분 네이버에서 퇴사한 개발자가 만든다는 이야기도 있지만 모두가 그렇진 않을 겁니다. 프로그래머라면 한 번쯤 생각해볼 수 있는 사업 아이템입니다.

전문 리뷰어

전문 리뷰어는 특정 분야의 상품 리뷰를 전문적으로 하는 블로거입니다. 블로거 대부분은 일반 블로그로 시작했다가 좋아하는 분야의 제품 또는 서비스를 집중적으로 리뷰하면서 업으로 바뀐 경우가 많습니다. 대표적으로 유명한 여행 인플루언서, IT 기기 전문 리뷰어가 이렇게 탄생합니다.

물론 생활비를 절약할 목적으로 제품 협찬 리뷰를 하다가 전문 리뷰어가 되는 경우도 있습니다. 집에서 육아를 하며 생활비 절약을 위해 시작했다가 육아 용품 전문 블로거가 된 경우, 맛집에 가는 돈을 아껴볼 겸 시작했다가 맛집 전문 블로거가 된 경우 등 다양합니다.

전문 리뷰어의 수익은 앞서 말한 원고료를 받는 경우가 대다수입니다. 여기에 더해 유튜브나 인스타그램과 같은 다른 채널까지 확장해 플러스알파의 수익을 버는 경우도 있습니다.

요즘에는 유명 연예인도 본인이 좋아하는 분야의 제품을 리뷰하기 위해 유튜브 콘텐츠를 촬영합니다. 사람들은 본능적으로 다른 사람의 리뷰를 궁금해합니다. 자신이 좋아하는 주제로 리뷰 블로그를 시작해 유튜브까지 확장한다면 더 큰 기회가 생길 겁니다.

온라인 건물주 : 네이버 카페지기

네이버 카페는 블로그와 비슷하면서도 다른 부분이 많습니다. 다만 네이버 블로그 로직은 카페에 어느 정도 적용할 수 있기 때문에 블로거를 하다가 카페를 만드는 경우가 종종 있습니다. 동일한 네이버 플랫폼의 검색 기능을 사용하기 때문에 가능한 방법입니다.

네이버 카페는 같은 목적을 가진 불특정 다수를 온라인에서 모으는 것이 기본입니다. 따라서 카페 가입자 수가 곧 수익과 직결됩니다. 다년간 활동한 카페지기를 '온라인 건물주'라고 표현하기도 합니다. 실제로 카테고리 하나를 대여하는 데 돈을 받고, 배너 하나 노출하는 데도 돈을 받습니다. 카페에서 간혹 보이는 홍보성 댓글 하나도 돈을 내야 합니다.

네이버 카페는 처음에 사람을 모으는 작업부터 쉽지 않고, 활성화하려면 블로그의 몇 배의 시간이 걸리는 어려움이 있습니다. 다만 그 시기가 지나서 안정적인 트래픽이 발생한다면, 수익도 안정적으로 낼 수 있습니다. 높은 수익을 낼 가능성이 있기 때문에 많은 블로거들이 꾸준히 도전하는 분야입니다.

커뮤니티 리더 : 오픈 채팅방 리더

　코로나 시절, 사람들의 만남이 어려워지면서 온라인에서는 다양한 네트워크가 형성되기 시작했습니다. 그중 가장 번성한 것은 카카오톡의 대표 서비스 오픈 채팅방이었습니다.

　네이버나 다음 카페가 게시글 형태의 정보를 쌓아 운영되는 고전적인 모임을 만드는 온라인 채널이라면, 카카오톡 오픈 채팅방은 좀 더 적극적으로 실시간 소통이 가능하다는 점에서 더욱 각광을 받았습니다. 카페와 달리 실시간 피드백이 가능하며, 운영자 외에도 여러 참여자들이 동시에 정보를 공유하기 때문에 소통 만족감도 매우 크다는 장점도 있습니다.

　오프라인 강의를 진행하던 강사들이 온라인으로 몰리고, 또 그 강의를 들으려는 많은 수강생도 몰려왔습니다. 저녁이면 여러 오픈 채팅방에서 무료 강의가 열렸습니다. 시간이 지나며 강사들의 유료 프로그램과 강의 홍보가 이루어졌고요. 이런 강의를 중계하며 수익을 나누던 사람들이 바로 오픈 채팅방 리더입니다.

　처음 온라인 강의를 시작하는 강사는 사람을 모아야 했고, 오픈 채팅방의 참여자들은 양질의 강의를 원했습니다. 오픈 채팅방 리더는 최대한 많은 사람을 모으고, 양질의 강의를 제공할 수 있는 강사를 모아 수익을 만들었습니다.

　카카오톡 기준 오픈 채팅방은 최고 1,500명까지 참여할 수 있습니다. 지금은 적어도 1,000명은 넘어야 수익화가 가능합니다. 사람이 많다면 돈이 되는 건 사실이지만, 그걸 유지하고 지속적으로 수익을 창출하는 것이 쉽지 않습니다. 워낙 많은 사람이 모이다 보니 말도 많고 탈도 많습니다. 개개인의 요구도 달라 대다수가 얻고자 하는 정보를 빠르게 알아채 제대로 반영해야만 참여자도 유지됩니다. 오픈 채팅방 리더도 쉬운 일은 아닙니다.

그 대신 채팅방 리더는 직접 강의하지 않고도 중계를 통해 수익을 나눠 가질 수 있습니다. 유료 강의 모집을 위한 무료 강의 개최를 제안하고, 반응이 좋다면 이후 유료 강의 시 수익의 일부를 나누는 방식입니다. 당연히 이런 오픈 채팅방의 리더가 되면 본인 영향력도 커집니다. 요즘은 직접 강의를 모집하기 위해 직접 오픈 채팅방을 만드는 강사도 꽤 많아졌습니다.

네이버 블로그 전문 강사 & 전문 디자이너

네이버 블로그를 하면 자연스럽게 네이버 로직도 연구하게 됩니다. 네이버에서 내 블로그 글이 잘 노출되는 비결이 대표적이지요. 네이버는 다른 채널보다도 검색 노출로 인해 생기는 이득이 크고, 그로 인한 퍼스널 브랜딩 영향력도 커지기 때문에 조금씩 공부하다 보면 인사이트가 생깁니다.

네이버 블로그를 새롭게 시작하는 블로거는 앞서 이런 과정을 겪은 선배 블로거들의 조언을 듣고 싶어합니다. 네이버 블로그를 이해하고 개인의 인사이트를 적극적으로 알려주고자 하는 사람들은 전문 강사로 활동하기도 합니다. 저도 이런 과정을 통해 네이버 블로그 강사가 되었고요.

끊임없이 변화하는 네이버 로직을 적용해 글쓰기를 시도하고, 다양한 수익화 과정을 거치면서 여러분의 노하우를 잘 정리해보길 바랍니다. 이런 과정을 통해 단순한 블로거에서 소셜 미디어 전문 강사로 진화하는 기반이 될 것입니다.

네이버 블로그 전문 디자이너는 블로그 대문에 해당하는 프롤로그 스킨을 디자인하는 직업입니다. 예전에는 포토샵과 같은 전문 프로그램을 사용해야 했지만, 지금은 캔바나 망고보드 같이 이미지 편집을 쉽게 할 수 있는 플랫폼이 있어 접근성이 많이 낮아졌습니다. 웹디자인이나 멀티미디어 디자인 경력이 있다면 이러한 부분을 강의 혹은 수주를 통해 직접 만들어 수익으로 연결할 수 있습니다. 네이버 카페 대문, 블로그 섬네일, 로고 디자인도 비슷한 영역의 수익화 방법입니다.

브랜드 블로그 관리자

자신의 업체를 대표하는 블로그를 '브랜드 블로그'라고 합니다. 하지만 일반적으로 실무와 동시에 네이버 블로그를 관리하는 것이 쉽지 않습니다. 특히 출장이 잦은 배관 관리, 케이터링 같은 업체들은 업무 후에 컴퓨터를 붙잡고 글 쓰는 것조차 어렵습니다. 본인 업체를 홍보하기 위해 네이버 노출은 필수이지만, 대표 입장에선 상당히 골치가 아픈 일입니다. 그래서 이런 브랜드 블로그를 대신 작성하고 관리하는 '브랜드 블로그 대행업체'가 존재합니다.

예전에는 마케팅 대행업체가 주로 이런 일을 맡았지만, 블로그를 잘하는 사람에게 업체 관계자가 직접 연락하는 경우도 있습니다. 또는 블로그를 잘하는 지인에게 부탁하는 경우도 있습니다. 이처럼 자신의 블로그를 잘 관리하면 지인이나 업체의 블로그의 관리 요청이 들어와 수익을 올릴 수 있습니다. 본인 블로그 하나를 잘 관리하면, 지인의 블로그 몇 개를 관리하면서 월급보다 더 높은 수익을 올리기도 합니다.

마케팅 대행사

체험단과 기자단을 거쳐 브랜드 블로그 관리까지 하게 되면, 일련의 모든 홍보 과정을 이해하게 됩니다. 이 과정을 통해 축적한 노하우를 바탕으로 직접 마케팅 대행사를 차리기도 합니다. 저도 이러한 과정을 통해 현재 강사는 물론 마케팅 대행사까지 운영하고 있습니다.

네이버 블로그 마케팅 대행사는 대기업 광고를 제작, 집행하는 큰 기획사가 아닙니다. 네이버 노출을 원하는 소상공인과 업체를 대상으로 체험단과 기자단을 진행하고, 브랜드 블로그를 관리하며, 회사의 로고를 만들고, 스마트플레이스 세팅과 관리, 광고 노출도 관리하는 일을 합니다. 이렇게 한 업체의 전체적인 마케팅 비용은 적게는 100만 원에서 많게는 500만 원에 이릅니다. 따라서 몇 개 업체를 꾸준히 관리하면 월 1,000만 원 정도의 수익을 올리기도 합니다. 대행하는 업체를 점차 늘려가다 개인의 물리적 역량이 한계에 다다르면 본격적으로 기업화해 마케팅 기획사로 발전할 수 있습니다. 현재 소셜 미디어 유튜버, 전문 강사로 활동하시는 분들 대부분이 블로거에서 시작해 대행사까지 활동한 경력이 있습니다.

LESSON 03
다양한 시도가 기회를 만든다

배경과 결과는 모두 달라도, 결국 시작은 네이버 블로그

2024년 초 네이버 인플루언서로 선정되어 지금은 브런치 작가, 전문 강사로 활약 중인 사람이 15년 동안 전업주부로 집에만 있었다면 믿기나요? 소소하게 네이버 블로그를 하던 사람이 어떻게 2023년 브런치북 대상을 받고, 《우리 가족은 어디서부터 잘못된 걸까》*를 출간한 작가가 되었을까요? 취미로 시작한 인스타툰 덕분에 캐리커처 작가를 거쳐 네이버 OGQ마켓에서 스티커를 판매하고, 손 글씨로 프랑스에서 전시한 사람도 있고요. 또, 가족과 함께 김종원 작가님의 책을 필사하기 위해 시작했던 네이버 블로그 덕분에 인문학적 관심을 확장하다가 3년 뒤에는 인문학 센터를 개원해 수강생을 받고 있는 사람도 있습니다.

---

* 《우리 가족은 어디서부터 잘못된 걸까》, 2023년, 시공사, 골디락스 저

지금 말한 스토리의 주인공은 각각 「상냥한 주디」, 「골디락스」, 「찬둥캘리」, 「공감씨의 하루」입니다. 이 네 사람 모두 시작은 네이버 블로그였습니다. 자신의 일상을 블로그로 나누다가 자신이 잘하는 걸 공유하게 되었죠. 잘하는 일을 글로 쓰고, 댓글로 소통하자 그 일에 관심을 지닌 사람이 생겨 자신만의 분야를 개척하게 된 사람들입니다.

어렵게 결정한 뉴질랜드 유학과 좌절

제 이야기를 해볼까요? 저는 코로나 시대가 오기 훨씬 이전 가족 이민을 결심하고 뉴질랜드로 MBA 유학을 갔습니다. 집안 사정으로 온 가족이 함께 이민을 가기엔 어려운 상황이었습니다. 그래서 해외 생활 경험이 있는 제가 먼저 공부를 마치고, 비자 문제를 해결하면 가족이 뒤이어 들어오기로 계획했습니다.

우리나라에는 없는 PGDBA(준석사) 코스를 선택했는데, 이 과정도 석사와 동일한 비자가 나왔기 때문입니다. 아이들이 여유롭게 공부하고 자라길 바라는 마음에서 선택한 방법이었습니다. 그래서 온 가족이 뉴질랜드에서 새로운 삶을 시작할 계획도 모두 세웠죠.

제가 다니던 학교에는 뉴질랜드 이민을 계획하고 온 다양한 나라의 친구들이 많았습니다. 그중 제가 제일 나이가 많았습니다. 많아야 40대 초반, 대부분은 20~30대인 친구들 사이에서 공부를 따라가는 것도 벅찼습니다. 그래서 기숙사에서 열심히 공부만 했습니다.

젊은 친구들처럼 시내에서 일자리도 구하지 못해 최대한 짧은 시간에 돈을 벌 수 있는 기숙사 화장실 청소 아르바이트를 했습니다. 외국 생활에 대한 어떤 판타지를 가질 수 있지만, 돈이 없다면 실상은 우리나라보다 훨씬 열악한 환경에서 공부해야 합니다. 그래도 버틸 수 있었던 것은 온 가족이 뉴질랜드에서 새 출발을 할 수 있다는 믿음 덕분이었습니다.

갑작스러운 코로나 시대와 무너진 계획, 그리고 네이버 블로그

하지만 우리 가족의 이민 이야기는 전혀 다른 결말로 끝났습니다. 제가 공부를 마치고 아이들의 비자를 받아야 할 시기에 코로나19 대유행이 시작되었거든요. 뉴질랜드는 가장 먼저 국경을 폐쇄한 나라 중 하나였습니다.

우리 가족은 이민 계획을 전면 수정할 수밖에 없었습니다. 아이들이 올 수 없는 상황이었기에 나중을 기약하며 한국으로 돌아왔습니다. 한국에 돌아오면서 새로운 일에 대한 고민도 시작되었습니다. 월급만으로는 한국에서 살기가 쉽지 않다는 걸 너무나도 잘 알고 있었기 때문입니다.

그 후로 부수입에 대해 열심히 공부했습니다. 제가 공부하는 것을 좋아했거든요. 여러 가지 부업을 알아보다가 쇼핑몰 운영에 대해서도 알게 되었죠. '신사임당' 유튜브 채널을 비롯해 여러 채널을 살펴보다 '네이버 스마트스토어'로 큰돈을 벌 수 있다고 해서 열심히 따라 해봤지만 시작부터 난관이었습니다. 일은 벌여 놨고 돈은 벌리지 않으니 '이제 어떡하지'라는 심정이 커졌습니다.

하지만 포기하지 않고 부업 공부를 계속 파고들었습니다. 어느새 검색, 유튜브 알고리즘이 저를 '블로그 수익화' 콘텐츠로 이끌었습니다. 스마트스토어와는 달리 네이버 블로그의 수익화 과정은 바로 이해되었습니다.

'이렇게 하면 되겠다'는 생각이 바로 떠올랐고 적용하기도 쉬웠습니다. 유통 경험이 전혀 없던 저에게 스마트스토어는 새로운 도전이었지만, 과거에 육아 책 포스팅 경험이 있어서인지 네이버 로직을 이해하기는 쉬웠습니다. 경험의 차이와 제가 가진 능력의 차이였죠. 미처 깨닫지 못했지만, 저에게 잘 맞는 부업을 찾게 된 것입니다.

귀국 후 격리하는 14일 동안 네이버 블로그로 수익을 만들기로 결정했습니다. 코로나 시기 관련 앱에 대해 포스팅을 올렸고, 제가 묵었던 에어비앤비 숙소와 공항에서 겪은 수속 경험과 과정을 자세히 옮겼습니다. 당시에는 상위 노출이 무엇인지도 몰랐지만, 포스팅을 쓰는 족족 상위에 노출되었습니다. 그때는 글을 쓰기만 하면 모두 VIEW 탭에 뜨는 줄 알고 있었어요. 엄청난 착각이었지만 당시에는 몰랐습니다.

귀국과 동시에 나름 성공적으로 시작했습니다. 이후 매일매일 무료 강의와 전자책, 유튜브로 공부하면서 성장했습니다. 블로그를 시작한 후 밤마다 강의를 듣느라 바빴습니다. 알아가는 기쁨이 컸고, 배우는 것 자체가 굉장히 즐거웠습니다. 나이 들어서 선택한 공부니, 오죽했겠습니까?

그렇게 배우면서 키워간 블로그는 빠르게 성장했습니다. 글 하나로 하루 7만 명의 방문자가 들어오는 날도 있었고, 블로그 메인, 네이버 메인 화면에 위치한 '책방' 코너에 수시로 노출되기도 했습니다.

네이버 블로그로 이룬 다양한 경험

블로그를 시작한 이후 찾아온 가장 큰 변화는 이전에 해보지 못한 다양한 경험이었습니다. 열심히 사는 사람이 이렇게 많은 줄 미처 몰랐고, 온라인에서 다양한 것을 배울 수 있다는 걸 처음 알았습니다.

서로의 꿈, 비전과 성장을 함께 이야기할 수 있는 이웃이 있다는 걸 비로소 알게 되었습니다. 블로그를 잘하고 싶은 이웃과 함께하기 위해, 또 그들을 도울 수 있도록 '호모앤팸'을 만들었습니다. 그렇게 시작한 '호모앤 블로그 브랜딩' 1기가 10기까지 진행되자 유료 강의로 업그레이드됐습니다. 일련의 과정을 통해 다른 사람의 퍼스널 브랜딩을 도울 수 있는 기회도 얻었고, 지금은 업체 브랜딩 기획과 교육도 담당하고 있습니다.

시작부터 '강사를 하겠다, 타인을 브랜딩할 수 있도록 돕겠다'고 결심한 것은 아닙니다. 블로그 경험에 이전 경력이 녹아들어, 지금의 강사와 마케팅/브랜딩 대행까지 하게 된 것입니다. 블로그를 시작하지 않았다면 지금은 평범하게 월급을 받는 직장인이었을 것입니다. 영업, 세일즈 실적에 따라 수당을 받고, 조직 안에서 근무한 경력에 만족하고 살았을 것입니다.

네이버 블로그로 새로운 세상과 만나다

물론 이런 기회들이 모든 사람에게 똑같이 열리지는 않습니다. 저는 TV 앞에 서는 경력, 사내 강사로 일했던 경험이 있어 사람들 앞에 서는 것이 어렵지 않았습니다. 오히려 즐기는 편이죠. 이런 경력 덕분에 디지털, 소셜 미디어 분야의 전문 강사가 될 수 있었다고 생각합니다.

그리고 경영학 전공과 마케팅 경험을 블로그 마케팅에 적용해 효율적으로 작동하는 걸 보게 되면서, 온라인 마케팅도 더 깊이 알게 되었습니다. 현장을 이해하는 능력을 가진 온라인 마케팅 대행사로 전업하게 된 것입니다.

제가 가진 경력과 경험이 블로그를 만나면서 월급으로 살지 않는 새로운 세상을 만들었습니다. 제가 그랬던 것처럼 여러분도 블로그를 통해 새로운 분야를 개척하고 기회를 만들 수 있습니다.

저에게만 생긴 기회일까요? 그렇지 않습니다. 지금의 온라인 세상, 블로그를 통해서라면 누구라도 가능합니다. 이 책에서 전하고자 하는 메시지는 분명합니다. 누구라도 블로그를 시작한다면 새로운 기회가 생깁니다. 이 책에 담긴 저의 이야기와 제가 인터뷰한 블로거들의 이야기를 보시면 확실히 알게 되실 겁니다.

하루에 30분, 반복적으로 투자한 시간은 나의 경험과 만나 다양한 기회로 돌아올 것입니다. 기회는 수익으로, 꿈꾸던 직업으로 변신할 수도 있습니다.

평소에 만나지 못했던 사람과 인연을 맺고, 내 팬덤을 만들 수도 있습니다. 적어도 같은 취미를 가진 사람을 만나는 기회가 될 수 있습니다. 많은 시간이 필요하지 않습니다. 블로그를 하겠다는 마음과 하루 30분의 투자, 그것만 있으면 됩니다.

무엇부터 해야 할지 모르겠다면 잘하는 것부터 해보자

세분화된 개인의 취향에 맞춰야 한다

코로나 시대를 지나면서 온라인을 통해 내가 원하는 시간에 원하는 곳에서 어떤 내용이라도 편하게 강의를 들을 수 있었습니다. 다양한 주제로 블로그를 운영하는 사람들을 만나게 되었습니다. 트렌디한 강의도 쉽게 접하는 세상이었습니다.

블로그를 시작하면 다양한 기회가 생깁니다. 하지만 그것이 기회가 될 수도, 독이 될 수도 있습니다. 여기저기 기웃대다 자신의 정체성을 잃고 그저 따라쟁이가 되는 것은 피해야 합니다.

현대 사회의 변화를 설명한 《트렌드 코리아 2022》*에서는 '나노 사회' 개념을 통

---
* 《트렌드 코리아 2022》, 김난도, 전미영, 최지혜, 이향은, 이준영 저 외 6명, 미래의창, 2021년 10월

해 개인의 취향이 사회적 소속보다 중요해지는 현상을 강조했습니다. '나노 사회'는 개인이 취향을 통해 관계를 맺는 사회를 의미하며, 코로나 팬데믹이 이러한 변화를 가속화했다고 합니다. 《트렌드 코리아 2023》[*]에서는 한 걸음 더 나아가 특정 취향에 깊이 빠져드는 '디깅 모멘텀'을 소개하며, 취미를 넘어 진심으로 몰두하는 사람들이 늘고 있다고 설명합니다.

이러한 변화는 빅데이터 전문가 송길영 박사가 《시대예보: 핵개인의 시대》[**]에서 이야기한 '핵개인화' 시대와 일맥상통하며, 이제는 개인의 취향이 세분화되고 그 취향을 중심으로 관계를 맺는 것이 중요해지고 있다고 합니다.

결국 현대인은 자신이 좋아하는 것에 집중하며, 같은 취향을 공유하는 사람들과의 연결을 통해 행복을 추구하는 경향이 강해졌습니다. 따라서 모든 걸 다 잘하는 것보다는 다양화된 취향에 맞게, 자신이 잘하는 것 하나를 갈고닦는 것이 더욱 중요해졌습니다.

네이버 인플루언서 도전을 목표로

네이버에서는 자체적으로 인플루언서를 선정합니다. '네이버 인플루언서'는 네이버가 정한 주제 카테고리의 글을 전문적으로 쓰는 블로거, 소셜 미디어 전문가입니다. 네이버 인플루언서로 선정되면 네이버 검색 상위에 노출되고 그들의 글에 대한 신뢰성도 확보하게 됩니다. 인플루언서로 선정되면 공식적으로 네이버에서 한 분야의 전문가로 인정받는 것이죠.

---

[*] 《트렌드 코리아 2023》, 김난도, 전미영, 최지혜, 이수진, 권정윤 저 외 5명, 미래의창, 2022년 10월
[**] 《시대예보: 핵개인의 시대》, 송길영 저, 교보문고, 2023년 09월

물론 인플루언서는 모든 분야를 다루지 않습니다. 네이버가 정한 분야가 있고, 그 안에서 여러분이 할 수 있는 분야를 고려해 콘텐츠를 쌓아야 합니다. 네이버는 해당 분야의 탁월한 전문가를 계속 뽑고 있습니다. 인플루언서만 도전할 수 있는 키워드 챌린지 검색 결과가 따로 있고, 프리미엄 혜택도 있습니다. 지금도 네이버 인플루언서 사이트(https://in.naver.com/discover)에 접속해보면 다양한 분야의 전문가를 실시간으로 확인할 수 있습니다.

물론 인플루언서가 아니더라도 블로그를 방문했을 때 확실한 분야를 가지고 콘텐츠를 꾸준히, 성실하게 작성했다면 사람들은 전문가로 인정합니다. 그만큼 '나노사회'이고 '디깅 모멘텀'을 높게 인정하는 시기입니다. 그저 내가 좋아하고 잘하는 것 하나만 블로그에 꾸준히 표현하는 것만으로도 여러분이 분야를 만들고, 그걸 좋아하는 사람을 모을 수 있습니다. 인플루언서 분야가 없더라도 그렇게 영향력을 넓히면 됩니다.

이동진 기자와 「슈앤슈맘」 님의 사례

이동진 기자님은 2023년 10월, 네이버 블로그 20주년 기념 생일 데이터에 아직도 활동 중인 1호 파워 블로그로 선정된 블로거예요. 요새는 방송에도 자주 나오고 유튜브에서도 만날 수 있습니다.

지금은 방송과 유튜브에서 주로 활동하지만 의외로 2007년부터 현재까지 꾸준히 블로그를 운영하고 있습니다. 그의 블로그에는 2024년 10월 기준 4,000개가 넘는 포스팅이 있으며, 여전히 새로운 글을 발행하고 있습니다. 자신의 행사 홍보, 새로 개봉한 영화에 대한 시선 등 영화와 본인의 생각을 쌓는 것만으로도 '영화 평론가=이동진 기자'라는 공식을 완성할 수 있었습니다.

지금은 밀리의 서재에서 책 큐레이션 에디터로도 활약하고, 각종 예능에서도 만날 수 있습니다. 그저 자신이 좋아하는 한 분야를 제대로 파고 또 파서 가능한 것입니다. 잘하는 것, 좋아하는 것을 기록으로 남기면서 전문가가 되고, 본인의 영역에서 확장한 사례라고 볼 수 있습니다. 여러분도 블로그에 기록을 시작해보세요. 나머지는 저절로 따라오게 될 겁니다.

블로그 피플로 선정된 「슈앤슈맘」님의 스토리도 유명합니다. 증권사에서 일하는 워킹맘에서 2014년 퇴사하며 전업주부가 되었을 때 한 친구가 블로그를 권유했다고 합니다. 학창 시절 작가가 꿈이었고, 아직도 글을 쓰는 걸 좋아하니 가볍게 권유했다고 해요.

그렇게 시작한 블로그에는 일상적인 글과 재테크 경험을 올렸고, 아직 '공모주'라는 단어도 생소할 시기에 증권사에서 일한 경험을 바탕에 두고 공모주 포스팅도 즐겨했다고 합니다. 이때 경제 방송에서 「슈앤슈맘」님을 추천해 방송에 출현했고, 블로그 이웃이 많이 늘었다고 해요. 엄마의 재테크로도 유명해지면서 책도 출간하며 활동 분야도 더 확장됩니다.*

네이버 블로그 플랫폼에는 약 20년 간 3,300만 개의 블로그에서 총 28억 개가 넘는 포스팅이 발행되었다고 합니다. 이렇게 많이 생산된 글 중에서 누군가는 기회를 만들어냈습니다. 여러분도 충분히 자신만의 기회를 만들 수 있습니다.

---

* 네이버 블로그 피플, '슈엔슈에게 블로그는 행복해지는 방법이다' 블로그, 새로운 가능성을 발견하다 ep 23.
  출처 : https://campaign.naver.com/blogpeople/?23

LESSON 05

고속 성장은 방향이 중요하다

네이버 블로그를 어떤 목적으로 활용할 것인가

블로그 수익화를 결심했다면 최우선은 블로그를 시작하는 것이고, 다음은 블로그를 잘 관리하면서 키우는 것입니다.

블로그를 잘 키우는 방법에는 여러 요소가 필요하고, 이를 활용하는 지혜가 요구됩니다. 무엇보다 블로그 성장을 위해서는 양적으로 방문자가 늘고, 검색 상위에 노출되는 것만 중요한 것이 아닙니다. 어느 정도 블로그를 운영하면 블로그를 통해 어떤 기회를 만들 수 있는지 생각하게 됩니다. 이때 구체적인 방향을 잡는 게 중요합니다.

단순 리뷰어로 글을 쓸 건지, 퍼스널 브랜딩 채널로 활용할 건지, 마케팅 대행사로 고객을 얻는 플랫폼으로 활용할지 결정하는 것이 좋습니다. 각각의 활용 목적에 따라 어떤 주제의 글을 어떻게 써야 할지 달라질 수밖에 없습니다.

물론 처음 블로그를 시작할 때는 기록의 도구로 활용하는 게 중요할 수도 있습니다. 본인의 마음을 털어놓거나, 비망록 등 보조 수단 정도로 쓸 수도 있고요. 하지만 이런 용도라면 나만 볼 수 있는 문서 파일로 남겨 놓을 수도 있습니다. 굳이 네이버 블로그를 통해서 기록을 남기는 이유는 타인과 소통하는 것이 목적이 아닐까요?

기왕에 시작한 거 돈을 벌어보세요

네이버 블로그에 글(포스팅)을 작성하는 이유는 다른 사람과 소통 목적일 수 있지만, 그 안에서 또 다른 기회를 창출하려는 목적도 있습니다.

네이버 블로그로 '누군가는 작가가 되고 월 천만 원을 벌었다더라', '누구는 공짜로 여행 가는 인플루언서가 되었네'. 이런 말을 들으면 상대적 박탈감이 생길 수밖에 없습니다.

어찌 보면 당연합니다. 사람이라면 본인이 노력한 만큼의 보상을 기대합니다. 직장을 다니면서 '월급이 적다'고 생각하는 건 내 직무에 비해, 상사에 비해서 하는 일은 많고, 월급은 적은 것이 부당하다고 느낄 때 쌓이는 불만 때문입니다. 나와 동일한 업무를 하며 다른 회사에 다니는 친구가 나보다 월급이 많다면 샘이 나기도 할 겁니다.

처음 목적이야 어떻든 정말 순수한 마음이 아니라면 블로그를 시작하고 어느 정도 시간이 흐른 뒤 부가 수익이나 특별한 기회가 생겼으면 하는 게 사람 심리입니다. 포스팅에 필요한 사진을 고르고, 글을 다듬고, 상위 검색에 노출은 됐는지 확인하려면 꽤 많은 시간이 필요합니다. 또 댓글을 달아주는 이웃에게 답글도 써야 하고, 이웃 블로그에 가서 댓글을 다는 시간도 필요합니다. 이 모든 일을 꾸준히 계속

하는 게 마냥 쉽지 않습니다.

블로그 성장이 더디면 그 시간에 차라리 다른 일을 할 걸, 하루에 한 시간 최저 시급도 안 되는 수익에 좌절합니다. 현실적으로 블로그 초반에는 돈이 벌리지 않습니다. 하지만 지금 최저 시급도 못 버는 블로그도 계속 해야 최저 시급 이상의 부가 가치를 만들 수 있습니다.

처음에는 잘 안보이겠지만 그 과정을 견뎌야만 더 큰 가치가 생깁니다. 이왕 시작한 블로그라면 가치를 만들어봅시다. 명확한 방향을 정하고 시작하는 게 쓸데없는 시간을 줄이는 방법입니다.

내 블로그의 방향성은 나에 대한 탐색이 우선

그럼 블로그를 어떤 방향으로 운영해야 할까요? 무작정 경제적 자유를 누리거나, 돈을 벌겠다는 방향보다는 스스로에게 이런 질문을 먼저 해봐야 합니다.

- 나는 어떤 글을 쓰는 게 즐겁지?
- 나는 미래에 어떤 삶을 살고 싶을까?
- 미래의 나는 어떤 모습일까?
- 어떤 방법으로 월급 외 수익을 만들고 싶지?

당연히 처음부터 방향을 잡기는 어렵습니다. 그래도 블로그를 처음 해본다면 첫 석 달은 무조건 글을 써봐야 합니다. 어떤 글이든 상관없이 여러 글을 써보세요. 명확한 방향은 이 시기를 지나서 정해도 좋습니다. 첫 포스팅부터 수익화를 쫓는 건 우물가에서 숭늉을 찾는 겁니다. 스스로 어떤 콘텐츠를 만들 수 있는지 파악부터 해야 합니다.

나와 가까운, 집에 있는 물건의 리뷰도 써보고, 보고 온 영화 감상문, 책 서평도 써보고, 맛집을 갔다 오면 기록으로 남겨보세요. 당장 쓸 게 없다면 여러분이 살면서 쭉 해왔던 직업 관련 내용도 남겨봅니다. 지금 하는 공부도 정리해보는 겁니다. 일상을 바라보는 나만의 독특한 시선도 좋습니다. 특별한 취미라면 더욱 좋습니다. 국내외를 가리지 않고 여행지에 대한 기록도 좋습니다. 남들을 도와줄 수 있는 특별한 노하우도 좋습니다.

이때 무작정 써보다가 다른 사람의 글도 읽어보길 바랍니다. 어느 정도 쓰면서 '내가 써야 할 글의 방향'이 보인다면 해당 분야에 상위 노출*된 글을 읽어봅니다. 상위 노출 블로거는 어떻게 글을 썼고, 나는 여기서 무엇을 벤치마킹할 수 있는지 분석하고 써봅시다. 상위 노출된 글은 분명 이유가 있습니다. 같은 키워드라도 반드시 나만의 색을 더해 쓰길 권합니다. 그렇게 반복하다 보면, 어느 순간 어떤 구조로 어떻게 써야 하는지 나만의 글 스타일을 체득하게 될 겁니다.

이 기간을 통해 나는 어떤 글을 쓰고 싶은지 탐색하고, 어떤 글을 잘 쓸 수 있는지 확인하면 어떤 사람으로 살고 싶은지 답을 찾게 될 겁니다. 목표를 두고 블로그를 운영하는 것과 아무 생각 없이 관리하는 것은 차원이 다릅니다. 처음에는 나와 비슷한 시기에 시작한 블로그들이 고만고만해 보이겠지만 시간이 흐를수록 차이는 명확할 겁니다.

목표를 정했으면 전략도 정해야 한다

방향이 명확해지고, 목표가 분명해졌다면 본격적으로 블로그를 운영해야 합니

---

* 상위 노출 키워드 전략에 관한 자세한 내용은 223페이지와 289페이지를 참고합니다.

다. 기존에 작성했던 글 중에서 필요한 것만 정리해도 좋습니다. 내가 정한 방향, 목적과 너무 다르다면 기존 글은 비공개로 처리해도 좋습니다. 아예 새로운 블로그를 생성해보는 것도 좋습니다. 네이버는 1인 세 개까지 아이디를 허용합니다. 다른 아이디로 충분히 새롭게 블로그를 운영할 수 있습니다. 블로그의 목표와 방향이 다르다고 예전 글을 무조건 삭제하는 건 좋지 않습니다. 되도록이면 이전 블로그의 기간과 글을 살리면서 새롭게 방향을 수립해서 나가는 걸 권합니다.

목표를 정하고 운영하는 블로그는 시간이 지남에 따라 확연한 차이가 나타납니다. 대행 포스팅이나 수익화로 진행하는 블로그, 인플루언서가 목표인 블로그는 주제부터 콘텐츠까지 명확하게 달라야 합니다.

인플루언서가 목표이면서 주제도 정하지 않고, 1일 1포스팅이 좋다고 '1일 1포'에만 집착해 여러 주제로 중구난방 작성하면 평생을 운영해봐야 인플루언서가 될 수 없습니다. 인플루언서 블로거의 첫 번째 조건은 **한 가지 주제에 맞는 글로 블로그를 채우는 겁니다.** 특정 분야를 정하고 꾸준히 써야 합니다. 그래서 자신이 잘 아는 분야, 계속 글을 써도 좋은 분야로 설정하는 것이 좋습니다.[*]

수익화를 노리며 상위 노출을 목표로 한다면 우선 어떤 로직에 의해 상위 노출이 결정되고, 키워드마다 노출되는 지수의 단계를 이해해야 합니다. C-Rank, 키워드, 댓글과 같이 블로그 지수를 높일 수 있는 포스팅 전략에 대한 개념도 있어야 합니다.[**]

---

[*] 물론 '내가 좋아하는 분야'가 최우선이지만 네이버 인플루언서의 구조도 반드시 이해해야 합니다. 네이버 인플루언서는 어떤 카테고리로 나눠져 있고 내가 어디에 들어갈지, 어떤 키워드로 글을 써야 하는지 파악하는 것이 1순위입니다. 예를 들어, 타투가 취미라 해도 네이버 인플루언서 카테고리에는 타투가 없을뿐더러, 타투 자체를 다루는 네이버 메인 이슈도 없습니다. 여기에 상업성 키워드라 그 자체만으로 블로그의 품질 성장이 어려울 수 있습니다.

[*] 블로그 지수, C-Rank, 키워드에 대한 자세한 내용은 270페이지를 참고합니다.

이런 기초 지식 없이 블로그를 운영하면 블로그 지수를 올리기 어렵고, 지수를 올리지 않고는 검색 결과 상위 노출이 쉽지 않습니다. 일반, 준최적, 최적화로 통용되는 블로그 지수도 알아야 합니다.* 이런 로직을 제대로 이해하면 한 달 안에 블로그 최적화도 가능하지만, 그렇지 못하면 3~4년 동안 준최적 블로그를 벗어나지 못할 수도 있습니다. 따라서 방향에 맞는 전략을 세우고 글을 써야 합니다.

자신의 목표를 정하는 데 블로그는 좋은 수단이 될 수 있습니다. 자신을 먼저 이해하고 방향을 잡고 시작해보세요. 자신만의 특별한 경험, 노하우, 전문 분야에 대한 정보부터 시작해봅니다. 자신이 잘 모르거나 관심이 없는 주제로 시작하면 오래 할 수 없습니다.

제가 운영하는 블로그 초보자 교육 프로그램의 첫 단계에서 꼭 내주는 숙제가 있습니다. 바로 본인에 대해 마인드맵을 작성하는 것입니다. 보통 100개 이상 작성하는 것을 숙제로 냅니다. 못해도 최소 30개 정도는 채워오라고 합니다. 자신이 가진 게 무엇인지, 자신이 잘하는 게 무엇인지 마인드맵을 통해 찾아야 하기 때문입니다.

마인드맵 숙제를 구조적으로 완료했다면 만다라트 차트도 만들어보라고 합니다. 그렇게 자신을 완전하게 이해할 수 있다면 방향도 구체적으로 정할 수 있습니다.

블로그를 시작하는 것은 어쩌면 '나'를 찾는 길이 되기도 합니다. 수익화가 가능한지 여부도 나를 알아야 시작할 수 있습니다. 적어도 네이버 블로그를 시작해 수익화까지 이루고 싶은 욕심이 있다면 마인드맵, 만다라트 차트를 통해 내가 하고 싶은 것, 수익화의 방향을 찾아보길 바랍니다. 무엇을 위해 블로그를 하는지 먼저 생각해보고 시작해보세요. 여러분의 미래가 달라질 수 있습니다.

---

* 일반, 준최적, 최적화에 대한 설명은 이 책의 끝에 실린 부록에 있습니다.

LESSON 06

셀프 퍼스널 브랜딩을 위한 네이버 블로그 활용

퍼스널 브랜딩에 최적화된 네이버 블로그

네이버 블로그는 퍼스널 브랜딩 혹은 본인 사업을 홍보하기 매우 좋은 수단입니다. 일찍이 게리 바이너척Gary Vaynerchuk은 《크러쉬 잇! SNS로 열정을 돈으로 바꿔라》*를 통해 2009년**부터 소셜 미디어로 인생이 바뀔 수 있음을 강조했습니다. 그 후 《크러싱 잇! SNS로 부자가 된 사람들》***에서도 소셜 미디어의 활용을 강조하면서 가장 중요한 것은 '콘텐츠'라고 했습니다.

게리 바이너척은 몇 대에 걸쳐서 쓸 충분한 돈을 번 자신의 경험을 바탕으로 지

---

* 《크러쉬 잇! SNS로 열정을 돈으로 바꿔라》, 게리 바이너척 저/최소영 역/정진수 감수, 천그루숲, 2019년 05월
** 해당 책의 원서 《Crush It!: Why NOW Is the Time to Cash In on Your Passion》의 초판은 2009년 출간됐습니다.
*** 《크러싱 잇! SNS로 부자가 된 사람들》, 게리 바이너척 저/김진희 역/에릭남 감수, 천그루숲, 2019년 04월

혜롭고 전략적인 콘텐츠 활용 방안의 필요성을 말합니다. 그리고 핵심 콘텐츠를 올리기에 적합한 플랫폼을 잘 찾아서 탄탄한 토대 위에 올려야 성공할 수 있다고 덧붙였습니다.

대표적인 사례로 로린 에바츠$^{Lauryn\ Evarts}$의 이야기가 있습니다. 한 가지 주제로 블로그의 방향을 정하는 것보다 중요한 것은 다양한 관점을 나누는 방법이라며, 이를 통해 크게 성공을 거둔 이야기를 실었습니다.

그녀는 더 스키니 컨피덴셜$^{The\ Skinny\ Confidencial}$을 운영하는 피트니스 코치이면서 전문 영양사입니다. 그녀는 자신의 사이트에 건강 관련 주제로만 포지셔닝하면서 자신이 정말 잘 할 수 있는 틈새 분야를 찾아 야금야금 확장했다고 합니다. 가슴 수술과 보톡스에 관한 글을 공유하면서 자신의 일상도 나누기 시작했습니다. 이 과정에서 여성에 대해 적대적인 사회 분위기와 브랜드의 위선에 대해서도 이야기했습니다. 이렇게 자신이 생각하는 관점을 나누면서 크게 성공을 거두었습니다.*

또 브라이언 웜플러$^{Brian\ Wampler}$의 사례에서는 스토리텔링으로 자신의 이야기를 전하고 콘텐츠 제작에 집중했으며 자기만의 방식으로 나아가는 게 성공의 방법이라고 이야기합니다.

그는 기타를 좋아해서 직접 개조한 기타 페달을 온라인에서 팔았습니다. 단순히 악기만 파는 것이 아니라 자신의 제품을 직접 시연해 공개했는데요, 악기 회사 사장이 자신의 제품을 직접 시연하는 최초의 사례가 되었죠. 뮤지션이 직접 만든 기타 페달이라는 그의 이야기가 성공의 열쇠가 되었습니다. 모든 사람이 브랜드가 되어야 한다는 성공 공식을 실천한 겁니다.**

---

* 《크러싱 잇! SNS로 부자가 된 사람들》, 85~92쪽, 게리 바이너척 저/김진희 역/에릭남 감수, 천그루숲, 2019년 04월
** 《크러싱 잇! SNS로 부자가 된 사람들》, 98~104쪽, 게리 바이너척 저/김진희 역/에릭남 감수, 천그루숲, 2019년 04월

성공한 사람 100명이 모두 똑같은 방법으로 성공하는 것은 아니지만, 대부분 비슷한 성공 공식이 있습니다. 바로 콘텐츠를 만들어가는 과정에서 나를 알리는 콘텐츠를 꾸준히 만들어 자신을 브랜딩한 것이지요.

물론 '나'를 알리는 콘텐츠만 만든다고 셀프 퍼스널 브랜딩이 가능한 것은 아닙니다. 콘텐츠 10개를 만들 때 무조건 자기 이야기만 하거나 똑같은 키워드로 비슷한 이야기를 쓰는 것도 좋은 방법이 아닙니다.

네이버는 한 블로그에서 똑같은 키워드로 연속해 10개의 글을 써도, 단 2개의 글만 상위에 노출해줍니다. 따라서 꼭 노출해야 하는 주제와 확실한 키워드를 정했다면 앞으로 어떤 글을 포스팅할지 제대로 된 전략이 필요합니다.

나를 알리는 콘텐츠를 만드는 방법

우선 본인이 어떤 사람인지를 소개하는 콘텐츠가 필요합니다. 흔히 말하는 자기소개서에 해당하는 글이죠. 나는 어떤 경험과 생각이 있는지 등 어떤 사람이라는 스토리가 있어야 합니다. 퍼스널 브랜딩의 자기소개에는 학벌, 스펙이 중요한 것은 아닙니다. 물론 남들이 인정할만한 스펙이 있다면 좋겠지만, 스펙이 없어도 불리하지 않습니다. 그저 '나'를 솔직히 소개하면 됩니다.

여기에서 '솔직함'은 여러분의 모든 것을 이야기하는 것이 아닙니다. 출생부터 지금까지의 '나', 여과되지 않은 '내 모습'이 아닙니다. '나'를 정의하고 다른 사람들에게 인식되었으면 하는 모습을 표현하는 것입니다. 물론 허세와 과장, 특히 허위는 절대로 안 됩니다. 결국 진실은 드러나고, 모두가 알게 될 겁니다. 고민이 된다면 오히려 다행입니다. 퍼스널 브랜딩은 고민과 나에 대한 사유 끝에 더 탄탄해집니다.

가장 좋은 방법이 있습니다. '다른 사람에게 어떤 도움을 줄 수 있는 내 모습'을 상상해보는 겁니다. 내 도움으로 누군가의 문제가 해결되고, 고민이 사라지고, 위로받는 것입니다.

단순히 '나는 이런 사람이다!' 자랑하는 것이 아닌, 선한 영향력을 끼칠 수 있어야 합니다. 콘텐츠에 이런 스토리를 실어서 포스팅해야 합니다. 하나의 포스팅으로 소개가 끝나는 것이 아닌, 다양한 생각과 통찰을 통해 자연스럽게 자신을 소개하는 스토리를 담아야 합니다.

나와 같이할 사람들을 찾아라

두 번째는 나를 좋아할 사람, 나와 생각이 같은 사람, 내가 문제를 해결해줄 수 있는 사람, 나의 도움이 필요한 사람, 내 스토리에 공감할 사람, 내 이야기에 위로받을 사람이 '대상'인 콘텐츠여야 합니다.

이른바 '타깃 고객'이라고 표현할 수 있습니다. 타깃 고객이 좋아하거나 공감할 수 있는 이야기여야 합니다. 자신의 경험과 닮아서 위로받고, 함께 울고, 웃어주는 감정의 공유가 일어나야 합니다.

중요한 것은 타깃 고객과 내가 함께할 수 있는 공통된 부분이 있어야 한다는 점입니다. 그런 내용이 내가 만든 콘텐츠에 녹아들고, 그 콘텐츠를 통해 사람이 모여야 합니다. 타깃 고객이 선명할수록 그에 맞는 콘텐츠를 발행할 수 있습니다.

그러므로 내가 어떤 사람들에게 어떻게 도움을 줄 수 있는지 먼저 생각해보세요.

나의 경험이 누구에게 도움이 될 수 있는지, 나의 이야기에 공감할 만한 사람들이 누구인지 먼저 고민하는 자세가 필요합니다.

연속된 콘텐츠를 발행할 수 있어야 한다

세 번째는 이런 콘텐츠를 시리즈 또는 연속된 내용으로 만들어야 합니다. 한 번 하고 마는 이야기가 아니라 계속 이어지는 콘텐츠에 사람들은 점점 더 몰려들고, 열광하고, 기대합니다.

이런 콘텐츠를 계속 만들면서 '나'를 더욱 정확히 정의 내려야 합니다. 되도록 한 문장으로 표현할 수 있으면 좋습니다. 소셜 미디어 국가대표 정진수, 공감마케터 최은희, 지식소통가 조연심, 1인기업 국민멘토 김형환, 이런 식으로 말입니다.

요즘은 부캐*를 내세우는 시대이기도 합니다. SNS 닉네임에 자신이 원하는 새로운 정체성을 담아도 좋습니다. 제가 사용하는 '호모앤'이라는 이름은 '빨간 머리 앤 같은 인류'라는 뜻을 담고 있답니다. 제가 좋아하는 빨간머리 앤 같이 이야기 하기 좋아하고, 꿈을 꾸는 캐릭터를 가진 사람들을 만나고 싶다는 저의 열망을 담은 닉네임입니다.

내가 나를 정의하고 꾸준히 브랜드화하면 세상도 자연스럽게 받아들입니다. 나를 알리는 콘텐츠와 함께 나를 정의하는 것을 잊지 마세요. 남들이 불러주지 않으면 내가 불러서 다른 사람이 그렇게 인지하게 만들면 되니까요.

---

* 부 캐릭터(副 Character)의 줄임말로 본래 게임에서 가장 우선해 플레이하는 메인 캐릭터 외의 다른 캐릭터를 의미하는 말이었으나 커뮤니티 등에서 자신 대신 내세우는 정체성을 '부캐'라고 부르면서 점차 의미가 확장되었습니다.

다만 이런 정체성과 콘텐츠는 절대 짧은 기간에 이룰 수 없습니다. 다른 사람에게 닿기 위해서는 꾸준히 나를 정의하면서 계속 콘텐츠를 발행하는 게 중요합니다. 사람들이 이동진 기자하면 자연스럽게 '영화 평론가'라는 공식을 떠올리는 것처럼 '나 하면 누구!'라고 인식될 때까지 콘텐츠를 만들어야 합니다.

LESSON 07

팬 없이는 브랜딩도 없다

1,000명의 진정한 팬을 만들자

《타이탄의 도구들》*의 저자인 팀 페리스$^{Timothy\ Ferriss}$는 케빈 켈리$^{Kevin\ Kelly}$가 쓴 '1,000명의 진정한 팬'이라는 글을 읽어볼 것을 강력히 추천했습니다. 여기서 '진정한 팬'은 '당신이 만드는 건 뭐든지 사주는 사람들'로 정의할 수 있는데요. 이런 팬 1,000명이면 생활을 충분히 꾸려갈 만큼 수익을 낼 수 있다고 합니다.

또한, 이러한 성과를 위해서 팬을 만족시킬 만큼 양질의 콘텐츠를 만들고, 직접적인 관계를 맺어야 한다고 말합니다. 그리고 팬을 1,000명으로 한정하지 말라고 합니다. 시작은 1,000명이라도, 그 덕분에 10만, 100만 팬을 만들 수 있기 때문이죠.

*《타이탄의 도구들 (블랙 에디션)》, 팀 페리스 저/박선령, 정지현 역, 토네이도, 2022년 06월(개정)

1,000명의 팬으로 평생 먹고살 수 있다는 건 유용한 통찰이며, 그만큼 팬을 만드는 게 중요하다는 의미입니다.

연예인, 스포츠 스타, 경제 뉴스에 나오는 기업인, 특출한 몸매와 얼굴을 가진 사람이 아닌 '일반인'이 어떻게 1,000명의 팬을 만들 수 있을까요?

소셜 미디어를 활용하면 1,000명의 팬을 만들 수 있다

그 답은 소셜 미디어에 있습니다. 이 책에서는 네이버 블로그를 주로 다루지만, 유튜브, 틱톡, 인스타그램 등 어떤 플랫폼의 채널도 가능합니다. 한 채널이 아니라 여러 채널을 통해서 모을 수 있다면 더욱 좋습니다.

네이버 블로그는 어떤 채널보다 한국 친화적인 플랫폼입니다. 우리나라 사람들이 궁금해할, 그들의 문제를 풀어줄 자신만의 능력을 선보이면 됩니다. 꾸준히 자신을 스토리텔링하면서 콘텐츠를 시리즈로 만들어갑니다. 사람들이 검색할 만한 키워드를 글에 담아야 합니다. 그렇게만 한다면, 아직 브랜딩되지 않은 일반인도 인플루언서로 성장하기에 좋은 채널입니다.

인스타그램은 반응이 빠른 채널이라 팬들과 소통하기에는 좋지만, 내용이 있는 콘텐츠를 쌓기에는 적당하지 않고 검색도 쉽지 않습니다. 어느 정도 자신의 생각을 담아 드러내기에는 블로그가 더 적당합니다.

또 네이버 블로그는 이웃과 서로이웃이 있어 댓글을 주고받으면서 내 팬을 만들 수 있습니다. 콘텐츠만 좋으면 이웃이 늘고 어느새 글에 반응하는 이웃도 많아집니다. 이웃과 함께 경험할 수 있는 프로그램을 모집하거나 이벤트를 만들면서 팬을 만들면 됩니다.

인스타그램을 경험하고 도전해보면 네이버 블로그는 실시간 상호 작용이 적은 채널로 느껴질 수 있습니다. 하지만 이벤트를 적절히 이용하면 충분히 그 단점을 커버할 수 있습니다. 전자책 나눔, 무료 강의도 좋습니다. 시리즈로 계속 정보를 주면서 나의 경험을 나누면 분명 이웃도 늘고 구독하는 사람도 늘게 됩니다.

특히 네이버 블로그는 5,000명까지 '서로이웃'을 만들 수 있습니다. 서로이웃은 한쪽의 일방적인 이웃 맺기가 아닌 상호 이웃이 되는 겁니다. 이웃이 포스팅을 발행하면 네이버 블로그 피드에 '이웃새글'로 떠서 바로 보러 갈 수 있고, 내가 포스팅하는 것을 이웃 역시 '이웃새글'로 먼저 볼 수 있습니다. 이렇게 서로이웃을 늘려가면서 내 콘텐츠를 좋아하는 진짜 팬을 만들어나가면 됩니다.

> 저 또한 초창기부터 서로이웃 활동을 꾸준히 이어오고 있습니다. 가장 기억에 남는 분이 있습니다. 그분은 원래 12시 전에 자는 편이지만 거의 자정 무렵에 올리는 제 글에 꼭 첫 댓글을 달아주셨습니다. 저도 그분의 포스팅에 첫 댓글을 올려 댓글과 답글을 주고받았죠. 제가 아직 호모앤 프로젝트를 하기도 전이었을 때부터 서로 팬심을 쌓아왔습니다.
> 제가 블로그 강의를 하게 되면서 첫 번째 프로젝트를 진행한다고 하니 그분은 무조건 함께하겠다고 해주었습니다. 진심으로 팬이 되어준 제1호 팬 덕분에 제 블로그에 대한 재미와 믿음, 신뢰를 갖게 되었습니다. 이렇게 함께해주신 분들이 차곡차곡 모인 덕분에 '호모앤더드림'이라는 커뮤니티도 만들 수 있었습니다. 저는 아직 1,000명의 골수팬을 모으지 못했지만 그 과정 중에 있습니다. 물론 그 시작은 블로그였습니다.

지금 유튜브로 소위 '떡상'했다고 말하는 많은 분 중에는 아직도 블로그로 팬과 소통하는 경우가 많습니다. 블로그에서 이벤트를 기획하고, 프로젝트를 모집하고, 챌린지를 함께하면서 그 경험을 공유하는 것이죠. 단순 노출이 아니라 팬심을 키우기에는 텍스트 매체가 훨씬 큰 역할을 하기 때문입니다. 여러분도 블로그를 통해서 이웃을 만들고, 팬을 만들어보세요. 나라는 브랜드가 탄생하고 거기서 내가 하고 싶은 어떤 일에도 도전할 수 있습니다.

평범한 중소기업 직장인에서 마케팅 전문가로

블로거 인터뷰 : 헤자포터 이지훈

Q 본인을 소개해주세요.

A 저는 숨은 1%까지 진심을 다해 알려드리는 「헤자포터」라고 합니다. 프리랜서 마케터로 활동하면서, 작가, 강사, 파티룸 대표 등 다양한 활동을 하고 있고요. 궁극적으로는 디지털 노가다를 벗어난 진짜 디지털 노마드를 실현하기 위해 활동하고 있습니다. 이런 과정에서 제가 얻은 인사이트를 서로 나누고, 선한 영향력을 미치면서 좋은 인연을 만들고 있습니다.

Q 네이버 블로그는 언제부터 시작하셨어요?

A 네이버 블로그는 2019년 연말부터 본격적으로 시작했지만, 대학생 때 메모장으로 사용했던 것이 시작이었어요. 실제로는 2014년부터 사용했고, 그때는 알고리즘이나 상위 노출 같은 것은 아예 모른 채 그냥 필요한 글만 작성했어요.

Q 블로그를 시작하기 전에 어떤 일을 하셨어요?

A 이야기하자면 조금 파란만장합니다. 우선 대학 졸업 후 3년간 직업이 여덟 번 바뀌었습니다. 공대를 졸업하고 처음에는 작은 IT 스타트업 기업에서 일을 시작했고, 커리어를 쌓은 후 판교에 위치한 IT 기업으로 넘어왔다가 하는 일이 적성에 맞지 않아 많이 방황했어요.

이후에는 대형 마트에서 오징어도 팔아보고, 취업 컨설팅 회사에서 자기소개서를 첨삭해주는 일도 했습니다. 그러다가 운 좋게 외국계 기업에 입사했던 것이 마지막 회사 생활이었습니다.

Q 블로그를 시작한 계기는 무엇인가요?

A 예전에 일하던 회사에서 대표님이 다른 마케팅 채널 없이 오직 블로그 하나만으로 연 매출 5억 이상을 버는 것을 보고 놀랐어요. 당시만 하더라도 소셜 미디어나 마케팅에 대해서 하나도 몰랐거든요.

블로그에 글을 쓰고, 상위에 노출되면서 상품이 실제로 팔리고, 계약이 성사되는 모습을 보았습니다. 다른 건 몰라도 '블로그를 잘하면 나중에 어디에서도 돈을 벌 수 있겠구나'라고 생각하게 되었습니다.

Q 블로그를 하면서 이루고 싶은 목표가 있었나요?

A 이런 말을 하긴 부끄럽지만, 제가 원했던 목표는 블로그를 통해서 전부 이뤘습니다. 저에겐 세 가지 꿈이 있었어요. 하나는 김미경, 김창옥 교수님처럼 타인에게 도움을 주는 강사가 되어서 유익한 강의를 하는 것이었고, 다른 하나는 강남 교

보문고 베스트셀러 매대에 제 책을 올리는 것, 마지막 하나는 강남에서 사업을 하나 성공해보는 것이었어요. 이 세 가지 목표 모두 블로그를 통해서 이뤘습니다.

규모는 작지만 유/무료 수강생을 합치면 거의 5,000명이 넘는 분들에게 블로그에 대해 교육할 수 있었고, 강사로서 원했던 것은 다 해봤습니다. 이때 연결된 인연 덕분에 마케팅 대행사 경험부터 출판까지 다양한 경험을 할 수 있었고요. 출판사 대표님도 잘 만난 덕분에 강남 교보문고 매대에 제 책이 올라와 있는 모습도 볼 수 있었어요.

이때 배웠던 마케팅 경험을 바탕으로 강남에 작게 파티룸 사업도 해볼 수 있었습니다. 매출이 엄청 잘 나온 것은 아니었지만, 그래도 강남 한복판에 제 사업장 간판을 걸어봤던 경험은 정말로 뜻깊은 경험이었어요.

Q 블로그를 하면서 바뀐 게 있다면 어떤 점이 있나요?

A 제 인생 전체가 바뀌었다고 해도 과하지 않다고 생각할 정도로 삶의 많은 부분이 바뀌었습니다. 중소기업의 직장인이었던 평범한 제가 다양한 인플루언서님, 유명한 대표님까지 뵐 수 있었고, 좋은 경험과 지식도 많이 쌓을 수 있었어요.

무엇보다 삶을 대하는 태도가 많이 바뀌었습니다. 예전에는 무언가를 시도하려고 노력도 안 하고, 겁먹고 주춤거리는 일이 많았어요. 하지만 블로그를 통해 좋은 경험을 많이 쌓다 보니 무언가 시도하는 것에 대해 겁먹지 않게 되었어요.

나이키 슬로건이 'Just Do It'인 것처럼 저에게 새로운 제안이 들어오게 되면 일단 실천해보고 부딪히면서 하나씩 개선하는 방법으로 삶을 대하게 되었습니다. 그 덕분인지 좋은 제안이나 새로운 경험을 많이 할 수 있게 되었고, 삶이 정말 많이 바뀌었습니다.

예전에 직장을 다닐 때는 매번 정부 탓, 회사 탓, 상사 탓 등 남 탓을 많이 했습니다. 하지만 지금은 무엇을 하더라도, 결과가 어떻든 전부 제가 책임지겠다고 마음먹고 주도적으로 문제를 해결하는 태도로 바뀌게 되었습니다.

Q. 혜자포터 님께 네이버 블로그란?

A. 생명의 은인이라고 해야 할지, 삶을 바꾼 멘토라고 해야 할지 모르겠습니다. 적어도 저에게는 매우 고맙고 감사한 존재입니다. 아마 블로그가 없었다면 저는 여전히 평범하고 세상에 불평불만 많은 평범한 청년 중 하나로 살아갔을 거예요. 블로그 덕분에 평생 못했을 좋은 경험도 할 수 있었던 것에 대해 감사할 따름입니다.

Q. 본인의 소셜 미디어를 소개해주세요.

A. 최근에는 '마케팅 프리패스'라는 새로운 브랜딩을 준비하고 있습니다. 마케팅을 한 번도 해본 일이 없는 대표님들이 온/오프라인 매장, 본인의 브랜드를 키울 수 있도록 도움을 드리고 있습니다.

어떤 것을 해야, 무엇을 해야 자신의 제품을 잘 팔 수 있는지 교육하고, 다양한 소셜 미디어 채널과 마케팅 채널을 배우면서 마케팅 관련 내공을 쌓는 중입니다. 실제로 지금 새로 도전하는 프로젝트 중 하나로 고가의 새로운 브랜드 런칭을 진행하고 있습니다. 숏폼, 블로그, 스마트스토어를 하나로 묶어 무료 홍보만으로 제품을 판매하는 방법도 진행하며 차근차근 성과를 만들고 있습니다.

Q. 네이버 블로그를 시작하려는 분들께 해주고 싶은 말은?

A. 소셜 미디어, 마케팅, 카피라이팅, 콘텐츠 제작, 사진 촬영 등 여러분이 무엇을 배우고 익힐지는 자유입니다. 하지만 이 모든 것을 한 번에 전부 경험할 수 있는

플랫폼은 네이버 블로그가 유일하다고 생각합니다.

과거에 비하면 네이버 블로그의 위상이 점점 줄어들고, 공략하는 방법도 어려워지고 있는 것도 사실입니다. 하지만 네이버 블로그를 통해 삶의 중요한 내용, 소셜 미디어의 기초를 배울 수 있다는 것만으로도 충분한 가치가 있고, 이 사실만 알게 되어도 좋습니다.

다만 블로그를 시작한다면, 최근 트렌드에 맞춰 다른 숏폼 플랫폼도 병행하면서 작업하는 것을 추천합니다. 제가 나중에 돌아보니 조금 아쉬웠던 것은 너무 한 가지만 팠다는 생각이 들었거든요. 영상, 숏폼 플랫폼도 함께 다뤘다면 더 큰 시너지를 낼 수 있지 않았을까 하는 아쉬움도 있습니다.

분명한 것은 앞으로도 네이버 블로그의 영향력은 유지될 겁니다. 그건 분명합니다. 새로운 트렌드가 나오고, 숏폼이 부상하더라도, 여전히 블로그를 통해서 정보를 얻으려는 사람은 존재합니다. 그렇기 때문에 지금, 미래에 어떤 일을 하게 되어도 네이버 블로그를 활용하는 방법은 꼭 배우고 익혀서 실천까지 해보길 추천합니다.

혜자포터 소셜 미디어
- 네이버 블로그 : blog.naver.com/jihoon8912

CHAPTER 03

생성형 AI 시대 콘텐츠 생성 혁명에 참여하라

LESSON 01

모든 콘텐츠 생산이 가능한 생성형 AI의 시대

생성형 AI의 출현과 콘텐츠 양상의 변화

생성형 AI의 출현은 우리가 콘텐츠를 생성하고, 소비하고, 상호 작용하는 방식에 혁명적인 변화를 가져왔습니다. 생성형 AI는 상황과 관련된 텍스트를 만들어줄 뿐만 아니라 2024년부터는 이미지와 비디오까지도 생성하는 새로운 시대를 열었습니다. 다양한 분야에 걸쳐 전례 없는 가능성이 열리고 있습니다. 이러한 변화를 이끈 모델이 바로 OpenAI가 개발한 ChatGPT입니다.

2022년 11월, OpenAI가 ChatGPT를 공개하면서 디지털 세계는 급격한 변화의 소용돌이에 휩싸였습니다. 이 강력한 AI 모델의 등장은 단순한 기술 혁신을 넘어, 우리가 정보를 생성하고 소비하는 방식 자체를 근본적으로 바꾸어놓았습니다.

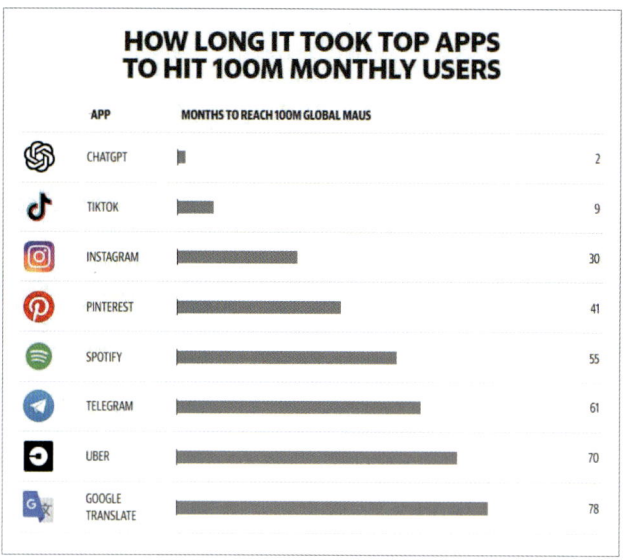

▲ 1억 명을 가장 빠르게 달성한 앱 다운로드 순위(단위 : 월)*

ChatGPT는 대규모 언어 모델Large Language Models, LLM로, 인간과 유사하게 텍스트를 이해하고 생성하도록 설계되었습니다. 방대한 데이터를 학습한 신경망을 기반에 두고, 뛰어난 자연어 처리 능력을 통해 자연스러운 콘텐츠 제작이 가능합니다.

ChatGPT가 등장하자마자 단 두 달 만에 1억 명이 사용했다고 합니다. 이는 그 어떤 서비스도 이뤄내지 못한 속도였습니다. 단순히 검색과 글 쓰는 시간이 줄어들겠다는 기대만으로 이렇게 많은 사람이 몰렸습니다.

그러나 이는 시작에 불과했습니다. 이 강력한 AI 모델의 등장은 단순한 기술 혁신을 넘어, 우리가 정보를 생성하고 소비하는 방식 자체를 근본적으로 바꾸어 놓았습니다. ChatGPT는 단순히 텍스트를 생성하는 수준을 넘어 이미지, 동영상 등 다

---

* ChatGPT sets record for fastest-growing user base – analyst note
  출처 : https://www.reuters.com/technology/chatgpt-sets-record-fastest-growing-user-base-analyst-note-2023-02-01/

양한 콘텐츠 제작에 활용되고 있습니다. 또한 방대한 데이터를 기반으로 다양한 앱에 접목되어 일상에도 활용 가능한 도구가 되었습니다.

생성형 AI가 가져온 삶의 변화

생성형 AI는 이미 우리 삶에 영향을 미치기 시작했습니다. ChatGPT로 대표되는 생성형 AI에 익숙하지 않으면, 우리의 삶에 어떤 영향을 미칠 것인지 몇 가지 사안에 대해 확인해보겠습니다.

❶ **창의적 아이디어의 조력자** : 누구나 고품질의 글을 빠르게 작성할 수 있습니다. 블로거, 마케터, 작가들은 더 이상 백지 상태에서 시작할 필요가 없어졌고, AI의 도움으로 창의적인 아이디어를 더욱 풍부하게 발전시킬 수 있게 되었습니다.

❷ **업무 효율 극대화** : ChatGPT는 우리가 작성하는 데 걸리는 시간보다 훨씬 짧은 시간에 고품질 텍스트를 생성할 수 있습니다. 이메일 작성, 보고서 요약, 코드 디버깅 등 다양한 업무에서 AI의 지원으로 시간과 노력을 크게 절약할 수 있습니다. 이는 업무 생산성의 비약적인 향상으로 이어졌습니다.

❸ **창의력 향상** : 인간의 창의력 한계를 극복하도록 도와줍니다. ChatGPT는 아이디어를 브레인스토밍하고 창의적인 답변을 제공하여 글을 쓰는 사람에게 아이디어가 막혔을 때 새로운 각도를 탐색하도록 돕습니다.

❹ **예술 산업의 새로운 도구** : 작가, 음악가, 아티스트들은 AI를 창작의 새로운 도구로 활용하기 시작했습니다. 이는 예술과 기술의 경계를 허물고 새로운 형태의 창작물을 탄생시키고 있습니다. 예를 들어 Suno AI를 통해 음악을 만들고, OpenAI

에서 공개한 SORA를 활용해 텍스트를 영상으로 만드는 등 다양한 활용이 가능합니다.

5 교육 혁신 : 학생들은 AI를 통해 즉각적인 설명과 예시를 얻을 수 있으며, 교육자들은 맞춤형 학습 자료를 쉽게 제작할 수 있게 되었습니다. 이는 개인화된 학습 경험을 가능하게 하여 교육부에서도 2025년부터 AI 디지털 교과서를 도입하기로 했습니다.

6 고객 서비스의 진화 : 24시간 답변이 가능한 AI 챗봇의 도입으로 기업은 더 빠르고 정확한 고객 응대가 가능해졌습니다. 정해진 질문과 답변 외에는 응대가 불가능하던 기존 챗봇과 달리 이제는 주어진 문제를 인식하고 해결 방법을 제안하기도 합니다. 이는 고객 만족도 향상과 비용 절감 효과를 동시에 가져왔습니다.

7 언어 장벽 완화 : 실시간 번역과 다국어 콘텐츠 생성이 가능해지면서 글로벌 커뮤니케이션과 정보 접근성이 크게 향상되었습니다. 단순 번역을 넘어 문화적 차이와 언어적 뉘앙스를 반영하고, 최신 정보를 반영한 콘텐츠 생산이 가능해졌습니다.

8 연구 및 분석의 가속화 : 방대한 데이터를 빠르게 분석하고 요약할 수 있게 되어 연구자들의 작업 속도가 크게 향상되었습니다. 이를 통해 과학과 기술 발전의 가속화를 기대할 수 있습니다.

한편 이러한 혁명적 변화와 함께 문제도 제기되고 있습니다. 저작권 문제, 가짜 정보의 확산, AI 의존도 증가에 따른 인간 능력의 퇴화 등의 우려가 대표적이지요.

ChatGPT로 대표되는 생성형 AI의 등장은 단순히 새로운 도구의 출현을 넘어, 우리의 일하는 방식과 생각하는 방식을 근본적으로 바꾸는 패러다임의 전환을 의미합니다. 이제 필요한 것은 이 강력한 도구를 현명하게 활용하는 지혜입니다.

ChatGPT로
콘텐츠 생산 시작하기

ChatGPT 시작 어렵지 않아요

2023년 이후 ChatGPT 관련 뉴스가 부쩍 증가하면서, 관심이 없더라도 AI 분야에 대한 이야기를 많이 들었을 것입니다. 그러나 관심이 생겨서 막상 시작해도, 뭘 어떻게 활용할지 몰라 고민하는 분들이 많습니다. 제가 강의하면서 만난 수강생 대다수의 이야기입니다.

처음에는 누구나 그렇습니다. 세상을 바꾸는 생성형 AI의 시대를 맞이하려면, 우선 그 원조인 ChatGPT를 직접 경험해보는 것이 중요합니다. 블로그 포스팅을 ChatGPT로 시작해보려 한다면 본격적으로, 제대로 시작해보는 것이 좋습니다.

여러분이 이제 하버드 도서관 수준의 지식을 가진
천재 신입 사원을 갖게 되었다고 생각해보세요.

제가 ChatGPT를 처음 시작하는 분들에게 꼭 하는 이야기입니다. 다만, 신입 사원은 일머리가 없습니다. 해야 할 일을 정확히 전달해야 엄청난 지식을 활용해 훌륭하게 업무를 처리합니다.

아무리 똑똑한 신입 사원이라도 처음부터 한꺼번에 10가지 일을 맡기면 하나도 제대로 해내기 어렵습니다. 천재급 신입 사원을 효과적으로 활용하려면, 상사 역시 요령을 가져야 합니다. 이제부터 그 요령을 여러분께 소개해드리겠습니다. 자, 시작해봅시다.

OpenAI 계정 생성하고 바로 시작해보기

먼저 OpenAI 웹사이트(chat.openai.com)에 방문하여 계정을 생성합니다. 이메일 주소만 확인하면 되며, 해외 사이트이므로 구글 계정으로 사용하는 것이 편리합니다. 특히, 모바일 앱을 나중에 다운로드할 경우, 대부분의 안드로이드 폰이 구글 계정과 연동되므로 구글 로그인이 더욱 편리합니다.

로그인 후 ChatGPT 메인 화면에 들어가면, 매우 간단한 인터페이스가 나타납니다. 화면은 깔끔하게 구성되어 있으며, 예시 질문들이 표시되고 아래쪽에 프롬프트를 입력할 수 있는 대화창이 보일 것입니다. 프롬프트는 AI에게 전달하는 명령의 일종입니다. 경우에 따라서는 이 시작 화면이 영어로 되어 있어 무엇을 해야 할지 몰라 난감한 경우도 있습니다.*

---

* ChatGPT-4o 출시 이후 OpenAI 계정을 생성할 경우 보통은 [언어]가 [자동 탐지]로 설정되어 기본적으로 한국어 화면이 나타납니다. 만약 기본 시작 화면이 한국어로 나타나면 특별하게 설정을 바꿀 필요가 없습니다.

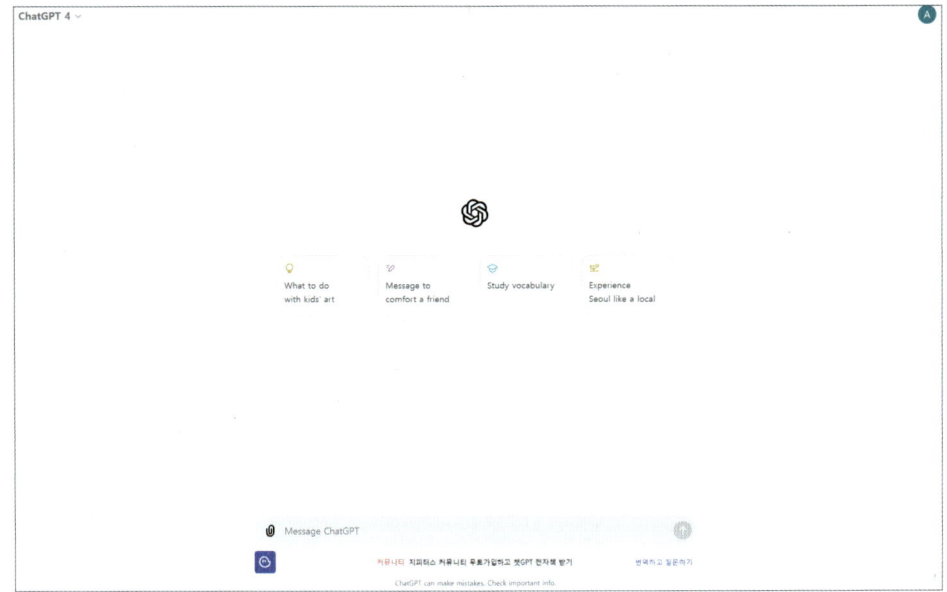

▲ ChatGPT 메인 화면

만약 시작 화면이 영어로 나타난다면, 설정에서 한국어로 변경할 수 있습니다. 오른쪽 상단의 계정 아이콘을 클릭하면 나타나는 메뉴에서 [Settings]를 클릭합니다. 이후 [Language]를 [Korean]으로 변경하면 더욱 편안하게 우리말로 서비스를 이용할 수 있습니다.

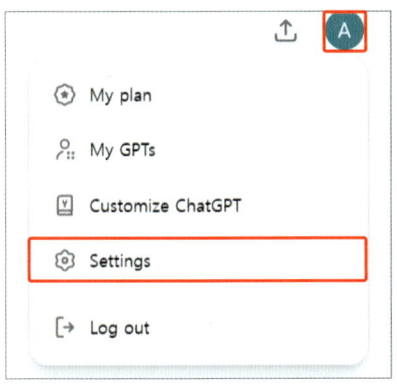

▲ 계정 아이콘 클릭 후 [Settings] 메뉴 위치

▲ 설정 내 언어 화면

    2022년 ChatGPT 3.5가 출시했을 때는 영어에 비해서 한국어 텍스트 인식과 답변이 부정확하고 어색한 면이 많았지만, 유료 버전인 ChatGPT-4 이후로는 인식 정확도가 올라간 것은 물론 답변도 매우 자연스러워졌습니다.

    2024년 10월을 기준으로 가입한 후 바로 사용할 수 있는 기본 무료 모델은 GPT-3.5입니다. 2024년 5월 13일에 새로 업데이트 된 GPT-4o 모델은 가입 후 제한된 횟수로 사용해볼 수 있습니다.*

    'GPT-4o를 사용해 보겠느냐'는 제안을 승인하면 화면 왼쪽에 'ChatGPT 4o'라고 표시됩니다. ChatGPT와 대화 도중 하단의 모델 설정 버튼을 클릭하면 GPT-4o 혹은 GPT-4o mini 모델의 답변으로 변경할 수도 있습니다. 다만 무료 사용자의 경우 대화에는 제약이 있으니 유용하게 활용할 수 있는 GPTs를 찾아보길 권합니다.

---

* 2024년 10월을 기준으로 무료로 제공되는 ChatGPT의 모델은 GPT-3.5 기반에, 일부 GPT-4가 필요한 기능은 GPT-4를 사용하기도 합니다. 기본 모델은 'ChatGPT 자동'으로 설정되어 있으며, 정확한 내용은 OpenAI의 정책에 따라 달라질 수 있습니다.

▲ GPT 답변 모델 변경 화면

GPTs 기능을 활용하면 다양한 앱 도구들과 연동하여 단순한 텍스트 생성뿐만 아니라 이미지, 영상, 코드, 마인드 맵 등을 만들어낼 수 있습니다.* 이 기능은 유료 버전에서만 제공되므로, 충분히 탐색해보고 결정하기를 바랍니다. 테스트해보면 적용할 수 있는 기능이 얼마나 많은지 알게 될 겁니다.

처음부터 유료 플랜으로 구독하기보다는 무료 버전을 충분히 활용해본 후에 결정하는 것이 좋습니다. ChatGPT 외에도 다양한 생성형 AI를 접하게 되면, 여러분에게 더 적합한 모델을 발견할 수도 있습니다. 경우에 따라서 다른 AI를 구독하고 싶은 마음이 들 수도 있으니 신중하게 선택하세요.

여러 분야의 글을 작성하며 ChatGPT는 물론 다양한 생성형 AI를 충분히 활용해보고, 자신에게 맞는 방식을 찾아가세요. 여러분만큼 ChatGPT도 여러분의 스타일을 학습해야 하니까요.

---

* GPTs는 ChatGPT 사용자가 직접 특정 목적에 맞게 만든 맞춤형 챗봇입니다.

LESSON 03
맞춤 설정만 제대로 입력해도 시간 절약 OK

ChatGPT를 제대로 활용하기 위한 맞춤 설정 방법

ChatGPT를 본격적으로 활용하기 전 설정에서 꼭 작성해야 하는 부분이 있습니다. 바로 ChatGPT의 맞춤 설정^{Custom Instructions}입니다. 이 부분은 처음부터 설정하는 것보다는 여러분이 어떤 글을 쓰는지, 프롬프트를 어떻게 사용하는지 경험해보고 설정하는 것이 좋습니다.

반복적으로 사용하는 요청 프롬프트를 맞춤 설정에 추가하면, 매번 같은 글을 적는 번거로움을 줄일 수 있습니다. 또한, 설정한 페르소나(자아)에 더 적합한 글을 ChatGPT가 작성해줄 것입니다. 과거에는 프롬프트를 영어로 작성하는 것이 더 좋다는 의견이 있어 한때는 영어로 작성해야 했지만, 지금은 한글로 작성해도 충분히 높은 품질의 답변을 받을 수 있습니다.

▲ ChatGPT 맞춤형 지침 설정 화면 : 계정 아이콘 클릭 후 [ChatGPT 맞춤 설정] 메뉴를 선택하면 해당 설정을 할 수 있습니다.

맞춤형 지침 설정하기

　ChatGPT 맞춤 설정은 내가 어떤 사람인지, 어떤 사람(페르소나)으로 글을 쓰고 싶은지 미리 ChatGPT에게 알려주는 항목입니다. 설정 과정에서 어떤 내용을 입력하면 좋을지 옆에 예시가 제공되니, 질문에 맞춰 답변을 작성하면 됩니다.

　첫 번째 입력 상자에서는 본인에 대한 소개를 최대한 상세하게 입력하는 것이 좋습니다. 최대 1,500자까지 입력할 수 있으며, 이 부분에 자신을 자세히 설명하면 ChatGPT가 여러분의 의도를 더 잘 반영한 글을 작성할 수 있습니다. 예시로 제가 작성한 내용을 보여드리겠습니다.

> **프롬프트 입력**　나는 한국에서 브랜드 블로그를 대행하는 마케팅 회사 대표이면서 디지털 정보 통신 강사야. 마케팅 대행 업무로 여러 업체의 블로그 콘텐츠를 대신 쓰고 있어. 다양한 업체의 블로그 포스팅을 쓰는 편이라 주제가 다양해.

> 주로 디지털 분야를 강의하고 있고, 최근에는 생성형 AI 관련 강의를 주로 하고 있어. 강의 제안, 기획, 강의안을 주로 만들어. 사람들에게 AI를 좀 더 쉽게 사용할 수 있도록 도움이 될 수 있도록 강의를 만들고 있어. 또 SNS를 잘 활용할 수 있도록 콘텐츠를 생성하거나, 각각 네이버나 인스타그램의 로직에 대한 강의를 만들고 있어.

여러분의 직업과 관심 분야에 대해 최대한 자세히 적어보세요. 제가 작성한 내용이 정답은 아니지만, 이렇게 미리 설정해두면 여러분의 의도를 더 잘 반영한 답변을 얻을 수 있을 것입니다.

ChatGPT의 응답 방식 설정하기

두 번째 입력 상자에는 ChatGPT가 어떻게 응답하기를 원하는지 입력해야 합니다.

▲ ChatGPT 맞춤형 지침 답변 설정 화면

제가 사용하는 내용은 다음과 같습니다.

> **프롬프트 입력** 특별한 요청이 없는 한 한국어로 작성해줘.
> 네가 작성하는 내용은 그 분야의 전문가로 설정하고 작성해줘.
> 어느 주제나 상세하고 구체적으로 답변해줘. 되도록이면 네가 주장하는 내용의 예시를 함께 들어서 설명해줘.
> ChatGPT 네가 답변하는 문장을 내가 얼마나 신뢰할 수 있는지 이모지로 알려줘.
> 확률에 따라 아래와 같은 이모지를 사용해줘.
> 0% ~ 20% : 🔴
> 20% ~ 40% : 🟠
> 40% ~ 60% : 🟡
> 60% ~ 80% : 🟢
> 80% ~ 100% : 🔵
> 다음과 같은 단축어들은 기억하고 콘텐츠 내용에 최대한 충실하게 반영해줘.
> '음슴체'라고 말하면, 문장은 '함', '임', '음'과 같이 끝나도록 해야 함.
> 예 : 아래를 참고해서 반드시 말투를 일관적으로 지켜야 함. 매우 자연스럽게 작성해야 함. 길고 논리적으로 작성해야 함.
> '정중체' '상냥체' '로봇체' '임금체' '신하체' '감성체'의 예시를 "집에 빨리 가고 싶다."로 들어줄테니 해당 단어에는 아래의 예시로 대답해줘.
> 정중체 : 저는 집에 빨리 가고 싶은 마음이 있습니다.
> 상냥체 : 집에 빨리 가고 싶구나.
> 로봇체 : 집에_빨리_가기를_희망한다.
> 임금체 : 짐이 집에 빨리 가고자 하노라.
> 신하체 : 소신은 빨리 집에 가기를 원하나이다.
> 감성체 : 아, 이 지친 몸과 마음이 이끄는 대로 향해 가는 곳은 오직 그곳뿐이네. 포근한 안식처인 나의 보금자리로 어서 빨리 돌아가고 싶구나. 저 멀리 저무는 노을빛 따라 발걸음 재촉하는 이 설렘! 편안함과 위로가 기다리고 있을 그 익숙하고 그리운 공간으로. 하루의 피로는 문 앞에 벗어두고 아늑한 휴식 속에 파묻히리라. 이 애타는 그리움 달래며 사랑하는 내 집으로 어서 가야지.

여기서 나오는 소위 음슴체, 상냥체, 로봇체는 카카오톡 AI에 나오는 내용을 넣은 겁니다. 한국어 특유의 문체를 잘 이해할 수 있도록 포함시킨 내용입니다. 또한 ChatGPT가 말하는 내용에 대한 신뢰도를 포함해서 답변을 가공하고, 팩트 체크(사실 확인)할 때 활용하고자 했습니다.

ChatGPT 프롬프트 작성 시간도 단축해야 똑똑하게 쓰는 것

ChatGPT 맞춤 설정을 해두면 매번 프롬프트를 작성할 때 답변 기준을 설명하는 수고를 덜 수 있습니다. 만약 이러한 설정이 어렵게 느껴진다면, ChatGPT와 대화하면서 설정을 완성하는 방법도 있습니다. 예를 들어, 자신의 직업을 설명하고 맞춤 설정에 넣으면 좋을 사항들을 물어보면서 ChatGPT와 대화를 주고받아 설정을 완성할 수 있습니다.

두 번째 입력 상자에 넣을 문체를 미리 설정하듯이, 자주 사용할 어휘를 약속어로 만들어 두는 것도 좋은 방법입니다. '자세히'라고 입력하면 2,000자 정도의 길이로 최대한 길게 작성해 달라고 요청할 수 있고, '요점만'이라고 하면 서론, 본론, 결론 구조 없이 핵심만 간단히 요약해달라는 의미로 설정할 수 있습니다.

추가로 '수치화'는 실제 결과에 수치를 포함해달라는 의미로, '예시'는 주제와 관련된 실제 사례를 최소 세 개 이상 포함해달라는 의미로, '계속'은 앞선 주제를 이어서 발전시켜달라는 의미로 설정할 수 있습니다. '시각화'는 주제에 맞는 이미지를 생성해달라는 의미로, '표'는 주제와 관련된 내용을 표로 정리해달라는 의미로 약속해두면 프롬프트에서 이러한 어휘를 사용해 원하는 결과를 얻을 수 있습니다.

ChatGPT는 여러분이 어떻게 훈련시키느냐에 따라 얻을 수 있는 결과가 달라집니다. 마치 하버드 도서관급 지식을 가진 천재 신입 사원에게 회사의 규칙을 잘 설명하고, 그 규칙을 바탕으로 똑똑한 결과를 만들어 달라고 요청하는 것처럼 ChatGPT를 활용해보세요.

LESSON 04

또 다른 생성형 AI 모델

쏟아져 나오는 생성형 AI

2024년 들어 생성형 AI가 매일 새롭게 출시하고 있다는 말은 더 이상 빈말이 아닙니다. 말 그대로 쏟아져 나오고 있습니다. 발달 속도가 예상을 뛰어넘어 단순히 텍스트나 이미지 콘텐츠를 생성하는 것 이상의 노래, 영상을 만들어냅니다. 이뿐만이 아니라 다양한 AI를 접목해 이미지 한 장으로 애니메이션 캐릭터를 만들고 노래를 부르게 할 수도 있습니다. 나아가 여러 도구를 연결해 자동화 프로그램, 노코드 웹페이지, 게임, 앱까지 생성할 수도 있습니다.

아직도 이러한 생성형 AI에 대해 모른다고, 너무 뒤처지지 않을까 걱정할 필요는 없습니다. 여러분이 쉽게 이해할 수 있도록 대표적인 생성형 AI를 정리했습니다. 이

목록은 가장 굵직하고 대표적인 AI들을 포함하고 있으니, 이 정도만 알아도 현재 트렌드를 따라가는 데 큰 어려움은 없습니다.

구글 Gemini

OpenAI가 먼저 진출한 채팅형 인공지능 서비스에 다른 기업들도 속속 출사표를 던졌습니다. 대표적인 서비스가 바로 구글의 Gemini^{제미니}입니다. 2023년 4월 구글 Bard^{바드}란 이름으로 출시했습니다. 최초 서비스는 영어만 지원하던 ChatGPT와 달리 한국어 버전이 동시에 지원되어서 사용하기에 편하다는 평을 받았습니다.

인터페이스가 매우 간단하여 사용이 편리하다는 점, 한 번에 세 가지 답변이 동시에 제공되어 선택해서 사용할 수 있다는 점도 장점입니다. 그러나 ChatGPT에 비해 답변이 간단하게 제공되는 경향이 있고, 구글 검색을 반영해 최신 정보는 포함되지만, 깊이 있는 답변을 기대하기는 어렵다는 단점도 있습니다. 그럼에도 불구하고 구글이라는 메이저 플랫폼을 사용하기 때문에 접근성은 꽤 좋은 편입니다.

2024년 2월에는 Bard를 Gemini로 바꾸고, 유료 모델인 Gemini 어드밴스드를 출시했습니다. Gemini 어드밴스드는 ChatGPT 4에 상응하는 여러 기능을 탑재하고 있습니다.

- 구글 Gemini 웹사이트 : https://gemini.google.com/app

Gemini는 이미지를 입력하고 그 이미지에 있는 내용을 콘텐츠로 만들 수 있고, 구글 검색과 연동해서 답변에 비교적 최신 내용을 담을 수 있습니다. 또 구글에서 제공하는 서비스를 활용할 수 있는 가장 강력한 장점이 있습니다. 결과물을 구글

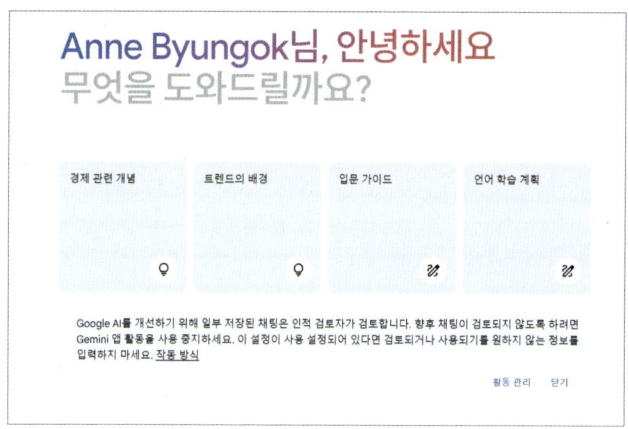

▲ 구글 Gemini 첫 화면

Gmail이나 문서 서비스인 구글 문서Docs로 저장, 공유하는 것은 물론 표 데이터를 바로 스프레드시트Spreadsheets로 저장할 수 있습니다.

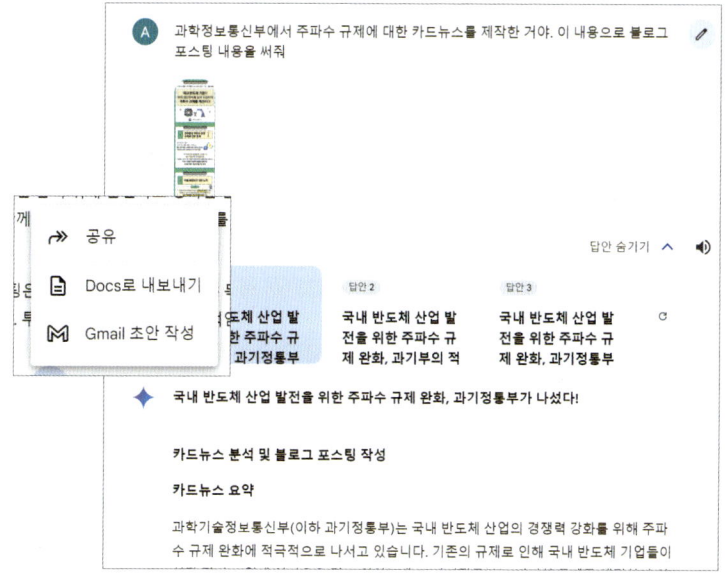

▲ Gemini 서비스의 답변과 구글 연동 기능

Gemini는 정치, 선거 개입과 관련된 내용에 대해서 유난히 조심스러운 입장을 보입니다. 조금이라도 그런 내용을 포함하거나 문제의 소지가 있을 시 답변을 아예 거부합니다. 정말 의외의 부분에서도 정치적 논쟁거리가 있다고 판단되면 답변을 거부하기 때문에 불편할 수 있습니다.

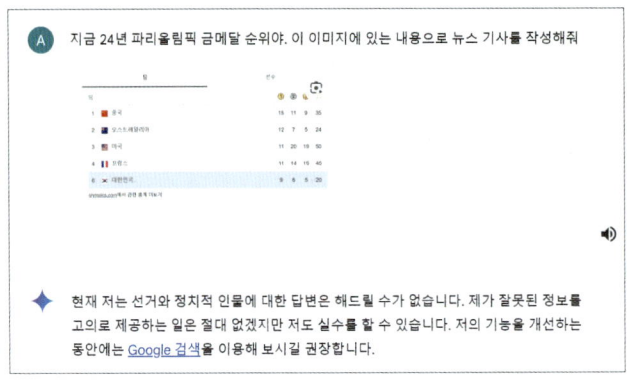

▲ 파리 올림픽 관련 내용 작성 요청 시 Gemini 답변 거부 사례

어쩌면 가장 조심스럽고 민감한 생성형 AI라고 볼 수 있습니다. 그래도 다른 어떤 생성형 AI보다 단순한 질문에 어느 정도는 수준 이상의 답변을 제공합니다.

다른 생성형 AI는 프롬프트에 따라 답변의 퀄리티 차이가 크지만, Gemini는 아주 단순하게 프롬프트를 요구해도 그렇게 나쁘다는 생각이 들지 않을 겁니다. 단순하고 쉽게 AI를 활용하길 원한다면 구글 Gemini가 사용하기에 가장 편리할 수 있습니다.

유료 버전인 Gemini 어드밴스드는 더욱 창의적이고, 전문적이고, 복잡한 내용도 정교하게 답변해줍니다. 또한 코딩 분야도 높은 수준의 결과물을 보여줍니다. 다만 구글 생태계 내에서만 한정적으로 사용 가능하고, GPTs처럼 스토어나 플러그인 연결 기능을 아직 제공하지 않아 범용적인 만족도가 크지 않다는 평도 있습니다.

마이크로소프트 Copilot

OpenAI가 ChatGPT를 개발할 수 있었던 것은 마이크로소프트의 대대적인 투자도 한몫 했습니다. 구글이 등장한 이후, 검색 서비스는 물론 브라우저 1위 자리를 내주고 한 걸음 뒤로 물러나 있던 마이크로소프트였습니다. 그러나 ChatGPT의 등장을 통해 다시 한번 그 힘을 과시할 수 있게 되었습니다. 그 중심에 있는 주인공이 바로 Copilot^{코파일럿}입니다.

- 마이크로소프트 Copilot 웹사이트 : https://copilot.microsoft.com/

2023년 4월, OpenAI는 GPT-4를 유료로 출시했습니다. 이 버전은 GPT-3.5보다 빠르고 한국어 기능과 한국 관련 정보도 많이 개선되었습니다. 하지만 유료 서비스에 대한 사용자들의 고민이 많았는지 비슷한 시기에 New Bing이란 이름으로 엣지^{Edge} 브라우저에서 GPT-4 기반의 AI가 무료로 제공되자 큰 인기를 끌었습니다.

이 New Bing은 출처 인용, 다국어 지원, 이미지 생성 기능을 갖추고 있어, 굳이 ChatGPT의 유료 서비스를 이용할 필요가 없다는 평가를 받았습니다. 이후, 2023년 12월 1일 New Bing이 Copilot으로 이름을 변경했습니다.

Copilot의 가장 큰 장점은 Microsoft 365 앱과의 통합입니다. 사용자는 워드, 엑셀, 파워포인트, 아웃룩 및 팀즈^{Teams}와 같은 마이크로소프트의 앱에서 Copilot을 사용할 수 있습니다. 이를 통해 문서 작성, 이메일 요약, 데이터 분석 및 시각화와 같은 작업을 보다 효율적으로 수행할 수 있습니다. 또한, Copilot은 Copilot Studio를 통해 사용자 정의 및 확장이 가능하며, 사용자의 특정 요구에 맞게 Copilot을 조정할 수 있게 해줍니다.

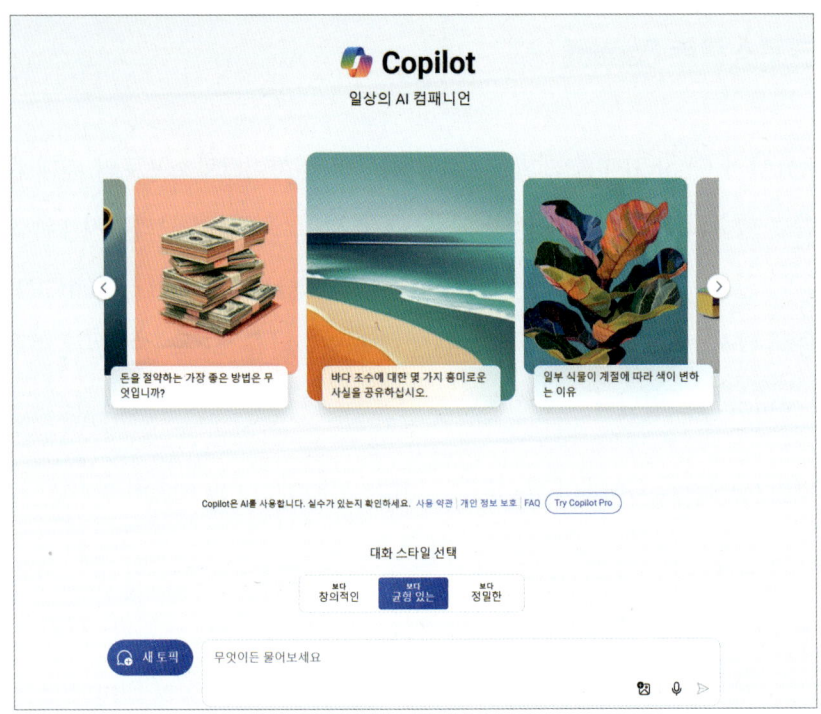

▲ Copilot 채팅형 인공지능 AI 서비스 메인 화면

　Copilot은 ChatGPT보다 앞서 텍스트만으로 이미지를 생성하는 Dall-E 서비스를 통합 제공했고, 플러그인을 이용해 다른 사이트나 도구와 연동하여 작업을 수행할 수 있습니다. 예를 들어, Suno AI를 활용하면 Copilot에서 직접 노래를 만드는 작업을 할 수 있습니다.

　가장 큰 특징으로는 처음부터 대화 스타일을 선택하면 그에 맞는 답변을 제시합니다. 예를 들어, '보다 정밀한' 스타일을 선택하면 좀 더 전문가답고 사실에 가깝게 작성된 문체를 제공합니다.

　답변을 제공한 후에는 관련된 질문을 먼저 제시하기도 합니다. 이 질문 중 하나를 선택해 계속 대화를 이어가면, 원하는 글을 보다 쉽게 완성할 수 있습니다.

▲ Microsoft Edge 브라우저 Copilot과 텍스트 작성 화면

    Microsoft Edge 브라우저에서 사용할 수 있는 Copilot의 '작성' 기능은 블록을 조립하는 느낌으로 활용할 수 있습니다. 프롬프트를 복잡하게 작성하지 않아도 하나씩 원하는 내용을 선택만 해도 어느 정도 필요한 글을 써주기 때문입니다. 프롬프트 활용이 자유롭다면, 전자 필기장 기능을 이용해서 ChatGPT 같이 프롬프트 활용해서 글쓰기도 충분히 할 수 있습니다.

    엣지 브라우저에서 Copilot을 활용하면 웹 화면에서 내가 원하는 내용을 검색하고, 페이지 요약 기능을 활용해 요약하고 콘텐츠로 작성할 수 있습니다.

▲ Copilot 페이지 요약 생성 기능

최신 정보를 담지 못하는 ChatGPT-3.5와 달리, Copilot은 최신 뉴스와 정보를 기반으로 콘텐츠를 만들 수 있습니다. 실시간으로 올라온 뉴스를 활용해 나만의 콘텐츠를 제작해보세요.

예를 들어, 블로거 중에는 뉴스 링크를 그대로 걸어 포스팅하는 경우가 많지만, Copilot을 활용하여 검색량이 많은 최신 뉴스를 갈무리해 블로그 포스팅에 담는다면 훨씬 효과적입니다. 이러한 방법을 잘 활용해보길 권장합니다.

Copilot의 유료 버전은 특히 마이크로소프트 서비스를 많이 사용하는 사람에게 매우 유용할 수 있습니다. 참고로 마이크로소프트와의 결합은 현재 유료 버전에서만 가능하며 새로운 기능이 출시될 때도 유료 가입자만 사용할 수 있습니다. 이는 ChatGPT의 유료 사용자가 GPT-4o를 사용할 수 있는 것과 동일한 원리입니다.

다만, Copilot에서 이미지 생성과 텍스트 기반 콘텐츠 작성만 주로 사용한다면, 굳이 유료 버전을 사용할 필요가 없습니다. 필요한 기능과 사용 빈도를 고려하여 신중하게 선택하는 것이 좋습니다.

앤트로픽 Claude

Claude^{클로드}는 후발 주자임에도 불구하고 지금 최고의 주가를 달리고 있습니다. 미국의 생성형 AI 회사인 앤트로픽^{Anthropic}에 의해 개발된 대규모 언어 모델입니다. 2022년 말부터 공개되어 알음알음 알려진 Claude는 지속적으로 업데이트했습니다. 2024년 6월 21일에 발표된 Claude Sonnet은 생성형 AI 시장에 큰 파란을 일으켰습니다.

- 앤트로픽 Claude 웹사이트 : https://claude.ai/

Claude의 가장 큰 특징은 다양한 언어로 소통 가능한 다국어 지원입니다. 특히, 한국어 지원이 자연스럽다는 점이 눈에 띕니다. ChatGPT가 내용적으로는 우수하다고 평가받지만, 한국어에서는 어색한 부분이 여전히 존재합니다. 특히, 같은 단어를 문맥에 따라 다르게 해석하여 번역하는 경우도 있어 수정이 필요할 때가 종종 있습니다.

반면 Claude의 경우, 한국어로 작성된 글이 매우 자연스럽습니다. 그대로 사용해도 번역상의 오류나 어색함이 거의 없습니다. 또한, 탁월한 코딩 기능 덕분에 웹 앱이나 간단한 게임을 바로 만들 수 있습니다. API를 사용하면 다양한 프로그램과 연동도 가능해 코딩 분야에서 뛰어난 평가를 받고 있습니다.

Claude는 처음부터 윤리적 고려 사항을 반영한 AI라는 점을 강조하며, 다른 AI보다 윤리적인 부분에 대해 더욱 신경 썼다고 합니다. 그래서인지 AI의 차별적인 발언에 대한 우려를 충분히 고려하여 답변을 제공하는 것이 특징입니다. 2024년 4월까지의 정보를 포함하고 있어 비교적 최신 주제에 대해서도 논의할 수 있습니다.

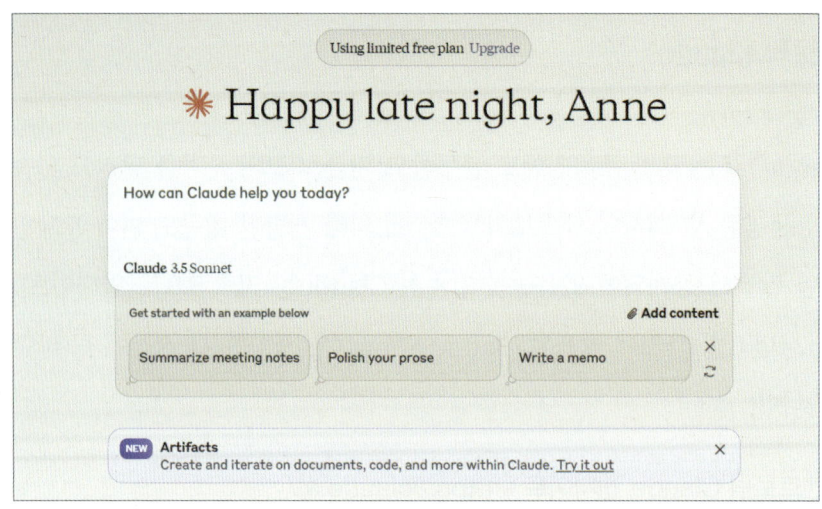

▲ Claude 웹페이지 첫 화면

　개인적으로 Claude 무료 버전은 ChatGPT 유료 버전과 맞먹는 수준의 글을 작성해준다고 생각합니다. 직접 작성한 글을 학습시켜서 다른 주제로 글쓰기를 요구하면, 완벽하게 스타일까지 반영해서 글을 써줍니다. 그 부분이 매혹적이기도 하고 경이롭기까지 합니다. 파일을 바로 읽고 요약 내용 생성까지 가능한 덕분에 참고할 만한 글은 미리 파일로 만들어서 업로드해 대화하는 것도 영리한 활용 방법입니다.

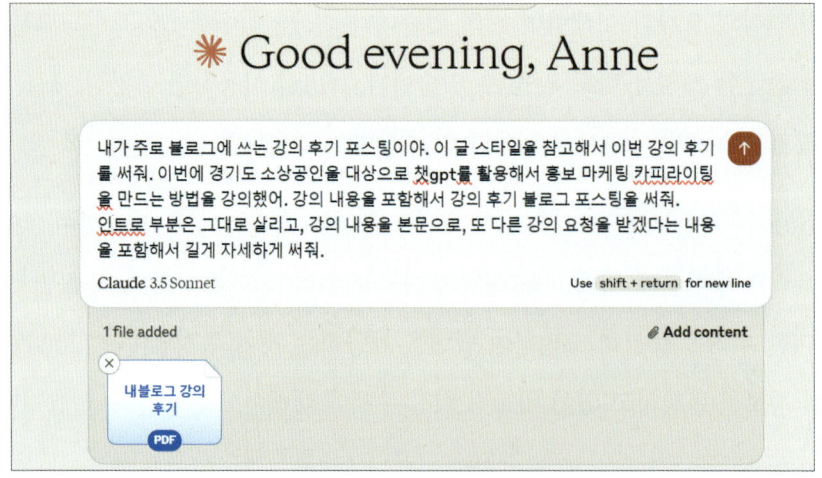

▲ Claude에 파일을 업로드한 후 프롬프트 작성 요청

네이버 블로그에서는 사용자가 작성한 글을 PDF로 저장하는 기능이 있습니다. 이 기능을 활용해 내가 쓴 글을 몇 개 모아 PDF 문서로 만들어보세요. 그런 다음, 이 PDF 파일을 Claude에 업로드하여 글 스타일을 파악하도록 요청할 수 있습니다. Claude가 여러분의 글 스타일을 분석한 후, 원하는 주제로 글을 작성해줄 겁니다.

Claude가 작성한 글은 평소에 사용하던 인사말, 인트로, 문단 구분까지 거의 유사하게 생성되므로, 마치 내가 쓴 글처럼 보입니다. 생성된 텍스트에서 원하는 부분을 추가로 요청하면서 글을 다듬는다면, 블로그에 바로 붙여 넣을 수 있을 만큼 자연스러운 글이 완성됩니다. Claude를 제대로 활용한다면 블로그에서 사용하는 글 스타일을 유지하면서 새로운 콘텐츠를 생성하는 데 매우 유용할 것입니다.

> 안녕하세요?
> 배움이 즐겁고 나눔이 감사한 호모앤더드림의 대표 호모앤이에요. 요새는 챗GPT 강사로 활동 중입니다.
>
> 이번에 경기도소상공인을 대상으로 특별한 강의를 진행했어요. 바로 "챗GPT를 활용한 홍보 마케팅 카피라이팅" 강의였습니다. 많은 소상공인 분들이 참석해주셔서 정말 뜻깊은 시간이었어요.
>
> 강의 내용을 간단히 소개해드릴게요.
>
> 먼저 챗GPT의 기본적인 사용법과 프롬프트 작성법을 알려드렸어요. 소상공인 분들이 쉽게 접근할 수 있도록 실제 예시를 많이 보여드렸죠.
>
> 그 다음으로 챗GPT를 활용해 효과적인 마케팅 카피를 작성하는 방법을 실습했어요. 자신의 사업 아이템을 입력하고, 타깃 고객층과 핵심 메시지를 설정한 뒤 챗GPT에게 카피 작성을 요청하는 과정을 함께 해봤습니다.
>
> 참가자 분들이 직접 작성한 카피를 공유하고 피드백을 주고받는 시간도 가졌어요. 서로의 아이디어를 나누면서 더 좋은 카피가 탄생하는 걸 보니 정말 뿌듯했습니다.

▲ Claude가 생성한 블로그 내용 중 일부

Claude에 주로 쓰는 글의 스타일을 학습시키면 내용이 거의 다 포함됩니다. 앞선 그림을 보면, 블로그 포스팅 머리말로 항상 사용하는 인트로 인사를 그대로 따라하고 있음을 알 수 있습니다. 저의 글 패턴을 Claude가 학습한 결과인 것이지요. 이렇게 생성형 AI를 나만의 똑똑한 신입 사원으로 만들어보세요.

물론 첫 질문부터 여러분이 원하는 만큼 완벽한 답변이 나오지 않을 수 있습니다. 하지만 첫술에 배부를 수 없듯, 생성형 AI는 학습을 통해 점점 나를 더 잘 이해하고, 내가 원하는 글을 생성할 수 있게 됩니다.

답변이 마음에 들지 않거나 추가하고 싶은 내용이 있다면, 프롬프트를 통해 필요한 요소를 더 요청해보세요. 또한, 요즘 나오는 생성형 AI는 매우 똑똑해서, 어떤 주제로 글을 쓰면 좋을지도 물어볼 수도 있습니다. 예를 들어, 내가 관심 있는 분야에서 몇 개의 주제를 추천해달라고 요청할 수 있습니다. 그중 하나를 선택해 대화를 이어 나가면서 글을 완성할 수 있습니다.

가장 좋은 Claude 프롬프트 활용 방법은 HTML 코드 소스*를 사용하는 방법입니다. 앤트로픽에서 안내하는 프롬프트 사용법에도 있는 내용입니다. 간단히 말해 장문의 텍스트 대신 몇 가지 항목을 나누어 글의 조건, 스타일, 내용, 톤 앤드 매너 등을 미리 지정하고 글을 요청하는 일종의 메타데이터 방식인데요. 어떤 글을 쓰고 싶은지에 따라 정리해 두고두고 활용할 수 있습니다.

우선 HTML 코드 활용에 익숙하다면, 기본적으로 글을 논리정연하게 나누어서 작업하는 걸 좋아할 겁니다. Claude에 블로그 포스팅의 작성 방법에 대해서 이야기하고 HTML 소스를 만들어달라고 요청해보았습니다.

> **A** 엉 블로그 포스팅을 '4p' 전략에 대한 내용으로 하려고 해. 이걸 HTML소스를 활용해서 조건을 만든다면 어떻게 하면 좋을까?

▲ Claude에 블로그 포스팅 작성 방법을 HTML 코드 소스로 요청한 예시

그러면 다음 그림처럼 이렇게 길게 답이 나타납니다.

---

* 원래는 HTML 코드의 일종인 XML 코드 규칙을 활용하는 방법입니다. 특정 항목에 대한 규칙을 정하는 코드 양식 정도로 이해하고 활용하면 좋습니다.

```
← 4P전략 블로그 포스팅 프롬프트

<meta> <author>마케팅 전문가</author> <date>2024년 8월 17일</date> <keywords>마케팅, 4P 전략, 제품, 가격, 유통, 촉진</keywords> </meta> <conditions> <audience> primary>마케팅 초보자</primary> <secondary>중소기업 운영자</secondary> </audience> <length> <min-words>900</min-words> <max-words>1100</max-words> </length> <language> <level>중급</level> <style>전문적이지만 접근하기 쉬운 언어</style> </language> </conditions> <content> <title>마케팅의 기본, 4P 전략 완벽 가이드</title> <introduction> <hook>주의를 끄는 통계나 질문</hook> <brief-overview>4P 전략의 중요성 강조</brief-overview> </introduction> <main-sections> <section1> <title>4P 전략 소개 및 정의</title> <key-points> <point>4P의 의미</point> <point>전략의 역사적 배경</point> </key-points> </section1> <section2> <title>Product (제품)</title> <sub-sections> <sub1>제품 정의 및 중요성</sub1> <sub2>제품 전략 수립 방법</sub2> <sub3>사례 연구</sub3> </sub-sections> </section2> <section3> <title>Price (가격)</title> <sub-sections> <sub1>가격 책정의 중요성</sub1> <sub2>다양한 가격 전략</sub2> <sub3>실제 적용 예시</sub3> </sub-sections> </section3> <section4> <title>Place (유통)</title> <sub-sections> <sub1>유통 채널의 종류</sub1> <sub2>효과적인 유통 전략</sub2> <sub3>온라인vs오프라인 유통</sub3> </sub-sections> </section4> <section5> <title>Promotion (촉진)</title> <sub-sections> <sub1>프로모션의 다양한 형태</sub1> <sub2>디지털 시대의 프로모션</sub2> <sub3>성공적인 프로모션 사례</sub3> </sub-sections> </section5> </main-sections> <conclusion> <summary>주요 포인트 정리</summary> <call-to-action>독자가 취할 수 있는 다음 단계 제안</call-to-action> </conclusion> </content> <style> <tone> <primary>교육적</primary> <secondary>격려하는</secondary> </tone> <structure> <paragraphs>짧고 간결한 단락 (3-4문장)</paragraphs> <headings>각 섹션과 하위 섹션에 명확한 제목 사용</headings> </structure> <visual-elements> <infographic>각 P를 요약하는 간단한 인포그래픽</infographic> <charts>필요시 데이터를 시각화하는 차트</charts> <callouts>중요한 정보나 팁을 강조하는 풀아웃 박스</callouts> </visual-elements> <formatting> <bullets>핵심 포인트를 나열할 때 불릿 포인트 사용</bullets> <bold>중요한 용어나 개념 강조</bold> <italics>인용구나 예시에 사용</italics> </formatting> </style> <additional-notes> <seo-optimization> <keywords>4P 전략, 마케팅 기초, 제품 전략, 가격 책정, 유통 채널, 프로모션 방법</keywords> <meta-description>마케팅의 기본인 4P 전략에 대해 알아보세요. 제품, 가격, 유통, 촉진에 대한 완벽한 가이드와 실제 적용 사례를 통해 효과적인 마케팅 전략을 수립하는 방법을 배웁니다.</meta-description> </seo-optimization> <internal-links> <suggestion1>마케팅 기초 시리즈의 다른 글들과 연결</suggestion1> <suggestion2>관련 케이스 스터디나 심화 주제로 링크</suggestion2> </internal-links> </additional-notes>
```

▲ Claude에서 블로그 포스팅 작성 방법을 HTML 코드 소스로 답변한 예시*

 저 같은 문과형 인간은 이런 코드에 지레 겁을 먹기 마련입니다. 게다가 정체를 알 수 없는 영어가 마구 뒤섞여 있으니 처음에는 참 어렵게 느껴졌습니다. 하지만 걱정할 필요는 없습니다. Claude에 이걸 한글로 다시 번역, 정리해달라고 요청할 수 있습니다.

* 자세한 소스 코드는 앞부속에 위치한 프롬프트 확인 QR 코드 페이지에 접속해 자세히 확인할 수 있습니다.

```
← 4P전략 블로그 포스팅 프롬프트

<조건>
<대상독자>마케팅 초보자, 중소기업 운영자</대상독자>
<글자수>약 1000단어</글자수>
<난이도>중급</난이도>
</조건>

<내용>
<제목>마케팅의 기본, 4P 전략 완벽 가이드</제목>
<주요섹션>
<섹션1>4P 전략 소개 및 정의</섹션1>
<섹션2>제품 (Product)</섹션2>
<섹션3>가격 (Price)</섹션3>
<섹션4>유통 (Place)</섹션4>
<섹션5>촉진 (Promotion)</섹션5>
<섹션6>적용 사례</섹션6>
<섹션7>결론 및 실행 팁</섹션7>
</주요섹션>
</내용>

<스타일>
<톤>친근하고 교육적인 톤</톤>
<구조>
- 각 섹션에 소제목 사용
- 짧은 단락과 불릿 포인트 활용
</구조>
<시각요소>각 P를 설명하는 간단한 도표 제안</시각요소>
</스타일>
```

▲ Claude에서 HTML 코드를 번역 요청하여 얻은 답변 예시

이렇게 정리하니 조금 눈에 들어오죠? 어떻게 스타일을 지정하면 되는지 코드를 조금만 살펴보면 이해될 겁니다. 지금까지 프롬프트를 작성하는 조금 다른 방법을 알려드렸습니다. 이것 또한 하나의 방법으로 접근해보고, 이렇게 질문하는 게 더 편하다면 이 방법을 활용해보세요.

Claude에서 HTML 코드 사용 유무는 프롬프트의 핵심은 아닙니다. 중요한 점은 여러분이 생성형 AI를 얼마나 활용하고, 대화를 통해 발전시키는지에 따라 얻고자 하는 콘텐츠의 질이 점점 더 좋아진다는 것입니다. 시도해보고, 장난치며 놀듯 프롬

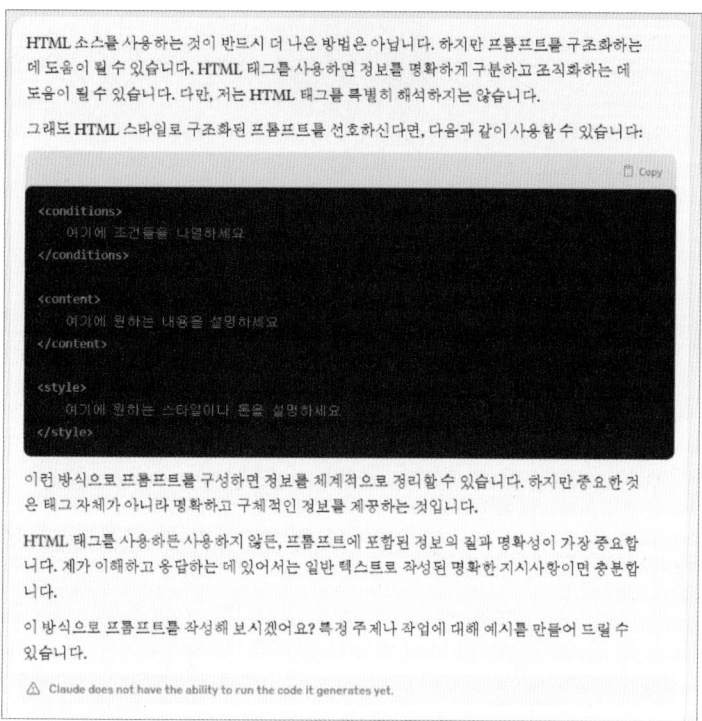

▲ Claude에서 HTML 코드의 효율성을 물어본 후 얻은 답변 예시

프트로 다양한 요청을 해보세요. 그 과정에서 여러분도 성장하고, 생성형 AI도 함께 성장할 수 있습니다.

국산 AI CLOVA X와 네이버 cue:

드디어 등장한 국산 LLM 기반 생성형 AI

앞선 LESSON에서 소개한 ChatGPT, Gemini, Copilot, Claude 모두 해외 자본으로 만들어진 해외 기업의 생성형 AI입니다. 따라서 언어 모델과 학습 데이터 모두 영어 기반이죠.

전 세계적으로 정보를 수집하고 지식을 학습하는 생성형 AI들은 데이터의 대부분을 영어로 처리합니다. 영어 데이터를 활용하여 답변을 생성하고, 이를 한국어로 어떻게 번역하느냐가 큰 과제입니다. 각 프로그램의 한국어 지원 수준에 따라 국내 사용자들의 만족도도 다르게 나타납니다.

이번에 소개해 드릴 생성형 AI는 '메이드 인 코리아', 말 그대로 국산입니다. 한글로 이루어진 문서에 대한 정보를 가장 많이 보유한 네이버에서 만든 생성형 AI, 바로 CLOVA X^{클로바 엑스}(이하 클로바)입니다.

네이버 CLOVA X의 등장과 의의

• 네이버 CLOVA X 웹사이트 : https://clova-x.naver.com/

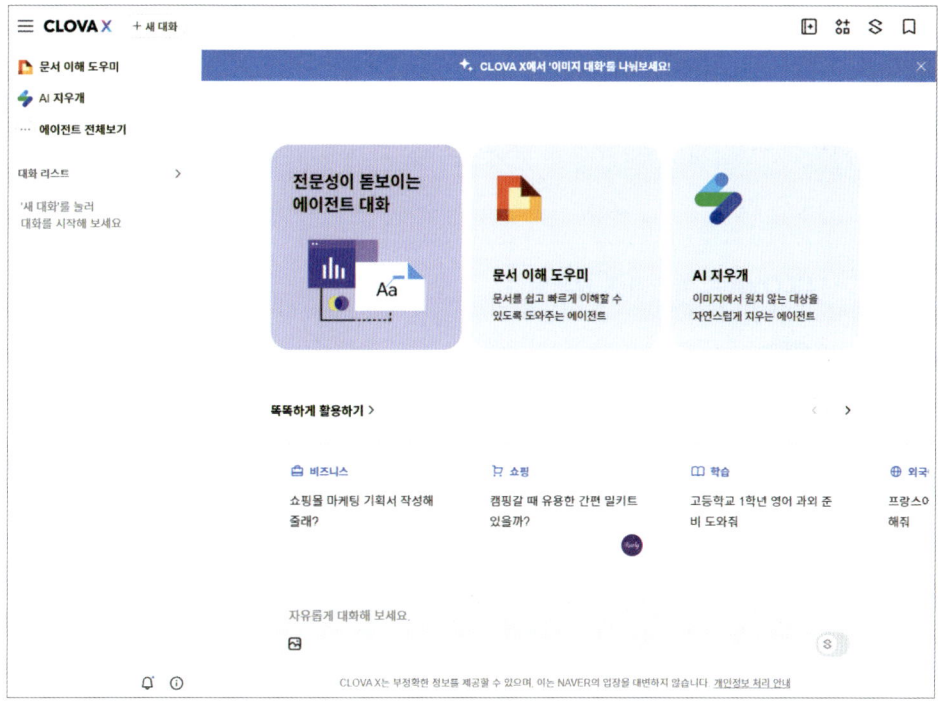

▲ CLOVA X 서비스 메인 화면

클로바는 2023년 8월에 최초 출시되었어요. 처음 출시 때는 HyperCLOVA^{하이퍼 클로바}기술을 활용해서 HyperCLOVA X^{하이퍼클로바 엑스}로 출시하였으나 지금은 간단히 CLOVA X로 변경했습니다.

클로바의 가장 큰 장점은 무엇보다 한국어 기반의 생성형 AI라는 점입니다. 단순히 한국어로 대화가 가능하다는 걸 넘어 가장 많은 한국어 데이터를 기반으로 학습되었습니다. 그만큼 국내 상황에 맞는 데이터를 바로 적용할 수 있으며, 국내 사용자에게 특화된 답변을 제공합니다.

사용자의 질문을 번역하는 과정에서 엉뚱한 어휘나 답변을 내놓는 대신, 한국에서 통용되는 정확한 어휘를 선택하여 유연한 대화가 가능합니다. 이는 클로바가 한국어 자연어에 대한 이해가 매우 높음을 보여줍니다.

그러나 한국어 기반의 데이터 학습과 특화된 답변은 장점인 동시에 단점이 될 수도 있습니다. 한국어에 특화된 만큼, 세계적인 데이터를 다루는 데는 한계가 있을 수 있습니다. 이러한 점은 클로바가 가진 강점과 함께 고려해야 할 부분입니다.

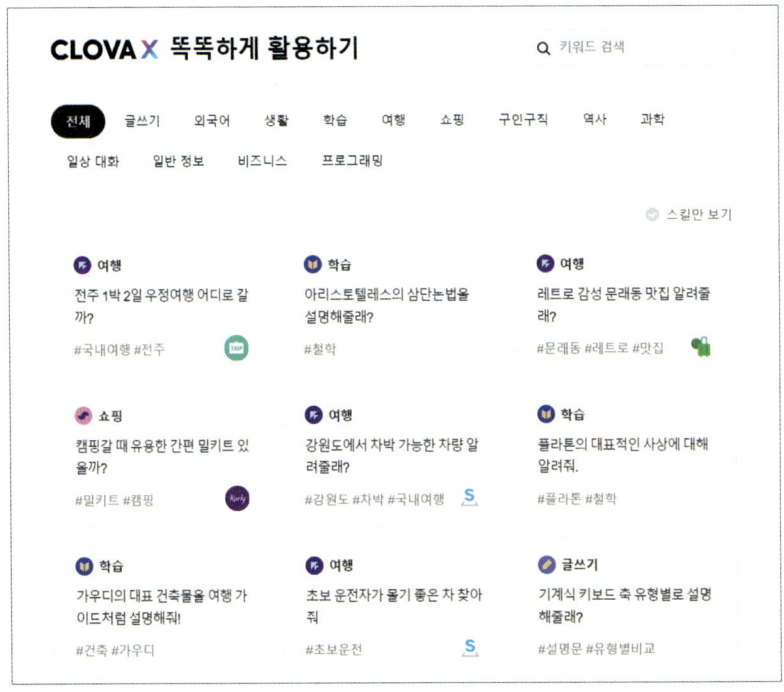

▲ CLOVA X 기반의 다양한 활용 방법 예시

그럼에도 CLOVA 모델을 기반으로 클로바 노트, 프렌즈, 더빙, OCR, 스튜디오, 웍스 등 다양한 AI 서비스를 개발하고 있으므로 국내 시장에서 그 가치는 충분합니다.

클로바는 네이버의 인공지능은 물론 모든 서비스를 연결해 줌으로, 네이버 안에서 블로그를 키우며 수익화를 생각하는 사용자들이 알아야 하는 기능입니다.

클로바는 누구보다 한국인을 잘 이해하는 생성형 AI입니다. 한국인이 좋아하고 편안하게 여길만한 인터페이스를 제공할뿐더러, 다양한 예시를 분야별로 보여주면서 어떤 분야에 어떻게 해시태그를 넣어서 글을 작성해야 할지 보여줍니다.

답변을 제공하면서 네이버플레이스와 쇼핑으로 이어지게 설계가 되어 있습니다. 네이버 안에서 검색과 콘텐츠 작성을 바로 할 수 있는 겁니다. 한국적인 정보에는

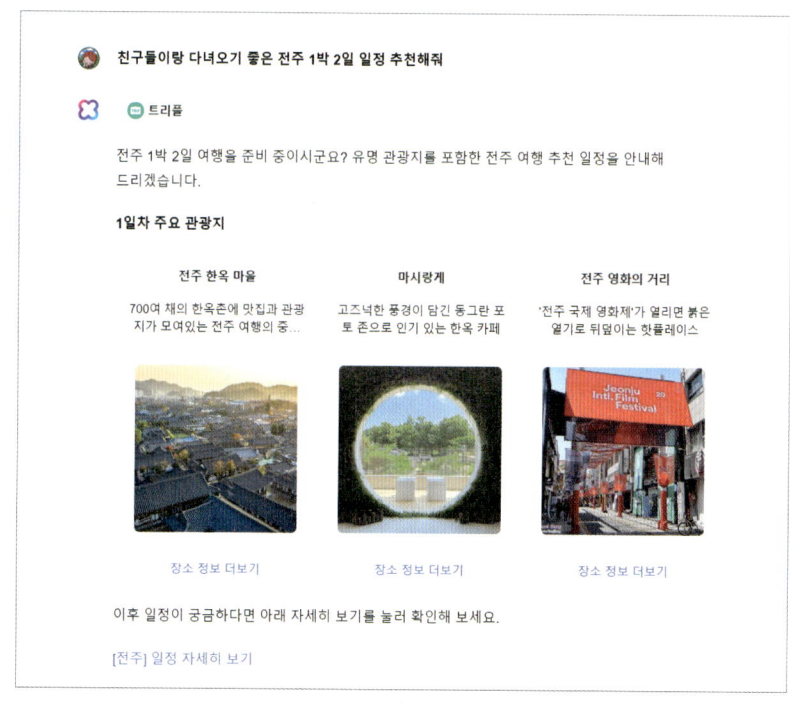

▲ CLOVA X로 질의한 전주 여행 일정 예시

확실히 특화되어 있고 최신의 정보를 잘 담고 있습니다.

네이버 CLOVA X의 장점과 한계

네이버에서 만든 클로바에 대한 시선은 두 가지로 나뉩니다.

첫 번째 시선은 어려운 여건에서도 ChatGPT에 비견할 만한 한국어 모델로 결과물을 만들어냈다는 만족감입니다. 해외 거대 자본의 투자 없이도, 네이버가 자체적인 한국어 기반 생성형 AI를 개발했다는 상징적 의미가 큽니다. 무엇보다 한국어 서비스 면에서는 다른 어떤 AI 모델과도 비교할 수 없는 우위를 보이고 있어, 국내 B2B 모델을 만들 가능성이 가장 큰 인공지능 서비스로 평가받고 있습니다.

두 번째 시선은 아직은 반복되는 이야기 패턴을 보여준다는 점에서, 클로바의 파라미터 설정 유연성이 부족하다는 우려입니다. GPT-3.5보다 더 많은 매개 변수를 가지고 있다고 하지만, 창의성과 다양성 면에서는 약간 부족하다는 평가를 받기도 합니다. 결정적으로 네이버가 B2B 인공지능 사업에 집중하여 일반 사용자 확대에 아직 소극적인 부분도 있습니다.

네이버 블로그 사용자들 사이에서도 클로바를 모르는 사람들이 많습니다. 그래서인지 일반인들에게 ChatGPT보다 더 낯선 생성형 AI이기도 합니다. 사용하기는 어렵지 않지만, 학습된 정보가 적어 학술적, 전문적 대화에는 적합하지 않아 깊이 있는 대화도 어렵습니다. 이는 결과적으로 다른 생성형 AI에 뒤처질 수밖에 없는 태생적 한계를 보여주고 있어 안타까운 마음을 자아내기도 합니다.

검색 엔진에 특화된 네이버 cue:

• 네이버 cue: 웹사이트 : https://cue.search.naver.com/

네이버에서는 또다른 생성형 AI인 cue:^큐(이하 큐)도 출시했습니다. 클로바에 사용된 인공지능 모델을 기반으로 검색 엔진에 특화한 생성형 AI입니다. 일반적인 채팅형 AI, 클로바에 비해서 네이버라는 검색 포털 플랫폼의 데이터에 더욱 최적화되었습니다.

큐의 가장 좋은 점은 클로바와 마찬가지로, 한글로 검색하고 한글로 답변을 받을 수 있고 무엇보다 국내 정보가 정확하고 많다는 점입니다. 큐의 학습 정보가 네이버 포털에 기반을 두고 있기 때문에 블로그나 지식인, 카페에 있는 글들이 주요 정보 출처로 활용됩니다. 이미 블로그에 올라온 정보를 일목요연하게 정리하고 제공한다는 점에서 다른 어떤 정보보다도 우위에 있습니다.

▲ cue: 첫 화면

큐는 2023년 9월에 베타 서비스를 시작해 11월부터 순차적으로 공개되었으며, 지금도 바로 사용할 수는 없습니다. 네이버 아이디로 대기 명단에 등록하면 하루 이내에 사용할 수 있습니다.

큐는 ChatGPT와 유사하게 질문 창에 질문을 입력하면 자연스럽게 답변을 제공합니다. 이전 질문과 답변을 기억하여, 대화를 이어갈수록 더 정확한 답변을 얻을 수 있습니다.

큐가 내세우는 주요 특징 세 가지가 있습니다. 사람처럼 판단하고 검색하고(Human-like Searching), 신뢰할 수 있는 답변을 제공하며(Trustworthy), 네이버의 다양한 서비스와 연결되어(Connected) 입체적인 답변을 제공합니다. 통합 검색, 뉴스, 쇼핑, 플레이스, 영화 등 네이버의 모든 서비스에서 정보를 검색한 후 정확한 답변을 제공하며, 하단에 그 출처를 명시합니다. 통합 검색에서 얻은 정보를 정리하여, 깔끔하게 답변으로 제시하는 점이 큐의 강점입니다.

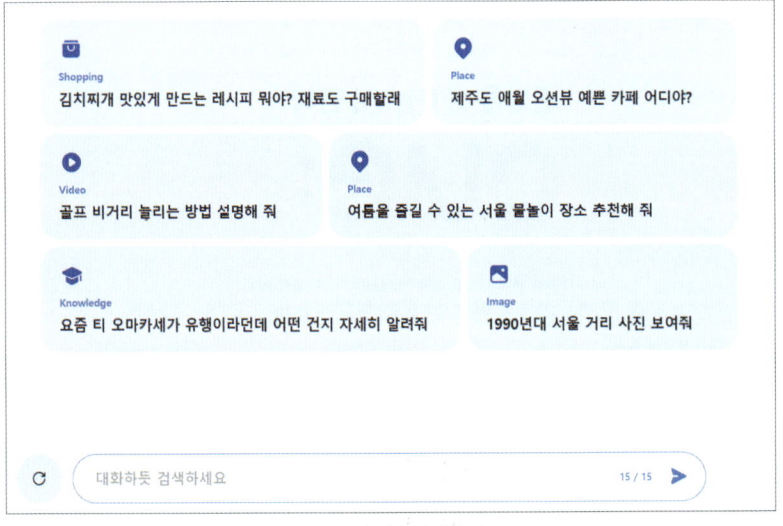

▲ cue:의 질문 예시 화면

다만, 블로그 글이 모두 진실이 아닐 수 있듯, 큐의 답변도 잘못된 정보를 담고 있을 가능성이 있습니다. 따라서 반드시 사실 확인이 필요합니다. 하지만, 큐를 통해 새로운 아이디어를 얻고, 네이버에서 선호하는 글쓰기 스타일에 대한 힌트를 얻는 데는 유용합니다.

▲ cue:에 질문하고 네이버쇼핑과 연결된 예시

그림에 보이는 것처럼 큐에 김치찌개 레시피와 함께 재료를 구매하고 싶다고 프롬프트로 입력하면 쇼핑 리스트도 자연스럽게 추천해줍니다. 아래에 참고 정보로 활용한 출처도 나타납니다. 블로거라면 큐가 참고한 포스팅을 눈여겨봐야 합니다. 이를 통해 네이버가 좋아하는 참고 자료는 어떻게 구성되었는지 배울 수 있습니다.

큐의 자료 출처는 대부분 네이버 검색 결과 안으로 한정됩니다. 따라서 창의적이고 본격적인 콘텐츠 제작에 활용할 수 있는 생성형 AI보다는 네이버 검색 도우미 AI라고 표현하는 게 더 정확합니다. 이런 큐의 가장 큰 특징은 다음과 같습니다.

❶ 국내 사용자들의 문화와 정서 기반 : 네이버의 다양한 텍스트 콘텐츠가 출처입니다. 따라서 국내 사용자들이 작성한 글과 질의응답 등 문화와 정서가 고스란히 학습되어 나옵니다.

❷ 사용자 중심 검색 : 네이버에서 수집된 사용자의 검색 패턴과 선호도를 학습합니다. 사용자가 원하는 정보를 빠르고 정확하게 제공합니다.

❸ 타 서비스와 연계 : 네이버 생태계 안에서 모든 서비스와 연결됩니다.

❹ 블로그 출처 바로 가기 기능 : 네이버에 등록된 문서 중 네이버 기준에 부합해 상위 노출된 정보를 우선합니다. 블로거라면 네이버의 블로그 선호도에 대한 이해를 키울 수 있습니다.

큐의 목적은 검색자의 의도에 맞춰, 네이버 안에 있는 쇼핑이나 광고 카테고리로 자연스럽게 유도하는 것입니다. ChatGPT처럼 사고하고 창작하는 생성형 AI보다는, 네이버 검색자의 의도를 반영한 글쓰기를 목표로 합니다. 블로거 입장에서는 네이버의 생태계를 깊이 이해하고, 그에 맞는 글쓰기를 훈련하는 데 유용한 프로그램입니다.

블로거의 대부분이 큐의 활용도를 잘 모르고 있는 실정입니다. 우선 대기 목록에 이름을 올리고 신청되면, 큐를 활용해보세요. 여러분의 네이버 블로그 글쓰기에 큰 도움이 될 것입니다.

주요 생성형 AI 모델 한눈에 비교하기

각 생성형 AI 장점 살펴보기

지금까지 ChatGPT를 포함해 생성형 AI 서비스 중 가장 주요한 몇 가지를 알아보았습니다. 모두 대규모 언어 모델[LLM]에 기반을 두고 있으며 다양한 대화와 작업을 수행할 수 있다는 공통점이 있습니다. 얼핏 비슷해보이는 각 서비스의 특징을 다시 한번 간단히 정리해보겠습니다.

❶ **OpenAI ChatGPT** : OpenAI에서 개발한 대화(채팅)형 AI 모델로, 자연어 처리에 뛰어나며 다양한 상황에서 맥락에 맞는 텍스트를 일관되게 생성할 수 있습니다. GPT-4.0 모델에서는 이미지 인식 기능과 생성 기능이 포함되었으며, 특정 작업에 특화된 GPTs를 통해서 무한한 확장이 가능합니다.

❷ **구글 Gemini** : 구글에서 개발한 AI 모델로, 텍스트, 이미지, 음성을 통합해 처리할 수 있습니다. 구글의 검색 엔진과 연동되어 있으며, 구글 서비스에 실시간 정보 접근이 가능하고 서비스 생태계와 통합이 가능합니다.

❸ **마이크로소프트 Copilot** : 마이크로소프트에서 개발한 AI 모델로 윈도우 운영체제와 긴밀하게 통합된 어시스턴트 AI 성격이 강합니다. 특히 오피스 제품과의 연동이 뛰어나 문서 작업에 유리하며, 생산성 향상에 특화되어 있습니다. Bing 검색 엔진과 연계되어 실시간 정보 제공이 가능합니다.

❹ **앤트로픽 Claude** : 앤트로픽에서 개발한 AI 모델로, 윤리적이고 안전한 AI를 지향합니다. 대용량 문서 처리 능력이 뛰어나며, 고급 언어 이해에 강점을 가지고 있어, 상세한 분석과 요약이 가능합니다. 정보 편향성을 최소화하려는 노력이 특징입니다.

❺ **네이버 CLOVA X** : 네이버에서 개발한 한국어 특화 AI 모델입니다. 한국 문화와 정서에 대한 이해도가 높고, 한글 문서 작성과 마케팅 콘텐츠 개발 등 한국어 자연어 처리에 강점을 가지고 있습니다. 네이버의 다양한 서비스와 연동되어 있어서 한국 사용자에게 최적화되어 있습니다.

각각의 AI 모델 비교는 한눈에 볼 수 있도록 LESSON 마지막에 표로 다시 한번 정리해보겠습니다.

각자 목적에 맞는 AI가 다르다

AI 채팅 프로그램을 목적에 맞게 선택하여 활용하면 글을 작성하는 시간을 줄일 수 있습니다. 창의적이거나 흥미로운 텍스트를 생성하려면 ChatGPT 또는 Claude가 좋은 선택입니다. 정확하고 일관된 답변을 얻으려면 구글 Gemini가 적합하며, 실시간 정보를 얻거나 다양한 언어로 의사소통하려면 마이크로소프트 Copilot이 좋습니다. 국내 최신 정보를 얻어서 글을 쓰고자 한다면 네이버 Clova X나 추가로 cue:를 이용하는 것이 효율적입니다.

이처럼 모델들 간의 특장점을 이해하고 본인이 쓰려는 글에 활용하면 글쓰기 시간이 줄어들고, 검색과 글쓰기의 패러다임이 획기적으로 바뀌어 30분의 작업으로 100시간의 가치를 창출할 수 있습니다.

생성형 AI는 초고를 작성하고 최신 정보를 반영하여 글을 완성해주기 때문에 콘텐츠 작성자에게는 엄청난 효율을 제공합니다. 이를 통해 주제를 정하고 키워드를 뽑아 검색하는 시간, 그리고 그 결과를 글에 적용하는 시간을 크게 절약할 수 있습니다. 누구나 시도할 수 있으며, AI의 도움을 받아 글을 작성하면 정보 검색과 정리에 드는 시간을 획기적으로 단축할 수 있습니다.

3년 안에 지금의 10배, 100배, 1,000배로 오를 주식이 있다면 누구나 투자한다고 나설 것입니다. 마찬가지로 하루 한 시간, 30분의 투자가 몇 년 뒤에 엄청난 가치를 창출할 수 있다고 한다면 여러분은 투자할 수 있나요? 처음은 미약하겠지만, 지금 이 투자가 누군가에게는 월 천만 원, 아니면 그 이상을 만드는 시작이 될 수 있습니다.

블로그를 효과적으로 운영할 수 있는 방법은 많이 존재합니다. 블로그나 마케팅 관련 내용을 전문적으로 가르쳐주는 사람들이 늘어나고 있으며, 코로나19 이후로는 이러한 정보를 쉽게 찾을 수 있게 되었습니다. 일반인이 어려워하는 텍스트 작성도 이제는 AI의 도움으로 몇 분 만에 가능하며, 그림이나 영상 제작도 간단해진 시대입니다. 콘텐츠 작성자로서 새로운 기회를 얻는 사람들을 지켜보는 데 그치지 말고, 이제는 여러분의 기회로 만들어보세요.

생성형 AI 비교표

AI 모델	개발사	주요 특징	강점	단점
ChatGPT	OpenAI	• 자연스러운 대화 • 텍스트 작업 뛰어남 • 코딩 지원	• 다목적 사용 • 언어 모델 생성 • 무한 확장 가능성	• 최신 정보 부족 (3.5 해당) • 사실과 다른 정보 생산 • 윤리적 문제 가능성
Gemini	Google	• 멀티모달 처리 • 실시간 정보 접근 • 구글 서비스 지원	• 다양한 형식 데이터 처리 • 최신 정보 제공	• 일부 언어 기능 저하 • 초기버전의 안정성 문제
Copilot	Microsoft	• 윈도우 OS 통합 • MS Office 제품군 연동 • Bing 검색 연동	• 문서 작업 • 생산성 향상 • 윈도우 환경 최적화	• 윈도우 환경 의존성 • 핵심 일부 기능 유료
Claude	Anthropic	• 윤리적 AI 지향 • 대량 문서 처리 능력 • 편향성 최소화	• 안정성 • 상세 분석 및 요약	• 이미지 생성 기능 부재 • 일부 특수 분야 지식 부족
Clova X	Naver	• 한국어 특화 • 한국 정서 문화 이해 • 네이버 서비스 연동	• 한국 사용자 최적화 • 글로벌 서비스 통합	• 글로벌 언어지원 제한적 • 네이버 생태계 의존성

아이 둘 키우는 주부에서 디지털 노마드로

블로거 인터뷰 : 뷰주미

Q. 본인을 소개해주세요.

A. 저는 두 아이를 키우는 주부에서 프리랜서 마케터이자 강사로서 새로운 전성기를 맞이한 「뷰주미」입니다. 「뷰주미」는 '뷰티를 사랑하는 아주미'를 줄여서 제가 지은 닉네임입니다.

지난 10년 동안 여섯 번의 이사를 하며 '디지털 노마드'의 꿈을 꾸었습니다. 이 꿈은 블로그 덕분에 실현될 수 있었습니다. 두 아이를 낳고 잦은 이사로 인해 최저 임금을 받는 아르바이트조차 하기 어려운 현실에 우울함을 느끼던 중, 우연히 시작한 블로그가 제 삶에 활력을 불어넣어 주었습니다.

저에게 왔던 기회를 많은 사람과 나누고 싶어 그 노하우를 알려드리고 있습니다. 누구나 집에서도 월급 이상의 수익을 올릴 수 있습니다. 이러한 경험과 노하우를 나누며 큰 보람을 느끼고 있습니다.

Q 블로그는 언제 시작하셨나요?

A 저는 예전에 악기점과 스튜디오를 운영했어요. 처음 시작은 2013년 12월이었고, 약 1년 정도 운영했습니다. 1년 동안 사진관 블로그를 운영한 적도 있습니다. 그때는 브랜드 블로그를 운영했지만, 블로그에 대한 기본 지식은 전혀 없는 상태였습니다. 키워드를 검색하는 사이트가 있다는 사실조차 몰랐으니까요. 거제도라는 지역 특성 때문인지, 제대로 관리하지 않았음에도 불구하고 노출이 잘 되었습니다. 지금 생각해 보면 참 신기한 일입니다. 그때 블로그를 처음 운영했고, 이후 전업주부로 지내다가 2019년 말, 코로나19가 시작되기 전 다시 블로그를 시작하게 되었습니다.

Q 블로그 시작 전에 특별한 직업이 있는 건 아니었네요?

A 블로그를 다시 시작하기 전에는 가정주부였어요. 백화점에서 스카프 포장 아르바이트를 했지만, 지방으로 이사를 가면서 그마저도 할 수 없게 되었던 무렵이었습니다. '나는 뭘 할 수 있을까?'라는 생각으로 하루하루가 매우 힘들었습니다. 그때 친오빠가 네이버 블로그를 하면 애드포스트로 한 달에 치킨 한 마리 값을 벌 수 있다고 말해줬습니다. 그 말만 믿고 블로그를 시작하게 되었어요. 애드포스트 신청하는 방법조차 몰라 오빠가 대신 신청해주었고요.

Q 처음부터 블로그를 하신 목적은 수익화였나요?

A 저는 처음부터 수익화가 목표였습니다. 한 달에 20,000원 정도, 치킨 값이라도 매달 벌어보자는 것이 첫 목표였어요. 그 당시에는 캐시워크라는 앱으로 하루 만보를 걸어서 100원씩 벌던 시기였거든요.

Q 블로그를 통해서 수익화가 이루어졌나요?

A 처음에는 '이걸로 얼마나 벌 수 있겠어?' 하는 느낌이었어요. 그러다 월 1,000만 원씩 번다는 사람을 보고 블로그로 그렇게 큰 수익을 낼 수 있다는 것을 알게 되었습니다. 그러면서 자주 이사를 다녀야 하는 신랑의 직업 특성상 블로그를 더 열심히 해야겠다고 결심했습니다.

처음에는 한 달에 치킨 값이라도 벌어보자는 목표로 시작했지만, 지금은 블로그를 통해 신랑의 월급을 넘어 매달 500만 원 이상의 수입을 얻고 있습니다. 7세, 9세의 유아기 아이들을 키우며 자유롭게 일할 수 있다는 것은 정말 감사한 일이라고 생각합니다. 아침에는 스피닝 운동을 하고, 학부모 모임이나 상담 등 학부모 행사에도 모두 참석할 수 있습니다. 아이들이 집에 오기 전에 간식을 준비하고, 작은 아이의 경우 주 4회 픽업도 갈 수 있을 정도로 시간 활용이 여유롭습니다. 물론, 아이들이 잠든 후에 저의 주 업무를 시작합니다.

현재 수입은 블로그 대행과 체험단 두 가지 일을 병행하며 만들고 있습니다. 현금 수익뿐만 아니라 부가적인 혜택도 큽니다. 예를 들어, '아무리 돈을 많이 벌어도 여기에 내 돈을 쓰진 않을 것 같다'는 제품이나 서비스가 있을 때, 체험단을 통해 사용해보는 혜택을 누리고 있습니다.

키즈 풀 빌라나 펜션의 경우, 1박에 70만 원 이상 하는 곳도 있습니다. 월 1,000만 원을 벌더라도 이런 곳에 돈을 쓰기는 부담스럽지만, 블로그 체험단을 통해 아이들의 친구들까지 초대하여 함께 놀러 다니고 있습니다. 작년에는 이렇게 한 달에 한두 번 꼴로 펜션 체험단을 다녔습니다. 현금 수익과 체험단 수익을 모두 합치면 월 900만 원이 넘을 것입니다. 아이 둘의 어학원과 기숙사, 그리고 펜션 등을 제 돈을 주고 이용했다면 꽤 높은 비용이거든요.

Q 뷰티나 여행뿐만 아니라 어학원도 체험단이 가능하군요. 정말 체험단의 세계는 다양하네요. 다른 분들도 이런 분야를 알게 되면 좋겠어요. 그렇다면, 뷰주미 님의 삶을 블로그를 하기 전과 후로 나누어 말씀해 주시겠어요?

A 저는 시골에서 태어나 20년 동안 자라면서, 일을 한다면 당연히 회사에 다니거나 장사를 해야 한다고만 생각했어요. 대학교를 졸업하고 30살이 될 때까지도 그 생각에는 변함이 없었습니다. 아이 둘을 낳은 후, 돈을 벌고 싶은 마음에 맘 카페에서 하는 플리 마켓에 나가 아이들 내복을 팔아보기도 했어요. 그때 잔뜩 사입한 내복이 아직도 남아 있을 정도랍니다. 하지만 2019년 12월을 기점으로 저의 시야가 완전히 달라졌어요. 회사에 출근하지 않아도, 보증금을 내고 가게를 얻지 않아도 일을 할 수 있다는 것을 알게 된 것이죠. 그 사실이 저에게는 매우 매력적으로 다가왔습니다.

두 번이나 가게를 운영해본 경험에서 권리금, 인테리어 비용, 물건 사입 비용 등 초기 투자 비용이 없다는 것은 엄청난 기회였습니다. 이렇게 매력적인 일이 블로그를 통해 가능하다는 것을 알게 되었고, 블로그는 '기회의 땅'이 되었습니다. 블로그를 통해 돈을 벌 수 있는 다양한 기회가 생겼고, 저는 그 기회를 놓치지 않았습니다.

Q 블로그를 시작하면 누구나 수익화로 성공할 수 있을까요?

A 누구나 가능하지만 아무나 성공하는 것은 아닙니다.

그만큼 간절함이 없으면 성공하기 어려운 점도 함정입니다. 블로그에 투자한 것이 많지 않기 때문에, 반드시 성공해야 한다는 간절함과 독함이 필요합니다. 수익화를 이루는 것도 그런 간절함과 독함이 없다면 제한적이지 않을까 생각합니다.

블로그를 통해 기회를 잡으신 분들 대부분은 절실하거나 독하거나, 둘 중 하나가 아닐까요? 마치 다이어트나 금연에 성공하는 사람처럼요. 저 같은 경우에는 독하지는 않았지만, 절실했던 것 같습니다. 당시 저에게는 선택의 여지가 거의 없었습니다. 만약 이사를 자주 가지 않아도 되는 상황이었다면, 악기점을 운영하며 강의나 레슨을 이어갔을 겁니다. 하지만 남편이 발령을 받는 순간, 제가 아무리 자리를 잡아도 모든 것을 접어야 했어요. 한 달 안에 짐을 싸서 다른 지역으로 이동해야 하는 상황도 있었기 때문에 어떤 일도 안정적으로 벌일 수 없었습니다.

물론, 인스타그램이나 유튜브도 할 수 있었겠지만, 그 당시 저는 구글 아이디조차 만들 줄 모르는, 무지한 동네 아주머니였어요. 그나마 네이버는 친근한 플랫폼이어서 어렵지 않게 도전할 수 있었습니다.

Q 네이버 블로그란 어떤 의미를 가지나요?

A 가능성을 알려준 곳, 생각한 것을 현실화해 준 곳이요. 머릿속에 있는 것들을 돈 들이지 않고 실현하게 해주었다고 생각해요. 저는 지금도 현재 진행형이에요.

Q 블로그를 지금 시작하려는 분들에게 해주고 싶은 말이 있을까요?

A 할까 말까 망설이지 말고, 우선 시작해보세요. 시작하고 나면 얻게 되는 것이 훨씬 크다고 말씀드리고 싶어요. '돈이 된다고는 하지만, 잘 안 된다.', '성공하는 사람은 1%에 불과하다.'라고 말하는 사람들도 있어요. 그런데 이런 이야기들을 반대로 생각해볼까요? 동네에 오픈한 가게들이 모두 성공하나요? 폐업하는 곳도 엄청 많잖아요. 여러분도 많이 보셨을 거예요. 폐업하면 권리금, 인테리어 비용, 월세, 보증금을 제대로 다 회수할 수 있나요? 그렇지 않잖아요.

하지만 블로그를 시작할 때는 자본금이 하나도 필요 없어요. 기초 자본 없이 무언가를 시작할 수 있다는 것은 정말 매력적인 조건입니다. 제가 장사를 해봐서 잘 압니다. 그러니 망설이지 말고 시작해보세요. 여러분도 저처럼 수익화에 성공할 수 있을지 모르잖아요?

뷰주미 소셜 미디어
- 네이버 블로그 : blog.naver.com/mnsla
- 인스타그램 : www.instagram.com/beaujumi
- 유튜브 : www.youtube.com/@beaujumi3767

CHAPTER 04

활용도가 남다른 ChatGPT 유료 버전 알아보기

LESSON 01
값어치 하는 ChatGPT의 다양한 유료 기능

ChatGPT 유료 버전

2023년 4월에 출시한 ChatGPT의 유료 버전인 GPT-4는, 무료 버전인 GPT-3.5와 비교했을 때 상당한 기능 향상이 이루어졌고, 이미지 생성 및 최신 정보를 스스로 찾는 새로운 기능을 제공합니다. 한 달에 20달러의 금액만으로 엄청난 차이를 만들 수 있어요.

2024년 10월 기준 ChatGPT 유료 사용자는 2024년 5월에 출시한 GPT-4o, 4mini를 사용할 수 있습니다. 여기에 9월 12일 출시한 ChatGPT o1도 있습니다. 이 버전은 GPT-3.5와 비교해 월등한 성능 차이를 보여줍니다. 하지만 선뜻 유료 버전을 사용하기가 망설여지죠? ChatGPT 유료 기능을 제대로 알고 난 후 활용 여부를 결정해보세요. 다음 내용이 여러분의 선택에 도움이 되었으면 합니다.

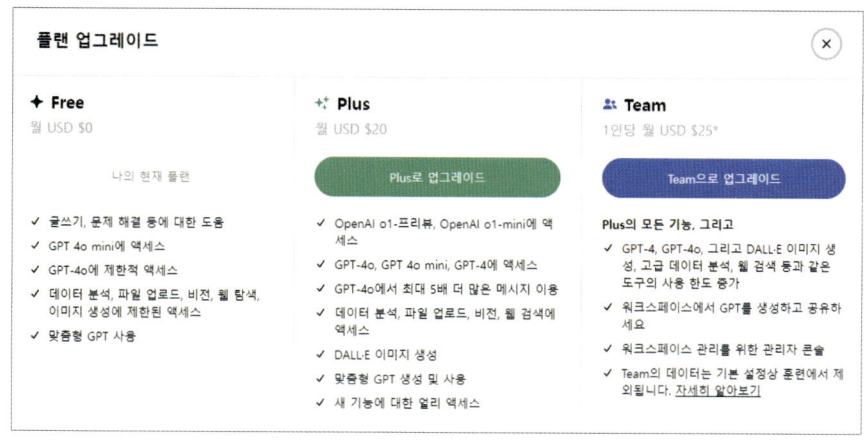

▲ ChatGPT 무료/유료 플랜 비교

ChatGPT-4 주요 기능과 특징

❶ **향상된 언어 이해 및 생성 능력** : GPT-4 이후 모델은 복잡하고 미묘한 뉘앙스를 이해하고 표현할 수 있습니다. 예를 들어, 문학 작품의 심층 분석이나 전문적인 법률 문서 해석 등에서 월등한 성능을 보입니다. 특히 한국어의 복잡한 문법 구조와 문화적 맥락을 더 잘 이해하고 적절히 대응할 수 있다는 점이 큰 장점입니다.

❷ **멀티모달**Multi Modal **기능** : 텍스트 한 가지가 아닌 텍스트, 이미지, 오디오 등 다양한 입력 방식을 프롬프트로 처리하는 능력을 멀티모달이라고 합니다. GPT-4는 텍스트는 물론 이미지, 음성도 받아들일 수 있습니다. 이미지를 분석하고 관련 질문에 답변할 수 있어 시각 자료를 활용한 작업에 매우 유용합니다.

❸ **더욱 긴 컨텍스트 분석 능력** : GPT-4는 한 번에 많은 텍스트를 처리할 수 있습니다. 긴 문서 요약, 복잡한 스토리 작성, 또는 대규모 코드 분석 등의 작업을 하기가 좋습니다. 한국의 장편 소설이나 역사 문서 등을 분석할 때 특히 유용할 것입

니다. PDF 원문을 올려놓고 내용을 분석 요약할 수 있습니다.

④ 향상된 창의성과 문제 해결 능력, 코딩 능력 향상 : GPT-4는 GPT-3.5와 비교해 더 창의적이고 혁신적인 아이디어를 제시할 수 있습니다. 복잡한 문제에 대해 다각도의 해결책을 제시하며, 브레인스토밍이나 창의적 글쓰기에 탁월한 성능을 보여줍니다. 또한 다양한 프로그래밍 언어를 지원하며, 복잡하고 정교한 코드 작성도 가능합니다.

⑤ 다국어 능력 강화 : GPT-4는 다양한 언어 간의 번역과 통역 능력이 크게 향상되었습니다. 특히 언어별 특유의 표현, 관용구를 자연스럽게 번역할 수 있어, 국제 비즈니스나 학술 교류에도 활용할 수 있습니다. GPT-3.5 모델에서는 아무래도 한국어에 대한 이해 부족이 치명적인 단점이었기에 더욱 돋보입니다.

⑥ 개인화된 학습 경험 : 사용자의 답변 선호도를 이해하고 스타일에 잘 적응합니다. 특정 작업에서 프롬프트를 반복적으로 입력할 필요 없이 일관된 작업이 가능하며, 학습에도 활용할 수 있습니다. 모바일 버전이 나오면서 영어 학습에 많이 사용하기도 합니다.

⑦ 향상된 팩트 체크 능력 : 신뢰할 수 있는 출처의 실시간 웹페이지 검색을 통해 정보의 정확성은 높고, 잘못된 정보를 줄이는 데 효과적입니다. 뉴스 분석, 학술 연구에 특히 뛰어납니다. GPT-3.5에 비해서 확실히 최신 정보를 포함하며, 정보의 오류가 많이 줄었습니다.

⑧ 보안 및 개인 정보 보호 강화 : 더 강력한 보안 기능을 제공합니다. 민감한 정보를 다룰 때 더욱 신중하게 대응하며, 개인 정보 보호에 대한 인식이 높습니다.

⑨ 지속적인 업데이트 : 유료 버전 사용자는 GPT-4의 최신 업데이트와 기능 개선을 가장 먼저 경험할 수 있습니다. 빠르게 변화하는 AI 환경에서는 중요한 이점입

니다. 유료 버전을 사용하면서 만족하는 이유이기도 합니다.

GPT-4.0 이상 버전을 사용하면서 무엇보다 한국어의 정확도가 크게 향상되었고, 한국의 문화와 정서에 대한 이해도가 깊어졌습니다. 이를 통해 비즈니스 문서 작성이나 전략 수립까지도 가볍게 수행할 수 있게 되었습니다.

2024년 9월 12일 출시한 ChatGPT o1도 있습니다. ChatGPT-4와 o1의 가장 큰 차이점은 '추론 능력'의 강화입니다. 기존의 ChatGPT는 고급 수학 문제 풀이나 닭이 먼저인지, 달걀이 먼저인지, 혹은 사람의 인지 능력이 필요한 퍼즐을 풀거나 만드는 등의 작업이 어려웠습니다. 해당 모델은 아직 프리뷰 단계이지만 조만간 정식 버전이 출시될 것으로 보입니다.

결론적으로 ChatGPT의 유료 버전인 GPT-4는 단순히 '더 나은 버전'이 아니라, 완전히 새로운 차원의 AI 도구라고 할 수 있습니다. 특히 전문적인 작업, 창의적인 프로젝트, 복잡한 문제 해결 등 그 가치는 더욱 두드러집니다. 물론, 무료 버전도 일상적인 용도로는 충분히 유용하지만, 보다 전문적이고 고도화된 AI 서비스를 경험하고자 한다면 GPT-4는 분명 '값어치를 하는' 선택이 될 것입니다.

LESSON 02
GPTs store 탐구생활

GPTs 이해하기

제가 GPT-4의 유료 사용자가 된 이유는 바로 GPTs에 있습니다. 저에게 정말 신세계였습니다. 우선 GPTs가 무엇인지 이해하는 것이 중요합니다. GPTs는 특정 작업이나 주제에 특화된 ChatGPT의 맞춤형 버전입니다. 사용자나 개발자가 특정 목적에 맞게 ChatGPT를 조정하고, 추가적인 지식이나 기능을 부여하여 만든 AI 어시스턴트라고 볼 수 있습니다.

GPTs는 특화된 지식을 제공하거나 특정 작업에 유리한 인터페이스를 제공하며, 웹 검색, 이미지 생성 등 다양한 추가 기능을 통합할 수 있습니다. 또한, 페르소나를 설정하여 전문가 역할을 수행하게 할 수도 있습니다. 이러한 GPTs는 개인의 목적에 따라 다양하게 만들 수 있으며, 저 역시 블로그 포스팅과 같은 반복적인 작업을 위해 GPTs를 만들어 사용하고 있습니다.

GPTs 스토어는 ChatGPT의 기능을 확장할 수 있는 플러그인과 확장 프로그램을 공유할 수 있는 플랫폼입니다. 스마트폰 앱스토어와 유사한 개념이라고 생각하면 됩니다. 종류는 OpenAI에서 자체 제작한 것부터 타사 혹은 개인 개발자가 개발한 것까지 다양하지만, 다양한 사용자 요구를 충족시키기 위해 제작된 점은 동일합니다. 데이터 분석 도구부터 창의적인 글쓰기 도구에 이르기까지, GPTs 스토어는 ChatGPT를 더욱 다재다능하고 강력한 도구로 만들어줍니다.

본격적으로 GPTs 사용하기

GPTs 사용 방법은 간단합니다. ChatGPT 메인 화면에서 [GPT 탐색]을 클릭하면 바로 GPTs 스토어를 확인할 수 있습니다. 카테고리별로 플러그인을 탐색하거나 특정 기능을 검색할 수도 있습니다. 각 플러그인의 설명과 리뷰를 보며 적절한 도구를 선택할 수 있습니다. 선택한 후에는 플러그인 설치, 채팅 시작하기, 또는 로그인 등의 권한을 요청할 수 있습니다. 선택한 플러그인은 ChatGPT 인터페이스에 통합되며, 프롬프트 사용법에 따라 ChatGPT와 대화를 진행하면 해당 플러그인이 작동하면서 원하는 결과물을 만들어줍니다.

새로운 GPTs는 계속 공개되고 있으며, 유용한 프로그램과 연동되기도 합니다. 예를 들어, 블로그 포스팅을 도와주는 글쓰기 GPTs부터 코딩을 지원하는 GPTs, 언어 공부를 돕는 GPTs까지 다양하게 존재합니다. 무료 사용자도 하루에 몇 개의 토큰을 사용할 수 있으니, GPTs를 탐색하면서 재미있는 플러그인을 찾아보면 좋을 것입니다.

제가 코딩을 잘 몰라서 코딩 관련 프로그램을 충분히 활용하지 못하는 점이 항상 아쉬워서 요즘은 공부하고 있습니다. 만약 프로그래밍에 대한 이해가 있다면 ChatGPT를 활용해보길 적극 추천합니다. 파이썬 정도만 알아도 활용도가 훨씬 더 높을 것입니다.

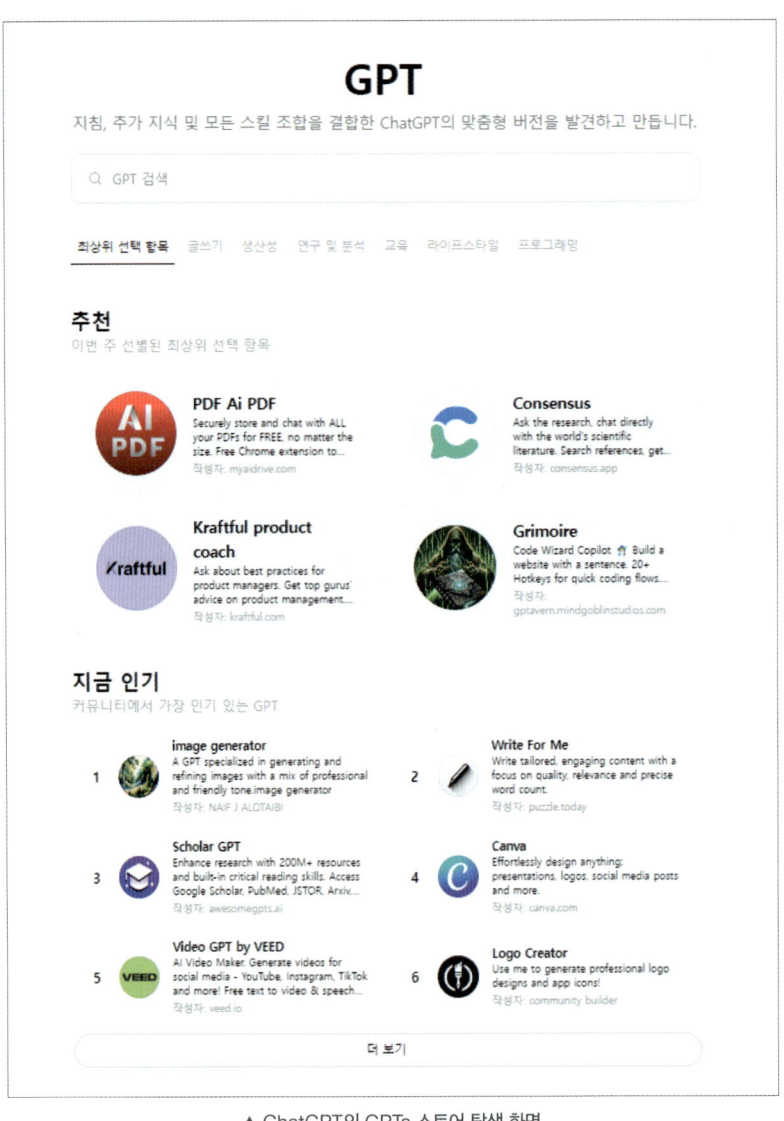

▲ ChatGPT의 GPTs 스토어 탐색 화면

GPTs는 종류가 매우 많아서 여러분에게 딱 맞는 GPTs를 찾으려면 많이 탐색하는 것이 좋습니다. 추천하는 GPTs는 OpenAI에서 검증을 마친 것이나 인기 있는 GPTs입니다. OpenAI에서 검증을 마쳤다는 것은 기능이 우수하다는 의미이고, 많은 사람의 리뷰가 쌓였다는 것은 매우 유용하다는 의미로 볼 수 있습니다. 따라서 처음에는 추천 또는 인기 카테고리에 있는 GPTs를 선택해 활용해보세요. 다음은 GPTs에서 로고 크리에이터Logo Creator를 사용한 예시입니다.

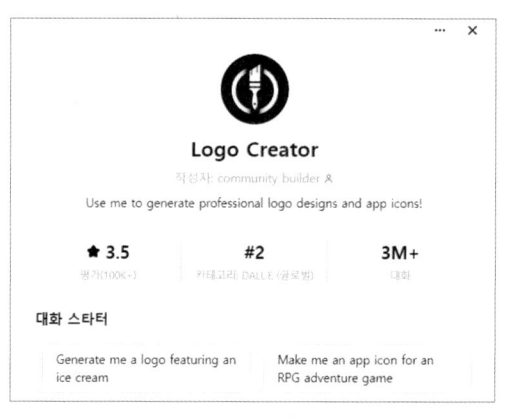

▲ GPTs 중 하나인 로고 크리에이터(Logo Creator) 선택 화면

로고 크리에이터는 DALL-E* 기능을 사용하여 대화하면서 원하는 로고 이미지를 생성하는 GPTs입니다. 제가 아는 한 마케팅 직원이 웹사이트 제작을 맡긴 회사가 불이 났다고 거짓말하고 잠적해 거의 3개월 동안 디자인 작업을 못했을 때 매우 유용하게 활용한 기능입니다.

여러분도 로고 크리에이터를 사용해 ChatGPT와 대화하면서 원하는 로고 이미지를 만들 수 있습니다. 원하는 스타일의 이미지가 있다면 업로드하여 참고하면서 로고를 만들어가면 됩니다.

---

* ChatGPT-4에 사용된 DALL-E 모델은 텍스트 설명을 바탕으로 이미지를 생성하는 AI 모델입니다. 이 모델은 이미지와 텍스트를 연결하는 방식으로, 사용자가 설명한 장면이나 아이디어를 시각적으로 표현해줍니다.

> I am the CEO of a marketing company. The company name is 'The Dream Marketing'. It's mainly a blogging agency. I want to create a logo that includes a commuter or the Naver logo. Can you make it for me?
>
> 질문 내용 ∨
>
> 나는 마케팅 회사 대표야. 회사 이름은 '더드림마케팅'이야. 주로 블로그대행을 하는 곳이야. 커뮤터가 들어가있거나 네이버 로고가 들어가 있는 로고를 만들고 싶어. 만들어 줄 수 있어?

 I can certainly help with that. To create the best logo for "The Dream Marketing," I would like to ask you four questions. Let's start with the first one:

1. Do you want the logo to be:

A) vibrant
B) neutral
C) serious
D) skip all 4 questions and generate a logo using the default options immediately

The default option is A (vibrant). What do you prefer?

번역된 내용 ∨

제가 확실히 도와드릴 수 있습니다. "드림 마케팅"을 위한 최고의 로고를 만들기 위해 네 가지 질문을 드리고 싶습니다. 첫 번째부터 시작해 보겠습니다.

1. 로고를 다음과 같이 만들고 싶나요?

가) 활기차다
나) 중립
다) 심각하다
D) 4가지 질문을 모두 건너뛰고 즉시 기본 옵션을 사용하여 로고를 생성합니다.

기본 옵션은 A(활기차게)입니다. 당신은 무엇을 선호합니까?

↓

 Great choice! Now, the second question:

2. On a scale of 1 to 10, how detailed and complex do you want the logo to be?

1 - extremely clean and simple
10 - extremely detailed and complex

The default is 3. What do you prefer?

번역된 내용 ∨

훌륭한 선택입니다! 이제 두 번째 질문은 다음과 같습니다.

2. 1에서 10까지의 척도로 로고가 얼마나 상세하고 복잡해지기를 원하시나요?

1 - 매우 깨끗하고 단순함
10 - 매우 상세하고 복잡함

기본값은 3입니다. 무엇을 선호하시나요?

▲ 로고 크리에이터와의 대화를 통해 텍스트로 작업하는 화면

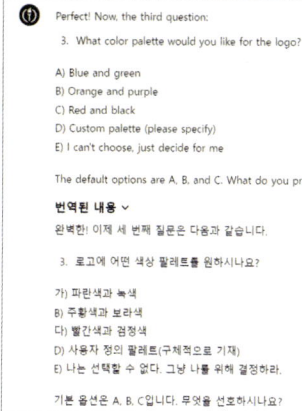 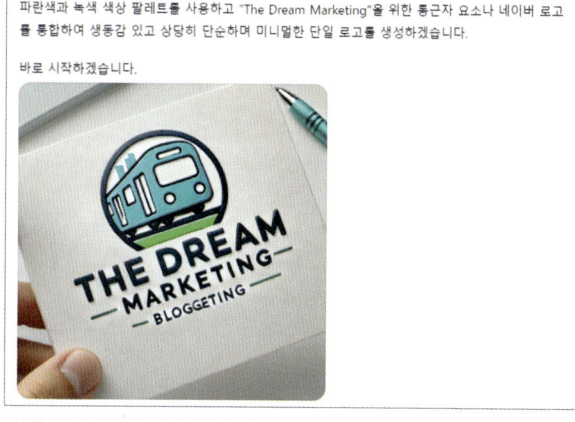

▲ 로고 크리에이터가 생성한 이미지와 수정 작업

▲ 로고 크리에이터로 생성한 최종 결과물

이렇게 로고를 생성하는 데 약 5분 정도가 소요되었어요. 주고받은 대화는 스무 개가 넘었고, 만든 이미지는 30개 정도였습니다. 만약 처음부터 디테일하게 프롬프트를 제시하거나 원하는 로고 스타일을 이미지로 제공했다면 마음에 드는 로고를 더 빨리 생성할 수 있을 겁니다.

디자인에 대해 잘 모르는 마케팅 직원의 입장에서 의뢰했음에도 불구하고 원하는 로고 이미지를 얻을 수 있었습니다. GPTs는 이런 과정을 가능하게 해줍니다. 다양한 GPTs를 활용해 좀 더 쉽게, 빠르게 여러분이 원하는 결과를 얻길 바랍니다.

LESSON 03

GPT-4를 활용한
손쉬운 이미지 생성 방법

DALL-E 내장 기능을 활용해 텍스트로 이미지 생성하기

Copilot을 활용한 이미지 생성 기능은 ChatGPT 유료 버전에서 동일하게 사용할 수 있습니다. GPT-4 모델에는 DALL-E 3 기능이 내장되어 대화하며 바로 이미지 생성이 가능합니다. 바로 이미지를 생성할 수도 있고 주고받은 대화를 기반으로 관련된 이미지를 생성하라고 요청할 수도 있습니다.

필요한 텍스트를 입력하고 '이미지를 생성해달라'는 요청만으로도 바로 이미지를 만들 수 있습니다. 이외에는 너무 쉬워서 알려드릴 게 없을 정도입니다. 외국인 아이를 한국인 아이로 바꿔달라고 프롬프트를 수정해서 요청해보았습니다.

▲ ChatGPT-4에서 바로 이미지를 생성한 예시

▲ ChatGPT-4에서 생성한 이미지를 수정 요청한 예시

물론 눈, 코, 입이 제대로 나오고 완전한 실사 이미지처럼 만들기 위해서는 추가 프롬프트 요청이 필요할 수 있습니다. 그래도 5초도 안 되는 시간에 이미지를 뚝딱 만들 수 있다니! 정말 편리하지 않나요? 이렇게 이미지를 생성하는 것도 간단하지만, 사실 더 쉽게 할 수 있는 방법도 있습니다.

참고 이미지를 전달하여 이미지 생성하기

참고 사진(이미지)을 제시하고 비슷한 이미지 생성을 요구하는 방법도 있습니다. 다른 곳에 게재된 사진을 사용하면 당연히 저작권 문제 소지가 있고, 심지어 내가 직접 촬영한 이미지라도 다른 곳에 재활용하면 네이버에서 유사 문서로 인식해 블로그가 저품질이 될 위험도 있습니다.

비슷하지만 되도록 고품질 이미지를 원한다면 ChatGPT에서 이미지를 만드세요. 원하는 참고 사진을 업로드해 학습시키고 비슷한 이미지를 생성해달라고 요청할 수 있습니다.

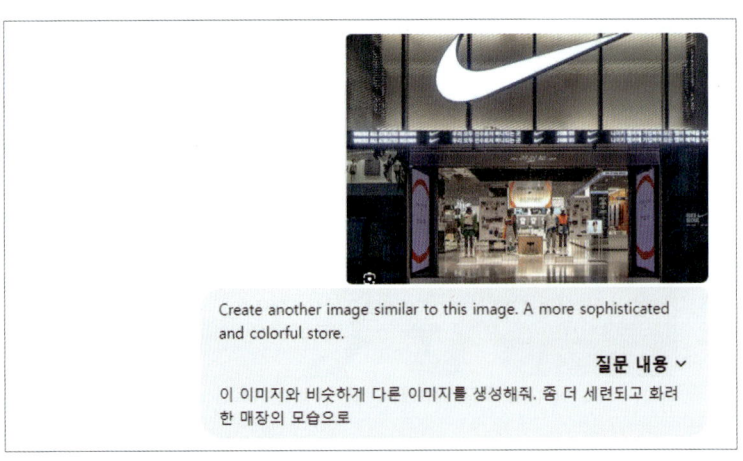

▲ ChatGPT-4에 참고 사진을 업로드하며 이미지 생성을 요청한 예시 1

▲ ChatGPT-4에서 생성한 이미지 예시 1

이미지에 특정 브랜드를 표시하는 것이 조금 문제의 소지가 될 수 있습니다. 다만 콘텐츠 내용에 해당 브랜드의 내용을 담고 있다면 활용하는 것도 가능합니다. 당연히 생성형 AI를 활용했다고 표기하는 것이 좋습니다.

▲ ChatGPT-4에 참고 사진을 업로드하며 이미지 생성을 요청한 예시 2

▲ ChatGPT-4에서 생성한 이미지 예시 2

특정 브랜드를 표현하기 싫다면, 이렇게 분위기만 참고하도록 프롬프트를 작성해도 좋습니다. 사진 이미지를 업로드해 또 다른 이미지를 생성, 변경한다면 이미지를 좀 더 쉽게, 내가 원하는 방향으로 만들 수 있습니다. 다만, 무분별하게 사진을 베끼는 것이 아니라 콘텐츠에 맞는 이미지를 제작하는 정도로만 사용하는 것이 좋습니다.

무엇보다 텍스트 위주의 전문 콘텐츠를 만드는 블로거들에게는 포스팅 내용에 들어갈 이미지를 고르는 것도 큰 고민입니다. 이때 ChatGPT의 유료 버전을 활용한 이미지 생성은 분명 편리함 이상의 효과를 가져올 것입니다. 적절한 이미지를 선택하고 콘텐츠 만드는 시간을 확 줄여, 더 많은 콘텐츠를 만들 수 있을 것입니다.

LESSON 04

더욱 강력한 성능으로 찾아온 ChatGPT-4o

ChatGPT-4.0 Omni 무엇이 달라졌을까

2024년 3월 1일, ChatGPT-4.0 Omni^{옴니}가 공개되었습니다. 사용자 경험을 향상하고 모델 기능을 확장하기 위한 새로운 기능과 개선 사항을 도입했고, 업그레이드되었다고 했습니다. 다만 그 반향이 그리 크지는 않아서 단순 업데이트 정도로 평가되었습니다.

그러나 6월 15일에 본격적으로 업데이트되면서 기능 향상이 눈에 띄어 크게 회자되었습니다. 특히 한국어 사용자에게는 업데이트가 더 크게 체감되었습니다. 업데이트된 내용을 한번 정리해보았습니다.

❶ 최신 지식 업데이트 : GPT-4o는 2023년 12월까지의 데이터를 학습해 이전 버전보다 훨씬 최신의 정보를 포함하고 있습니다. 좀 더 최근의 사건이나 트렌드에

대해 더 정확한 대화가 가능합니다. 2021년 9월까지 정보를 학습한 GPT-3.5는 2024년 현재 한국 대통령을 물어도 모른다고 답변하거나 엉뚱하게 답변했습니다. 하지만 GPT-4o는 2022년 선출된 대통령을 파악하고 웹사이트의 정보 검증을 통해 추론해서 지금의 대통령 이름을 답변할 수 있습니다.

▲ 2023년 12월까지의 최신 정보를 반영한 질문에도 대응 가능한 예시

❷ **향상된 멀티모달 기능** : 이미지 인식 능력이 크게 개선되어, 더 복잡하고 세밀한 이미지 분석이 가능해졌습니다. 이미지를 업로드하고 그 내용으로 콘텐츠를 만들 수도 있습니다. 검색량이 많은 정부 정책 카드 뉴스를 업로드 하고 이미지에 맞는 내용으로 콘텐츠를 생성해달라고 요청하면 꽤 좋은 키워드의 블로그 포스팅 내용을 만들 수 있습니다.

또 음성 인식과 생성 기능이 추가되어 음성 대화도 가능해졌습니다. 모바일 버전을 한번 사용해보세요. 출근길 차 안에서 논리적 대화를 하거나 아이스 브레이킹 하기에 좋습니다. 말로 대화한 내용은 대화를 종료한 후 그대로 스크립트로 저장도 됩니다. 대화로 이미지 생성도 가능하므로 굳이 컴퓨터 앞에서 각 잡고 쓰지 않아도 됩니다. 이제는 이동하며 소비하는 시간, 자투리 시간도 활용할 수 있습니다.

❸ 더욱 강화된 콘텍스트 처리 능력 : 한 번에 처리할 수 있는 텍스트의 양이 128,000토큰으로 증가했습니다. 이는 약 300페이지 분량의 텍스트를 한 번에 처리할 수 있다는 의미입니다. 어마어마하지 않나요? 우리는 1,500자 정도의 블로그 포스팅을 생성하면 됩니다. 여러분이 주제와 키워드만 잘 발굴한다면 하루에 몇 개라도 콘텐츠 생산이 가능해졌습니다.

❹ 개선된 추론 능력 : 복잡한 문제 해결과 논리적 추론 능력이 크게 향상되어, 더 정교한 분석과 해답을 제공합니다. 좀 더 심도 깊은 대화가 가능하며, 다른 어떤 생성형 AI보다 깊은 대화가 가능해졌습니다.

❺ 강화된 창의성 : 예술적 표현, 스토리텔링, 아이디어 생성 등에서 더욱 창의적인 결과물을 만들어낼 수 있습니다. 생성되는 이미지를 봐도 그 정교함의 차이가 느껴집니다.

강화된 한국어 지원 기능과 생성 능력

사실 이렇게 이야기해도 크게 와닿지 않을 수 있습니다. 기존에 사용해보지 못했다면 그냥 업데이트했구나 정도로 느끼실 거예요. 그래도 이번 업데이트를 따로 소개하는 이유는 우리나라, 한국어 사용자에게 의미가 깊기 때문입니다. 바로 ChatGPT의 한국어 능력이 크게 향상되었습니다. ChatGPT-4가 공개되었을 때보다도 더 자연스럽고 정확한 한국어 대화가 가능해졌습니다. 토큰 사용량도 개선되어, 웹 확장 프로그램을 이용해서 한글을 영어로, 다시 영어를 한글로 바꾸는 토큰 절약 꼼수도 필요하지 않습니다.

> I'm trying to write a restaurant review to naturally promote my friend's restaurant. I will return the receipt to Naver Place. My friend is an Italian restaurant in Gangnam. Write very naturally in DC Inside style.
>
> 질문 내용 ∨
>
> 친구가 하는 식당을 자연스럽게 홍보하려고 식당 리뷰를 적으려고 해. 네이버 플레이스에 영수증 리뷰를 할거야. 친구는 강남에 있는 이탈리안 식당이야. dc인사이드 스타일로 아주 자연스럽게 써줘

Gangnam에 있는 친구네 이탈리안 레스토랑에 다녀옴 ㅇㅇ

어제 저녁에 친구가 오픈한 Gangnam의 이탈리안 레스토랑에 갔는데, 진짜 대박이었음. 😋

위치: 강남 중심가에 있어서 찾기도 쉬웠음. 강남역 11번 출구에서 5분 거리라 접근성 갑임.

분위기: 들어가자마자 세련된 인테리어와 온은한 조명 덕분에 기분 좋아짐. 분위기 깡패 인정.

메뉴: 메인 요리는 다양했음. 파스타, 피자, 스테이크 등 뭐 하나 빠지는 게 없더라.

- **추천 메뉴**: 트러플 크림 파스타랑 마르게리타 피자. 트러플 크림 파스타는 크리미하면서도 트러플 향이 진하게 나서 진짜 최고였음. 마르게리타 피자는 바삭하면서도 치즈가 쭉쭉 늘어나서 입에서 살살 녹았음.
- **디저트**: 티라미수가 쫀맛이었음. 커피 향이 진하게 나면서도 달콤해서 식사 끝에 딱 좋았음.

가격: 강남이라서 좀 비쌀 줄 알았는데, 가성비 좋았음. 메인 요리 하나당 2-3만원 선이라 부담 없었음.

서비스: 직원분들 친절하고, 서비스도 빨랐음. 음식 나오는 타이밍도 딱 맞아서 기다리는데 지루하지 않았음.

총평: 강남에서 이탈리안 먹고 싶으면 여기 꼭 가봐야 함. 친구라서 하는 말 아니고, 진짜 찐으로 강추함.

사진이랑 영수증 첨부해서 Naver Place 리뷰에도 올림. 다음에 또 갈 예정임. 😎

▲ 한국어 자연어 처리 기능 향상 예시

앞서 예시 이미지를 보면 자연스럽게 비속어와 이모지까지 섞어서 대답하는 것을 확인할 수 있습니다. 개인적으로 좋아하는 스타일은 아니지만, 성능 향상을 바로 체감할 수 있는 부분입니다.

향상된 한국어 성능 덕분에 우리나라 정서와 문화에 대한 이해도가 확연히 높아졌습니다. 이제는 세계 뉴스가 아닌 한국만의 정치적, 시사적 뉴스를 해석, 분석한 포스팅도 가능해졌습니다.

이렇게 GPT-4o 업데이트는 단순히 블로거 같은 콘텐츠 크리에이터에게만 국한되지 않습니다. 학습에도 활용할 수 있습니다. 수능 영어를 준비하고, 거의 실시간

에 가깝게 모바일로 회화를 진행할 수도 있습니다.

　정보 면에선 의료 정보의 접근성도 향상되어서 의사들의 연구 활동에도 큰 도움이 된다고 합니다. 국내 법률 시스템에 대한 이해도도 향상되어서 기본적인 법률 정보 제공과 문서 작성도 가능해졌습니다. 변호사 사무실의 블로그 마케팅 대행을 맡은 대행사에게도 희소식입니다. 추가로 비즈니스에도 응용이 가능해서 글로벌 사업 진출을 기획하는 기업에게도 큰 도움이 될 것입니다.

　이런 ChatGPT의 업데이트 변화를 보면서, 생성형 AI의 학습 능력이 정말 어마무시하다는 생각이 들었습니다. 영어권뿐만 아니라 다양한 언어권의 지식을 흡수하고 다시 생산해내고 있습니다. 어쩌면 이제 지구는 하나의 공간으로 점점 더 통합되어 가고 있는지도 모릅니다. 이렇게 쉽게 이용할 수 있도록 AI가 계속 변화하고 있는데, 우리도 함께 성장해보는 건 어떨까요?

　콘텐츠를 생산하는 것이 어느 때보다 쉬워졌지만, 실제로 그 기회를 실행하는 사람은 소수에 불과합니다. 그만큼 아직 기회가 많이 열려 있습니다. 여러분도 블로그를 시작해서, 하루 30분 정도의 노력을 무한대의 가치로 바꿔보세요. 제가 인터뷰한 많은 블로거도 얼마 전까지는 여러분과 같은 평범한 사람들이었습니다. 물론 대형 인플루언서가 된 것은 아니지만, 각자의 자리에서 기회를 만들고, 새로운 삶을 만들어가고 있습니다. 그들의 이야기에 주목해주세요.

갑자기 찾아온 큰 시련을 이겨내고 N잡러로 성장한

블로거 인터뷰 : 설렌데이

Q 자기소개를 부탁드립니다.

A 안녕하세요! 설이와 함께하는 하루하루를 기록하는 「설렌데이」입니다. 올해 7살이 된 딸 설이를 육아하며, 일상을 블로그와 인스타그램을 통해 공유하고 있습니다. 저는 크리에이터로서 성장 중이며, 주로 육아용품 리뷰와 아이와 함께 방문할 만한 장소를 소개하고 있습니다. 최근에는 '설렘별스터디'라는 인스타그램 챌린지를 통해 아이와 감성적인 사진을 찍는 방법이나 릴스를 만드는 방법 등을 다른 블로거 분들에게 알려드리고 있습니다.

Q 전형적인 N잡러의 삶을 살고 계시는 거 같은데, 블로그와 어떤 관계가 있을까요?

A 네, 어찌 보면 주부이자 블로거, 사진/인스타그램 강사, 그리고 키즈모델 딸의 맘 매니저로서 여러 역할을 맡고 있는 N잡러라고 할 수 있겠네요. 사실 이렇게 N잡러로 살아가게 된 건 얼마되지 않았어요. 아이가 두 돌이 되기 직전에 저에게 갑상선암과 류마티스라는 큰 병이 찾아왔다는 사실을 알게 되었거든요. 두 가지 큰 병이 한꺼번에 찾아오면서 제 삶에도 많은 변화가 생겼습니다. 30대 초반에 제가

암에 걸렸다는 사실이 정말 믿기지 않았지만, 운 좋게도 초기에 발견되어 반절제 수술만으로 암을 제거할 수 있었어요. 그때부터 삶에 대해 많은 생각을 하게 되었습니다.

암을 발견하기 전까지만 해도 아이가 어느 정도 클 때까지 육아에 전념할 계획이었는데, 수술 후 체력과 병원 일정을 고려해 아이를 어린이집에 보내기로 했어요. 생각지도 못한 2년이라는 시간을 온전히 제 자신을 위해 사용할 기회가 생기게 된 것이죠.

수술이라는 특별한 경우로 생긴 시간을 헛되이 보내고 싶지 않아서, 사실 처음에는 제 병과 치료 과정을 다른 환우분들과 공유하며 제 경험이 또 다른 이에게 용기와 희망을 줄 수 있기를 바라며 블로그를 시작했어요. 조금 거창하죠? 암에 걸리고 보니 다른 이들을 위해 도움이 되고 싶단 생각이 들더라고요.

암에 걸리고 나서 다른 사람들에게 도움이 되고 싶다는 생각이 들었습니다. 의지 충만하던 그 시기에, 마침 청년 지원 센터에서 무료 블로그 강의가 열렸어요. 요양병원에서 환자복을 입은 채 그 강의를 들으면서 블로그의 매력을 느끼게 되었습니다. 수술 후기를 쓰며 본격적으로 블로그를 시작하게 되었죠.

당시 코로나19가 한창일 때라 모든 강의가 비대면 줌 수업으로 진행되었습니다. 비록 환자복에 마스크를 쓴 채였지만 열심히 강의를 들었습니다. 코로나19와 암 투병이라는 큰 사건이 블로그 시작에 가장 큰 영향을 준 셈이죠.

살면서 '위기가 기회가 되었다'는 말을 이해하기 어려웠지만, 제 경우가 딱 그런 상황이었습니다. 물론 코로나19는 환경적인 영향이었지만, 가장 큰 원인은 아마도 암 투병이었을 겁니다. 블로그를 시작하면서 제 마음을 터놓을 곳이 필요했어요.

Q 블로그를 시작하기 전에 어떤 일을 하셨어요?

A 블로그 시작 전에는 전형적인 육아맘이었습니다. 출산 후 약 2년 동안 정말 육아에만 매진한 전업맘이었고요. 육아는 행복했지만, 그럼에도 나 자신을 잃어버리는 것 같은 느낌에 우울한 순간이 많았습니다. 초보 엄마들이 흔히 겪는 것처럼, '나는 누구인가? 여기는 어디인가?'라는 생각을 하며 지냈습니다. 육아는 누군가가 쉽게 인정해 주는 일이 아니잖아요. 아무도 알아주지 않는 그 시간을 보내면서 나를 표현하고 싶고, 인정받고 싶은 욕구가 나도 모르게 커졌던 것 같아요.

Q 블로그를 시작할 때는 어떤 목표가 있었나요?

A 처음에는 제 글이 누군가에게 위로가 되는 것이 목표였어요. 실제로 많은 분이 제 수술 후기를 보고 위안을 얻고, 유용한 정보를 많이 가져가셨죠. 그러던 중 호모앤 님을 만나 강의를 듣게 되었고, 그때부터 '수익화'라는 것에 도전해보고 싶다는 생각이 들었습니다.

Q 어떻게 수익화를 하겠다는 목표가 생겼나요?

A 수익화에 대해 처음부터 체계적으로 접근한 것은 아니었어요. 육아맘이다 보니 자연스럽게 육아용품에 대한 욕심이 생기더라고요. 가계에 도움이 되고 싶어서 육아용품을 협찬받고 싶다는 생각이 들었죠. 그중에서도 가장 받고 싶었던 것이 바로 '전집'이었습니다.

당시 제가 그림책에 푹 빠져 있었고, 이미 구매한 전집만 해도 몇 백만 원은 족히 넘었어요. 그래서 한 질에 30~50만 원 정도 하는 전집을 협찬받을 수 있다면 더할 나위 없이 행복하겠다고 꿈꿨습니다. 사실, 제가 목표로 했던 메이저 회사의 전집은 아직까지도 받지 못했어요. 그 전집을 협찬받으면 블로그를 그만두겠다고 공공연히 말하고 다녔는데, 아마도 그 출판사의 전집을 받지 못해서 아직도 블로그를 하고 있는 것 같아요.

Q 구체적으로 어떤 걸 협찬 받으셨어요?

A 사실 첫 번째로 받은 협찬품이 바로 전집이었습니다. 비록 제가 목표로 했던 메이저 출판사의 전집은 아니었지만, 소소하게 아이 그림책으로 시작할 수 있었죠. 저는 순수하게 체험단과 협찬으로 수익화를 이루어낸 전문 리뷰어예요.

블로그를 시작한 첫해에 협찬 제품으로만 1,000만 원 넘게 벌었어요. 지금은 3년이 넘었으니 그 이상입니다. 블로그 자체도 하나의 수익화 모델이지만, 그 외에도 다양한 수익화 모델을 가지고 있어서 훨씬 더 많은 수익을 올리고 있습니다. 포스팅 하나에 80만 원 상당의 풀 빌라를 제공받아 이용한 적도 있어요. 이제는 제품이나 서비스로도 꽤 고가의 상품을 지원받고 있습니다.

Q 블로그를 시작하고 가장 크게 바뀐 점이 있다면 어떤 게 있을까요?

A 제 자존감이 올라간 것이 가장 큰 변화였어요. 저는 인정 욕구가 꽤 큰 편인데, 집에만 있다 보니 점점 자신이 작아진다고 느꼈거든요. 하지만 블로그를 하면서 제 글이 상위 노출되는 것을 볼 때마다 뿌듯함을 느꼈습니다. 또한, 제가 찍은 사진이나 쓴 글이 업체의 마케팅용으로 사용될 때, 마치 인정받은 기분이 들어 상당히 기뻤습니다.

특히, 제가 풀 빌라 후기를 올린 이후 예약이 늘었다며 다시 와달라는 대표님의 요청을 받았을 때, 정말 행복했어요. 제 글 하나로 매출이 크게 늘어난 것을 보며, 받은 서비스 이상의 가치를 제공했다는 생각에 기분이 그렇게 좋을 수가 없었습니다.

Q **블로그를 시작하려는 분들께 해주고 싶은 말씀이 있을까요?**

A 블로그는 무조건 시작해야 합니다. 시작만 하면 새로운 기회가 자연스럽게 생길 거예요. 저처럼 소소하게 생활비를 아끼려고 시작해도 괜찮아요. 충분히 가능하니까요. 망설이지 말고, 고민하지 말고, 그냥 시작하세요.

> **설렌데이 소셜 미디어**
> - 네이버 블로그 : blog.naver.com/seolrenday
> - 인스타그램 : www.instagram.com/seolrenday

CHAPTER 05

ChatGPT를 활용한 블로그 글쓰기 활용법

ChatGPT 프롬프트 사용의 기초

ChatGPT 활용은 프롬프트로 시작해서 프롬프트로 끝난다

 ChatGPT를 포함한 AI 채팅 프로그램에서 글의 품질을 좌우하는 가장 중요한 요소는 프롬프트의 활용입니다. 얼마나 구체적이고 명확하게 질문을 던지는지에 따라 AI의 답변 품질이 크게 달라집니다.

 프롬프트는 작성 방법과 수준에 따라 실제로 사람이 쓴 것 같은 '양질의 글'이 나올 수도 있고, 반대로 'AI가 엉뚱하게 썼다'는 느낌이 팍팍 드는 글이 나올 수도 있습니다.

 프롬프트 활용에 따라 그 성과가 결정되기 때문에 AI를 하나의 인격체로 간주하고 접근하는 것이 ChatGPT를 사용하는 데 도움이 됩니다. AI와의 상호 작용에서 프롬프트는 질문이자 지시 사항으로 작용하므로, 원하는 결과를 얻기 위해서는 프롬프트를 정교하게 다듬는 것이 중요합니다.

> 우선 ChatGPT를 하버드 도서관 수준의 지식을 가진 똑똑한 신입 사원 정도라고 생각해보라는 이야기를 기억하죠? 하지만 이 신입 사원은 일머리는 없다고 생각해보세요. 한마디로 우리가 하는 일을 한 번도 해본 적이 없는 겁니다.
> 보통 신입 사원에게는 어떤 업무를 어떻게 진행해야 하는지 알려줍니다. 그 후에 진행한 업무를 보고 피드백하면서 업무를 숙지할 수 있도록 도와주죠. 이런 과정을 반복하면서 신입 사원이 회사에 적응하고 회사에서 요구하는 업무를 잘 수행하게 됩니다.
> 특정 업무에서 쓰는 전문 용어를 익히고, 회사 스타일에 맞는 서류도 작성해봐야 원하는 수준의 업무를 이행할 수 있게 됩니다. 이런 과정을 반복하면서 신입 사원도 성장하는 걸 생각해보세요.

이러한 과정을 이해해야 ChatGPT에게 지시하고 대화를 주고받고 수정해나가면서 원하는 글을 얻을 수 있습니다. 신입 사원에게 일을 시킬 때와 마찬가지로 상사에게도 필요한 과정입니다. 서로가 익숙해지면, 어느 순간 하버드 도서관급의 지식을 가진 신입 사원을 활용하듯 ChatGPT를 이용해 탁월한 결과물을 얻을 수 있습니다. 신입 사원을 훈련하듯 ChatGPT를 활용하는 몇 가지 방법을 알아보겠습니다.

한 가지 주제로 대화하기

대화가 계속 이어지면서 답변이 점차 수정되고 보완됩니다. ChatGPT는 이전 대화를 기억하면서 답변을 내놓고, 다음 질문에 내용을 추가하거나 수정할 수 있습니다. 신입 사원에게 여러 가지 일을 한 번에 시키면 한 가지도 제대로 해내지 못할 가능성이 높습니다. 동일하게 ChatGPT와의 대화에서도 한 번에 너무 많은 주제를 다루는 것은 비효율적일 수 있습니다.

효율적인 작업을 위해서는 한 가지 주제를 충분히 다룬 후, 결과물이 만족스러울 때까지 해당 주제에 집중하는 것이 중요합니다. 이후 다른 주제로 진행하고 싶다면, 새 대화(New Chat)를 열어 시작하는 것이 좋습니다. 이는 한 주제에 집중하여 ChatGPT가 최적의 결과를 도출할 수 있도록 돕는 방법입니다.

하나의 채팅은 하나의 주제로만 진행하는 것을 꼭 기억하세요. 이 방법을 통해 대화의 집중도와 효율성을 높일 수 있습니다.

결과물의 형식을 지정하기

신입 사원에게 일을 시킬 때, 결과물을 어떤 형태로 만들어야 하는지 명확히 알려주는 것이 중요합니다. 결과물이 PPT 형식인지, 보고서인지, 엑셀 문서인지 구체적으로 지시해야 하고, 이전에 사용했던 문서를 참고해 같은 양식으로 만들라고 지시하는 경우도 많습니다.

ChatGPT도 마찬가지입니다. 원하는 답변의 형식을 지정해주는 것이 효과적인 결과를 얻는 데 중요합니다. 이때는 분량이나 포맷을 프롬프트에 명확히 적어주는 것이 좋습니다. 다음과 같이 구체적인 지시를 포함할 수 있습니다:

- **분량** : 1,000자 이내로, 3개 문단 구조로, 3가지 예시를 포함하여 등 구체적인 숫자나 구조를 제시합니다.

- **형식** : 답변을 표로 보여줘, 리스트 형식으로 나열해줘, 단순한 텍스트로 작성해줘와 같이 형식을 지정합니다.

이처럼 분량과 형식을 명확히 지시하면, ChatGPT가 더 정확한 형식의 결과물을 제공할 수 있습니다. 이는 신입 사원에게 일을 지시할 때와 마찬가지로, 작업의 효율성을 높이는 중요한 방법입니다.

> **프롬프트 입력** ○○○의 주제에 대해서 3개의 예를 들어서 1,000자의 텍스트로 써주세요.

이런 식으로 프롬프트를 사용하면 됩니다.

명확한 역할, 페르소나 부여하기

ChatGPT를 하나의 인격체로 설정하면서, 글을 쓰는 사람의 인격을 형성하는 것도 방법입니다. 이는 흔히 '페르소나 설정'이라고 부릅니다. 예를 들어, ADHD를 앓고 있는 아이를 둔 부모를 대상으로 글을 쓴다고 가정해보겠습니다.

이때 오은영 박사님과 같은 저명한 청소년 전문 정신과 의사가 쓴 글처럼 작성하라고 요청할 수 있습니다. 예를 들어, "16년 차 청소년 전문 정신과 의사인 ChatGPT야, ADHD 부모가 아이를 재촉하지 말아야 할 이유에 대한 글을 써줘." 라고 주제를 설정할 수 있습니다. 이렇게 역할을 먼저 인지시키면, 그 인격에 맞는 어휘를 사용할 가능성이 높아집니다.

독자 타깃을 명확하게 설정하기

ChatGPT에게 역할을 부여하는 것만큼 중요한 것은, 글을 읽을 대상도 명확히 설정하는 것입니다. 신입 사원에게 일을 시킬 때도, 이 보고서가 사장님까지 올라가는지, 아니면 상사가 가볍게 검토할 글인지에 따라 작성의 방향과 어조가 달라질 것입니다. 마찬가지로 ChatGPT에게도 이 글을 읽을 사람이 누구인지, 즉 타깃 대상을 설정해주면 훨씬 매끄럽고 적절한 문장이 나옵니다.

> **프롬프트 입력** ○○뷰티 전문 마케터야, 20대 여성에게 새로 나온 아이섀도를 추천하는 문구를 만들어줘.

마케팅 글에 타깃 고객을 좀 더 좁고 분명하게 설정하면 훨씬 더 적절한 문장이 나올 것입니다. 어느 부분이든 구체적으로 명시하면 ChatGPT는 그에 맞는 답변을 만듭니다.

작업 결과물의 목적을 제시하기

신입 사원에게 일을 지시할 때, 단순히 지시만 하는 것보다 무엇을 목적으로 하는 일인지, 왜 그렇게 해야 하는지를 설명하는 것이 중요합니다. 이렇게 하면 신입 사원은 목표를 염두에 두고 업무를 수행해 실수를 줄일 수 있겠죠?

저는 MBTI에 N이 들어가서 그런지, 이유를 모르고 행동하는 것을 무척이나 싫어합니다. 내가 왜 이 일을 해야 하는지, 이 일이 어떤 의미를 가지는지 알고 하는 것을 선호합니다. 그래야 더 나은 결과물을 만들어냅니다.

ChatGPT도 저와 비슷한 인격체인가 봅니다. 글을 쓰는 목적을 알려주면, 그에 합당한 글을 생성해내기 때문입니다. 예를 들어보겠습니다.

> **프롬프트 입력** 여행 전문 블로거인 ChatGPT야, 제주도를 여행하려는 청년들을 대상으로 펜션을 홍보하려고 해. 누구라도 묵고 싶은 펜션으로 소개하는 글을 자연스럽게 써줘.

이렇게 요청하면, 홍보인지, 마케팅인지, 소개인지, 논문인지, 또는 학교 숙제인지에 따라 기대한 만큼의 문장이 답변으로 나옵니다.

유용한 예시 제시 요청하기

내가 얻고자 하는 것을 분명하게 보여주는 가장 효과적인 방법은 예시를 주는 것입니다. ChatGPT에게 예시를 보여주고, 그 예시를 바탕으로 원하는 결과를 생성하도록 요청할 수 있습니다.

예를 들어, 인용문을 제시한 후 '이 인용문에서 내가 뽑으려는 키워드는 이런 것들이야'라고 설명한 다음, '내가 몇 가지 글을 줄 테니 여기서 예시대로 키워드를 뽑아줘'라고 프롬프트를 작성하면 됩니다. 이런 방식으로 구체적인 예시를 통해 ChatGPT에게 원하는 방향을 제시하면, 원하는 만큼의 또 다른 예시를 효과적으로 생성할 수 있습니다.

특정 어조(톤 앤드 매너)를 명시하기

글을 쓸 때 역할을 부여하고, 대상 고객을 설정해주고, 어떤 어조를 사용하면 좋을지까지 명확히 표현해주면 좋습니다. 명확하고 직관적으로 표현해달라고 요청하거나 창의적인 표현을 포함해달라고 요청해보세요. 예로 들 수 있는 문장을 삽입하면 더욱 좋습니다.

구체적 활용 장소를 지정하기

ChatGPT는 전 세계적으로 제공되는 서비스입니다. 따라서 너무 광범위한 정보가 포함되면, 우리나라 실정에 맞지 않는 것은 물론 블로그 포스팅의 신뢰도를 떨어뜨릴 수 있습니다.

따라서 '한국에서' 또는 '미국에서', '아시아에서'처럼 정보 출처나 활용 범위 등 명확한 장소를 제시해주면 좋습니다. 또 '온라인에서' 또는 '오프라인에서'처럼 사용 환경이 디지털인지 아닌지도 명확히 표현해야 합니다. 이렇게까지 지시해야 하나 싶을 정도로 자세하게 요청해야 그만큼 양질의 글을 생성할 수 있습니다.

> **프롬프트 입력** 한국에서 온라인 마케팅을 할 때 효과적인 전략에 대해 설명해줘.
> 미국에서 오프라인 매장을 운영할 때 고려해야 할 사항을 알려줘.

이렇게 구체적으로 물어보면, 보다 정확하고 신뢰할 수 있는 정보를 얻을 수 있습니다.

글의 맥락을 이해할 수 있도록 작성하기

글에 대한 맥락을 이해할 수 있도록 프롬프트를 작성해야 합니다. 역할을 부여하고, 장소를 알려주고, 형식을 지정하고, 타깃 고객을 설정하는 모든 것이 바로 맥락을 이해하도록 도와주는 것입니다.

그러기 위해서는 우선 AI 채팅 서비스를 활용하는 우리도 질문의 맥락을 제대로 짚고 요청해야 합니다. 처음부터 두루뭉술하게 글을 구상하지 말고, 나는 어떤 목적으로 작업하는지 맥락을 잡고 세세하게 짚어줄 때 그에 맞는 훌륭한 글이 나올 수 있습니다.

사소한 명령어 변화로 다양하게 활용하기

ChatGPT를 사용할 때, 적절한 서술어를 선택하는 것은 원하는 결과를 얻는 데 매우 중요합니다. 우리말에서는 서술어에 따라 의미가 달라지기 때문에 상황에 맞는 표현을 사용하는 것이 필요합니다.

예를 들어, '써주세요'는 일반적인 텍스트를 작성해 달라는 요청에 적합합니다. 반면에 '생성해주세요'는 표나 코드와 같이 구체적인 형식을 요청할 때 더 적합합니다.

더 자세하고 쉽게 푸는 설명을 원할 때는 '설명해주세요'라는 명령어를 사용할 수 있습니다. 긴 내용을 간결하게 요약하고 싶다면 '요약해주세요'라는 표현이 적당합니다. 정보가 많거나 특정 현상에 대한 분석이 필요할 때는 '분석해주세요'가 적합하며, 창의적인 아이디어를 요청할 때는 '브레인스토밍해주세요'라는 표현을 사용할 수 있습니다.

생성형 AI는 결국 프롬프트 활용이 기본이고 전부다

　ChatGPT를 포함해 Copilot, Claude, Gemini 모두 구체적인 프롬프트 작성이 기본입니다. 제대로 된 프롬프트를 생성하면 실제 사람이 쓴 것처럼 창의적인 글이 만들어집니다. 주로 쓰는 글의 유형이 있다면, 프롬프트를 템플릿화해보세요. 매번 새로 프롬프트를 작성하지 않고, 템플릿에 주제만 대입하면 손쉽게 글을 작성할 수 있습니다.

　물론 지금은 GPTs를 활용해 그렇게 사용할 수 있습니다. 이미 여러 블로거들이 활용 가능한 GPTs를 제작했지만 유료로 제공되는 경우가 많습니다. 그러나 여러분이 원하는 글은 제가 말씀드린 프롬프트만 잘 작성해도 충분히 만들 수 있습니다.

　잘 만든 프롬프트는 정보를 검색하고, 정리하고, 요약하는 시간까지 확 줄일 수 있습니다. 잘 만든 프롬프트도 수집해보세요. 그만큼의 효율을 높일 수 있습니다. 이제 프롬프트를 어떻게 써야 제대로 사용할 수 있는 것인지 이해했을 겁니다.

LESSON 02
ChatGPT를 활용해 관심을 끄는 블로그 글 작성하기

네이버 로직에 맞는 글쓰기가 필요하다

ChatGPT의 프롬프트 사용법을 잘 이해했다면, 이제 실전으로 블로그 글 작성에 활용해볼 차례입니다. 먼저 블로그 글쓰기는 일반 글쓰기와는 조금 다르다는 점을 이해해야 합니다.

블로거가 글을 작성하면, 그 글을 네이버 근무자들이 일일이 읽고 노출 순서를 결정하지 않습니다. 글이 발행된 후 네이버의 크롤링 로봇이 해당 블로그의 지수와 글의 맥락, 글의 양 등을 평가하여 점수를 매기고, 이를 바탕으로 노출 순위를 결정합니다. 이 과정에서 어떤 글은 1페이지에 노출되어 많은 사람에게 보일 수 있지만, 어떤 글은 저 멀리 256페이지에 존재할 수도 있습니다. 모든 블로거가 흔히 상위 노출이라고 하는 1페이지 노출을 원하겠지만 결코 쉬운 일은 아닙니다.

우리가 잘 모르는 네이버 로직에 그 해답이 있습니다. 로직은 업계 비밀이기 때문에 네이버는 이를 공개하지 않습니다. 우리가 직접 연구해야 합니다. 만약 로직을 정확히 알게 된다면, 돈 많은 업체가 블로그를 대량으로 구매해 자신의 상품만 홍보하는 글로 도배할 수 있을 것입니다. 그렇게 되면 광고를 판매하는 네이버도, 검색하는 사람들도 만족할 수 없습니다. 이러한 상황을 방지하기 위해 네이버는 지속적으로 로직을 변경하며 비밀을 유지하고 있습니다.

네이버가 좋아하는 글을 쓰는 것이 상위 노출의 지름길

그런 네이버의 입장을 이해하더라도, 어쨌든 우리는 상위에 노출되는 글을 써야 합니다. 네이버가 좋아하는 글쓰기가 필요한 이유입니다. 그러나 네이버 로봇을 만족시키는 것만으로는 부족합니다.

먼저 글을 읽는 실제 검색자들을 만족시켜야 합니다. 검색하는 사람들의 의도에 맞는 글일 때 공감과 댓글이 늘어납니다. 또 읽기 편하고 쉽게 이해할 수 있도록 작성해야 합니다. 가독성도 중요한 요소입니다. 글과 사진을 교대로 배치해 독자들을 배려하는 것도 필요합니다. 포스팅에 많은 정보가 담겨 있고, 내가 찾고자 하는 내용이 포함되어 있다고 느낄 때 사람들은 만족합니다.

따라서 글을 쓸 때는 사람들이 만족하고, 네이버도 만족할 수 있는 글을 작성해야 합니다. 물론 띄엄띄엄이 아니라, 지속적으로 포스팅을 발행해야 합니다. 이를 위해서는 자신이 좋아하는 분야의 글을 쓰는 것이 좋습니다.

블로그는 하루 이틀이 아닌, 1년, 2년, 심지어 10년이 넘게 운영할 수 있는 채널입니다. 오랫동안 블로그를 운영할수록 더 많은 기회가 생깁니다. 짧은 기간에 성과를 내겠다는 욕심보다는 오랫동안 함께할 동반자로 생각하는 것이 좋습니다. 오래 지속하려면, 글을 쓰는 내가 즐거워야 합니다. 주제는 본인이 좋아하는 것, 관심이 있는 것, 배우고 싶은 것, 또는 되고 싶은 것, 잘하는 분야로 선정하는 것이 좋습니다.

블로그 포스팅은 이렇게 쓰면 됩니다. 네이버 로직에 충실하고, 사람들이 만족하며, 내가 좋아하는 글, 바로 그런 글을 써야 합니다. 그렇다면 ChatGPT를 활용해 네이버 블로그 글을 쓰는 과정을 순서대로 나열해보겠습니다.

키워드 추천받기

ChatGPT를 활용해 글의 소스를 찾아내는 일부터 시작할 수 있습니다. 우선 여러분이 쓰고 싶은 주제부터 정해봅니다. 네이버 블로그에서는 키워드가 중요합니다. 쓰고 싶은 주제에 맞는 키워드를 추천받아봅니다.

> **프롬프트 입력** 너는 여행 인플루언서야. 키워드를 알아보고 있어. 방문자가 상승할 수 있는 인기 있는 키워드를 국내 여행지 위주로 30개를 추천해줘.

이런 질문을 통해서 여행 관련 키워드를 추천받을 수 있습니다.

```
 1. 스테이케이션
 2. 숨겨진 보석
 3. 현지 요리
 4. 모험 여행
 5. 자동차 여행
 6. 가족 친화적
 7. 문화 체험
 8. 자연 휴양지
 9. 주말 휴가
10. 인적이 드문 길에서 벗어나기
11. 아름다운 드라이브
12. 역사적 장소
13. 럭셔리 탈출
14. 저예산 여행
15. 야외 활동
16. 친환경 여행지
17. 사진 촬영 장소
18. 작은 마을의 매력
19. 애완동물 친화적
20. 예술과 문화
21. 현지 시장
22. 웰니스 리트릿
23. 축제 및 행사
24. 해안 모험
25. 국립 공원
26. 예스러운 마을
27. 낭만적인 여행
28. 식도락 여행지
29. 자연 속에 머무르세요
30. 숨겨진 폭포
```

▲ ChatGPT의 여행지 관련 키워드 답변 예시

 키워드 추천을 받을 때 트렌드성이 강한 주제나 국내 정보는 네이버 큐를 활용하는 것도 좋습니다. 큐는 국내에서 많이 노출되는 글을 분석해 제공하므로 노출에 효과적인 키워드를 찾는 데 유리합니다.

 반면, 해외 정보나 깊이 있는 분석이 필요한 경우는 ChatGPT를 활용해 질문하면 더 좋은 답변을 얻을 수 있습니다. 이렇게 두 가지 도구를 적절히 활용하면 효과적으로 블로그 포스팅을 작성할 수 있습니다.

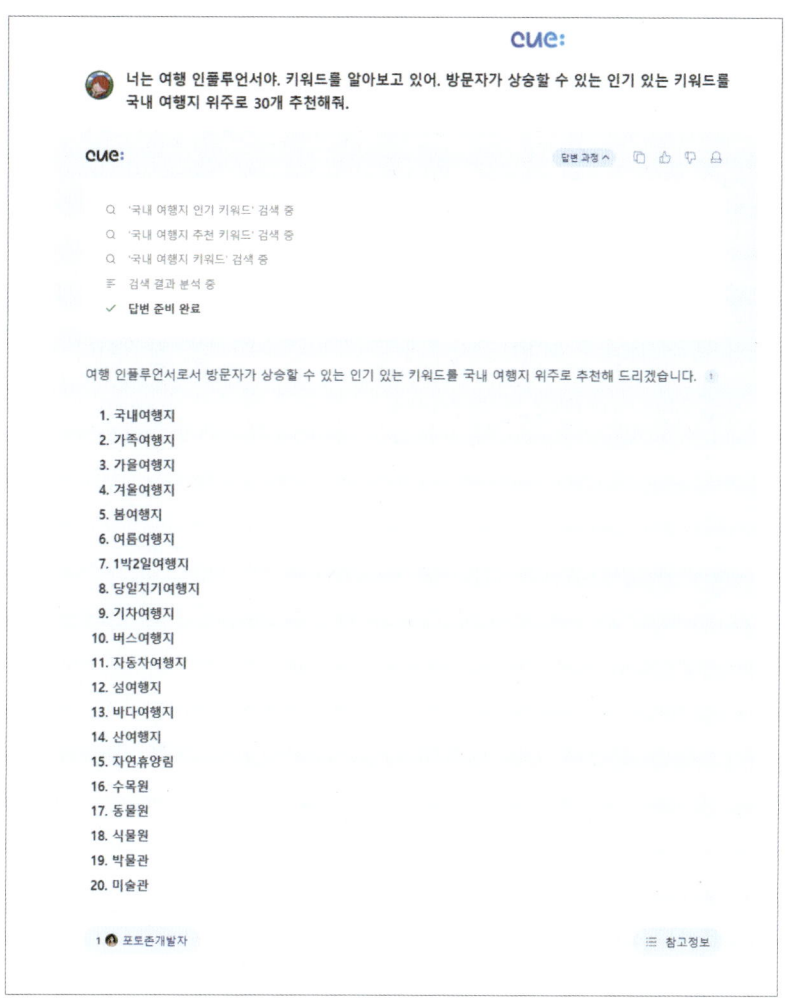

▲ 네이버 cue:의 여행지 키워드 관련 답변 예시

유용한 키워드 전부 뽑아보기

해당 분야에서 사용할 수 있는 키워드를 추천받고, 검색 수와 문서 수를 조사한 후, 쓸 수 있는 글에 대한 리스트를 얻을 수 있습니다. 이 리스트를 무조건 사용하는 것은 아닙니다. 조회 수와 문서 수를 확인한 뒤, 내 블로그 지수에 적합한 키워드를 선택해 글을 작성해야 합니다. 이때 키워드 조회 사이트를 활용하면 좋습니다.

이렇게 먼저 관련 키워드를 전부 뽑아보고 블로그 포스팅을 진행하면 시간 효율성이 높아지고, 매일 어떤 글을 쓸지 고민할 필요가 없습니다. 리스트에 있는 키워드는 지수에 따라 먼저 작성할 순서가 있겠지만, 언젠가는 다 활용할 수 있는 나만의 키워드가 될 것입니다. 키워드 지수가 조금 부족하더라도 칼럼이나 시리즈로 포스팅하는 경우 꾸준히 작성할 수 있습니다.

상위 노출된 글을 네이버 cue:로 찾아보기

키워드 리스트를 작성했다면, 네이버 cue:로 키워드 중 하나를 선택해 검색해보세요. cue:는 해당 주제로 상위 노출된 글을 요약 정리해 글을 써줍니다. 다만, 깊이가 부족할 수 있습니다. cue:의 답변을 통해 네이버가 어떤 글을 좋아하는지, 그 구성 요소를 배우는 정도로 활용하는 게 좋습니다. 포스팅 제목을 눈여겨보며 벤치마킹하는 것도 유용합니다.

주의할 점은 cue:의 답변을 그대로 적용하면 유사 문서로 간주될 수 있습니다. 네이버는 다른 사람이 쓴 글을 베끼는 것을 좋아하지 않습니다. cue:는 이미 노출된 글을 정리해 보여주면서, 사용자가 그 검색을 통해 쇼핑이나 광고로 이어지도록 유도합니다. cue:를 검색과 글쓰기의 구조를 이해하는 시간을 줄일 수 있는 정도로 활용하는 것이 좋습니다.

ChatGPT를 이용해 글쓰기

키워드 리스트를 만들고 그 주제에 대한 글을 쓰려고 할 때는 대상, 글을 쓰는 목표, 글의 스타일, 글자 수에 대한 내용을 정하고 채팅하면서 글을 수정하면 됩니다.

여행 관련 주제로 쓴다고 가정해보겠습니다. 리스트에 있는 '1박 2일' 키워드를 예로 들어 설명해보겠습니다.

> **프롬프트 입력** 당신은 여행 전문가야. 여행을 검색하는 사람들이 공감할 수 있는 문장으로 만들어줘. 목표는 커플 여행을 검색하는 사람들이 만족하고 공감을 표시하게 하는 거야. 내용은 서울에서 1박 2일로 갈 수 있는 여행지 3개를 추천해주는 거야. 글쓰기 스타일은 여행지 3개와 각각의 추천 이유를 마크다운 형식으로 써줘.

서울 1박 2일 커플 여행 추천

여행은 사랑의 더 많은 기억을 만드는 최고의 방법입니다. 서울에서의 1박 2일 커플 여행을 계획 중이라면, 아래의 3개의 도시를 추천합니다. 각각의 도시는 로맨틱한 분위기와 즐길 거리가 가득하여 커플들에게 특별한 순간을 선사할 것입니다.

1. 남이섬 (Nami Island)

Nami Island

서울에서 차로 약 1.5시간 거리에 있는 남이섬은 물론 한국 드라마 "겨울연가"의 촬영지로 유명합니다. 그림 같은 풍경과 단풍 숲, 호수를 둘러싼 낭만적인 분위기가 커플 여행객들에게 인기가 있습니다. 산책로를 걷거나 자전거를 대여하여 함께 여행을 즐기세요. 또한, 남이섬에는 다양한 레스토랑과 카페가 있어 로맨틱한 식사와 커피 타임을 즐길 수 있습니다.

2. 팔공산 (Palgongsan)

Palgongsan

서울에서 기차로 2시간 정도 소요되는 대구로 이동하여 팔공산을 방문하세요. 팔공산은 아름다운 자연 경치와 사찰로 유명하며, 사적인 분위기가 물씬 풍기는 곳입니다. 커플로서 함께 하루를 보내며 하이킹을 즐기거나 팔공산의 정상에서 일출을 감상하세요. 이곳에서의 여행은 영적이면서도 로맨틱한 경험을 선사할 것입니다.

3. 인천 송도 (Songdo, Incheon)

Songdo

서울에서 차로 약 1시간 거리에 위치한 인천 송도는 현대적인 도시와 해변의 조화로운 결합으로 알려져 있습니다. 서울에서 멀어진 듯한 분위기를 느끼면서도 편리한 접근성을 제공합니다. 해변 산책로, 신세계 아울렛, 공원 등 다양한 활동이 가능하며, 바다 전망을 감상하면서 로맨틱한 숙박 시설에서 휴식을 취할 수 있습니다.

서울에서의 1박 2일 커플 여행을 계획할 때, 이 세 곳을 고려해보세요. 각각의 도시는 독특한 매력과 로맨틱한 순간을 선사할 것이며, 더불어 사랑스러운 추억을 만들 수 있을 것입니다. 행복한 여행 되세요! ✨

▲ '1박 2일' 키워드 관련 ChatGPT 답변 예시

> 🤖 **AI 답변 결과**　**서울 1박 2일 커플 여행 추천**
>
> 여행은 사랑의 더 많은 기억을 만드는 최고의 방법입니다. 서울에서의 1박 2일 커플 여행을 계획 중이라면, 아래의 3개의 도시를 추천합니다. 각각의 도시는 로맨틱한 분위기와 즐길 거리가 가득하여 커플들에게 특별한 순간을 선사할 것입니다.
>
> **1 남이섬 (Nami Island)**
> 서울에서 차로 약 1.5시간 거리에 있는 남이섬은 물론 한국 드라마 "겨울연가"의 촬영지로 유명합니다. 그림 같은 풍경과 단풍 숲, 호수를 둘러싼 낭만적인 분위기가 커플 여행객들에게 인기가 있습니다. 산책로를 걷거나 자전거를 대여하여 함께 여행을 즐기세요. 또한, 남이섬에는 다양한 레스토랑과 카페가 있어 로맨틱한 식사와 커피 타임을 즐길 수 있습니다.
>
> (중략)
>
> 서울에서의 1박 2일 커플 여행을 계획할 때, 이 세 곳을 고려해보세요. 각각의 도시는 독특한 매력과 로맨틱한 순간을 선사할 것이며, 더불어 사랑스러운 추억을 만들 수 있을 것입니다. 행복한 여행 되세요!

그럼 이렇게 콘텐츠가 만들어집니다. 이미지를 확인해보면 우선 세 개의 여행지가 나왔고, 이유도 나왔습니다. 그다음은 한 여행지에 대해서 자세하게 물어봅시다.

> 🧑 **프롬프트 입력**　남이섬에 가서 꼭 들러야 할 여행 스폿과 놀거리가 무엇이 있는지 함께 소개해줘.

> 🤖 **AI 답변 결과**　남이섬은 아름다운 자연 풍경과 다양한 활동이 있는 곳으로, 커플 여행객들에게 많은 매력을 제공합니다. 아래는 남이섬을 방문할 때 꼭 들러야 할 여행 스폿과 놀거리를 소개합니다.
>
> **남이섬 산책로** : 남이섬은 아름다운 자연 경치로 가득한 곳으로, 섬 전체를 돌아다니며 자연을 즐길 수 있습니다. 호수를 따라 걷는 산책로는 특히 로맨틱한 분위기를 자아냅니다. 주변의 다양한 나무와 꽃들을 감상하며 함께 산책하는 것은 로맨틱한 순간을 즐길 수 있는 좋은 방법입니다.
>
> **자전거 타기** : 남이섬에서는 자전거를 대여할 수 있으며, 섬 주변의 자전거 도로에서 즐거

운 라이딩을 즐길 수 있습니다. 자전거를 타고 푸르른 자연을 탐험하면서 커플 간의 특별한 경험을 쌓을 수 있습니다.

(중략)

남이섬 메타세콰이어 숲 : 남이섬에는 메타세콰이어 숲도 있어 자연을 더욱 깊게 체험할 수 있습니다. 이 숲에서 나무 사이를 걷는 것은 둘만의 특별한 경험이 될 것입니다.

남이섬은 로맨틱한 분위기와 다채로운 활동이 있는 곳으로, 커플 여행을 더욱 특별하게 만들어줄 것입니다.

이런 질문 후에 맛집에 대해 채팅을 이어 나갈 수 있겠죠. 이렇게 1박 2일 여행지에 대한 포스팅 하나와 각 여행지 하나씩을 소개하는 포스팅 세 개, 모두 네 개의 포스팅에 필요한 기초 자료를 몇 분 안에 완성할 수 있습니다.

 프롬프트 입력 남이섬에서 들려야 할 맛집 소개해줘.

▲ 남이섬 맛집 관련 ChatGPT 답변 예시

여기서는 확실히 사실 확인이 필요하다고 느낄 수 있습니다. ChatGPT-4o에 물어서 해당 맛집 추천과 출처가 나왔습니다. 무료 버전을 쓰고 있다면 국내 정보는 정확도가 떨어집니다.

이런 질문은 당연히 네이버에 훨씬 많은 데이터가 있습니다. 네이버 큐를 이용해서 질문해봅니다. 좀 더 자세하고 정확한 정보가 나옵니다. 같은 질문을 큐에게 물었습니다.

▲ 남이섬 맛집 관련 네이버 cue: 답변 예시

이렇게 맛집의 특색과 후기까지 함께 확인할 수 있습니다. 이미 다른 블로거가 작성한 남이섬 맛집 추천 글을 분석하고 모아서 정리해놓은 글입니다. 가지 않아도 가본 것처럼 자세히 글을 쓸 수 있는 자료가 제공됩니다. 네이버플레이스와도 연결되어 '남이섬 1박 2일 여행' 포스팅을 몇 분 만에 완성할 수 있습니다. ChatGPT와 큐를 슬기롭게 활용하면, 직접 여행을 가지 않고도 많은 정보를 얻고 시간을 절약할 수 있습니다.

물론 여러분이 실제로 이 코스를 따라 여행하면서 글을 작성한다면 네이버가 선호하는 개인적인 경험, 의견, 리뷰가 포함되어 더 나은 글이 됩니다. 직접 여행지에서 찍은 사진을 첨부하면 포스팅 지수가 올라가고, 노출 기회도 더 많아집니다.

여행 분야에서는 직접 다녀오는 것이 가장 좋습니다. 하지만 무작정 떠나는 것보다 미리 글의 기초를 세워두고 분석을 마친 상태에서 여행을 다녀와보세요. 글에 맞는 사진도 바로바로 찍어 여행도 즐길 수 있고, 여러분이 만끽한 경험을 추가해 더욱 쉽게 양질의 글을 완성할 수 있습니다.

다른 주제의 블로그라면 어떻게 글을 쓸 수 있을까

ChatGPT를 활용한 글쓰기가 여행 분야만 해당이 될까요? 당연히 아닙니다. 아래 예시는 병원 블로그를 대행하는 마케터, 퍼스널 브랜딩 홍보 마케터의 입장에서 구성해본 프롬프트의 예시입니다.

> **프롬프트 입력** 당신은 블로그 마케터야. 환자가 직접 고민하는 부분을 넣어서 공감하는 문장을 만들어줘. 목표는 4~50대 허리 통증 환자들의 공감을 불러일으켜서 병원 검진을 받아보자는 마음을 일으키는 거야. 내용은 정형외과 소개 블로그의 서론을 작성하는 거야. 짧은 글로 이루어진 15개의 문장을 작성해줘.

> 🧑 **프롬프트 입력** 당신은 브랜딩 컨설턴트야. 퍼스널 브랜딩을 고민하는 1인 기업가를 위한 문장을 만들어줘. 목표는 1인 기업가들이 퍼스널 브랜딩을 하기 위해서는 혼자서는 어렵고 컨설팅이 필요함을 상기시키는 거야. 내용은 전문가가 컨설팅해주면 좋은 이유와 전문가를 구별해내는 포인트에 대한 포스팅을 작성하는 거야. 서론 – 본론 – 결론의 구조로 1,000자 내외로 글을 써줘.

이런 식으로 다양하게 여러분의 분야에 적용해서 글을 쓸 수 있습니다. 당연히 이미지도 필요할 겁니다. 직접 찍은 사진이 제일 좋지만, 정보/지식 관련 분야는 추상적이라 사진이 딱히 없을 수 있습니다. 이때도 ChatGPT를 사용하면 좋습니다.

당장 ChatGPT 유료 버전을 사용할 계획이 없다면 Copilot을 활용하는 방법도 있습니다.* 원하는 이미지를 생성하도록 요청해 간단히 이미지를 얻을 수 있습니다.

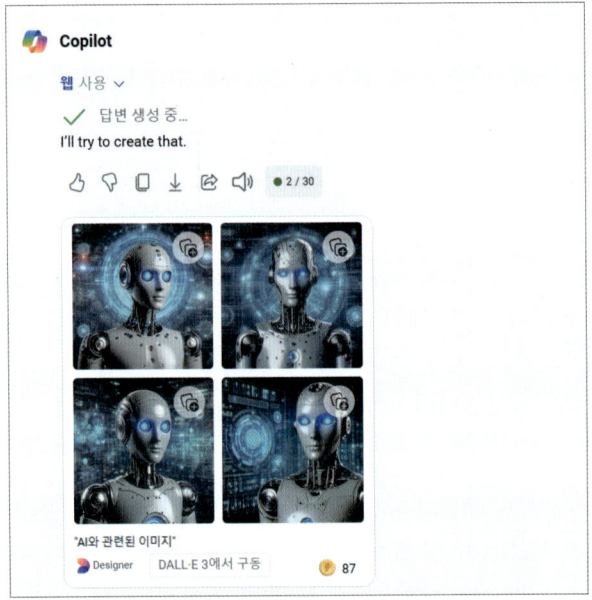

▲ Copilot을 활용해 생성한 무료 이미지 예시

---

* 다만 Copilot의 이미지 생성 기능도 완전 무제한, 무료는 아닙니다. 가입 후 기본적으로 주어지는 포인트 크레딧이 있으며 이미지 생성 시 일정 포인트를 소모합니다.

AI가 그린 듯한 이미지 느낌은 확실히 있지만, 프롬프트를 잘 조절하면 좀 더 생생한 이미지를 얻을 수 있습니다.

여러분이 쓰고 싶은 글과 이미지를 이렇게 쉽게 얻을 수 있습니다. 중요한 것은 ChatGPT에게 인격을 부여하고, 글을 읽을 대상을 지정한 후, 글을 쓰는 목표와 내용을 제안하는 것입니다.

글의 스타일과 구조에 대해서는 숫자까지 제시해 자세하게 지정해주는 것이 좋습니다. 한 번에 글의 처음부터 끝까지 다 얻으려고 하지 말고, 채팅을 계속 주고받으면서 구체적인 글을 만들어가는 것이 효과적입니다. 서론만 따로 이야기하거나 본론 부분만 따로 논의하며 완성해 나가는 것도 좋은 방법입니다.

제대로 활용하기 위해서는 리더의 마음가짐을 가져보자

처음에는 그냥 글을 쓰는 게 더 빠르고, 나은 선택처럼 느껴질 수 있습니다. 신입사원을 가르치는 것보다 혼자 일하는 상사가 되는 것이 더 편하다고 생각하는 것처럼 말입니다.

하지만 일을 잘하는 리더는 아랫사람을 적재적소에 배치하고 그들의 능력을 최대한 활용합니다. 이것이 바로 리더십입니다. 이제는 이러한 리더십을 AI에게도 적용해야 하는 시대입니다. AI는 단순한 도구가 아니라 말 그대로 사람과 유사한 지능을 가진 인공지능입니다. AI를 제대로 훈련시키고, 효과적으로 활용하는 능력이 필요합니다.

이제는 누가 더 스마트하게 AI를 활용해 다음 세상을 살아갈 준비를 하는지가 중요한 시대입니다. 아직도 생성형 AI의 이름조차 모르는 사람들이 많습니다. 누군가

AI를 써볼까 말까 망설일 시점에, 블로그 글쓰기에 적용한다면 이것만으로도 이미 충분히 활용하는 것입니다.

지금도 누군가는 앞서가고 있다

제가 이렇게 ChatGPT를 사용하라고 권하는 이유가 있습니다. 저는 디지털 배움터 강사로 어르신들에게 스마트폰을 교육하면서, '한 번 흐름을 놓치면 따라오는 것이 얼마나 어려운지' 절감했습니다.

어르신들에게 스마트폰에서 구글 검색을 가르쳐드리려 했을 때, 많은 분이 힘들어하셨습니다. 어떤 검색 사이트를 사용하시는지 여쭤보니, 70~80대 분들은 대부분 '다음'을, 60대 이하 분들은 '네이버'를 쓴다고 대답하셨습니다. 젊은 세대와 이야기를 나누면 '구글'을 쓴다는 대답이 많았습니다.

어르신들은 네이버처럼 사용자가 직접 뉴스를 고르고 화면을 선택해야 하는 방식이 어렵게 느껴진다고 합니다. 오히려 이전에 사용하던, 뉴스가 그대로 나오는 다음이 더 편하다고 하고요. 네이버에 익숙한 중년 세대는 또 그 나름대로 굳어졌습니다. 이에 반해 젊은 세대는 네이버의 로직에 따라 나오는 광고와 추천 블로그 글이 마음에 들지 않아 본인이 알아서 직접 검색하는 구글을 선호했습니다.

여러분은 지금 '구글을 어떻게 사용하는지 배운다고?', '다음이나 네이버도 있는데 굳이 배울 필요가 있을까?'라는 생각이 드나요? 검색하는 방법을 왜 배워야 하는지 의문일 수도 있을 겁니다.

하지만 구글이 왜 유용한지 알려드리면 어르신들도 그 과정을 배웁니다. 이건 단순한 세대 차이가 아니라, 시대의 차이입니다. 계속 바뀌는 트렌드의 흐름을 타지 못하면, 나중에 따라잡는 것은 훨씬 더 어려워질 수 있습니다.

현재 ChatGPT가 젊고, 트렌디한 사람들 사이에서 유행하는 특이한 현상일 수도 있을 겁니다. 하지만 어느 순간 너도나도 사용하는 일상적인 도구가 되는 시기가 반드시 올 것입니다.

트렌드에 민감한 블로그를 운영하고 콘텐츠를 만들어야 하기에 이런 흐름을 누구보다 빠르게 적용해 자신의 시간을 더 의미 있게 사용하길 권합니다.

무엇보다도 자신의 한정된 소중한 시간을 더 중요한 일에 사용하세요. 콘텐츠를 작성하는 시간만 절약해도 어떻게 브랜딩하고, 수익화에 활용할지에 대한 고민에 더 힘쓸 수 있습니다. 시간이 돈이 되는 마법의 치트키를 활용해보자고요. ChatGPT를 활용하면 이제 블로그 글쓰기가 두렵지 않을 겁니다.

LESSON 03

유사 문서를 피하고, 시간은 줄이고, 품질은 높이는 ChatGPT 활용 방법

유사 문서는 블로거에게 반드시 피해야 할 과제

네이버 검색에서 정의하는 '유사 문서'는 문서에 포함된 제목과 본문 텍스트, 그리고 사진과 동영상 등의 구성 요소가 서로 닮은 문서를 의미합니다. 즉, 문서가 완벽하게 일치하지 않더라도 일정 수준 이상 비슷한 경우 네이버 로직이 유사 문서라고 판단할 수 있습니다.

네이버는 창작자의 권리를 보호하고 원저작자를 보호하기 위해 노력합니다. 정성을 들여 포스팅을 작성하는 블로거들은 당연히 환영하는 네이버의 로직입니다. 원저작자의 콘텐츠는 상위에 올리고, 유사 문서로 판단된 블로그 포스팅은 아예 노출되지 않도록 조치합니다.*

ChatGPT를 사용해서 콘텐츠를 작성할 때 이런 유사 문서에 대한 위험성이 존재한다는 점을 인지해야 합니다. 물론 ChatGPT에서 완전히 똑같은 프롬프트를 작성해도 유사하지만 매번 다른 문장과 내용이 나옵니다.

다만 비슷한 프롬프트로 작성하면 아무래도 비슷한 글이 나올 수밖에 없습니다. 인기 있는 키워드는 비슷한 내용으로 한 명이 아닌 여러 명이 작성할 것입니다. 그걸 각각의 블로그에 그대로 옮긴다면, 후발 주자의 포스팅은 당연히 유사 문서로 판정될 것입니다. 그게 바로 내 블로그가 될 수도 있습니다.

네이버 로직은 블로거의 글쓰기 스타일을 파악하고 있습니다. 평소 쓰는 스타일과 다른, 누가 봐도 베낀 원고로 쓴 글을 똑똑하게 잡아냅니다. 한 번 저품질로 판명된 블로그는 초기화하고 블로그를 다시 세팅해도 장기간 저품질 상태가 됩니다.

블로그는 하루아침에 최적화되거나, 상위 노출이 되지 않습니다. 꾸준히 성장하면서 키워가는 과정이 필요합니다. 아무래도 시간과 품이 들어가는 채널입니다. 이렇게 애지중지 시간을 들여서 잘 만든 블로그가 유사 문서 몇 개로 소위 저품질이 되면 그때는 돌이키기 힘듭니다.

욕심부리다 3, 4년 넘게 키운 블로그를 저품질로 빠뜨린 분을 주변에서 한두 번 본 게 아닙니다. ChatGPT를 사용할 때 이런 부분에 대해서는 경각심을 가지고 현명하게 사용해야 합니다.

---

* 만약 여러분이 원저작자인 포스팅이고, 특별한 문제가 없음에도 유사 문서를 이유로 미노출(검색 누락)될 수도 있습니다. 이때는 고객센터를 통해 '원본 반영 요청하기'를 신청하면 됩니다.

시간을 효율적으로 활용하려면 ChatGPT 활용은 필수

이렇게 이야기하면 효율적으로 시간을 사용하기 위해 ChatGPT를 활용하라고 말해놓고, 유사 문서를 피하기 위해 쓰지 말라는 건지 헷갈릴 수 있을 겁니다.

결론부터 이야기하면 당연히 활용해야 합니다. 정보성 포스팅에서는 ChatGPT를 사용하는 게 시간 활용 면에서 확실히 효율적입니다. 방대한 정보를 정리하거나, 이론을 정리하거나, 학술 용어를 소개하는 부분은 ChatGPT 도움을 받으세요. 학계에서 이미 결론이 난 내용을 정리한다면 활용하는 게 더욱 좋습니다.

요리 블로거라면 레시피 정리에 활용해도 좋습니다. 방송에 소개되어 검색량이 많은 레시피라면, 꼭 소개된 내용 그대로 포스팅해야 검색자가 만족합니다. KBS의 〈신상출시 편스토랑〉 같이 예능 프로그램에 나오는 레시피의 경우라면 사람들이 특히 더 많이 검색합니다.

이런 내용을 일일이 보면서 받아 적고, 정리하기는 쉽지 않습니다. 대부분의 TV 프로그램 홈페이지에 요리 레시피가 소개되어 있을 것이고, ChatGPT나 네이버 큐에 요청하면 해당 내용을 가져와 정리해줄 겁니다. 그대로 따라 하면서 직접 만드는 과정을 포스팅하면 방문자가 상승합니다.

저는 방송이나 유튜브 영상의 내용을 정리해서 나의 경험과 함께 포스팅하는 경우에 ChatGPT를 주로 활용합니다. 유튜브에서 자체적으로 제공되는 스크립트를 요약, 정리하고, 내 경험과 의견, 리뷰를 더하면 네이버가 좋아하는 문서가 됩니다.

이렇게 ChatGPT를 활용하면 글 소재를 확보하고 결과물을 복사해 붙여 넣어 발행하기까지 10분도 걸리지 않을 겁니다. 이런 방식으로 하루에 다섯~여섯 개 이상 다수의 글을 포스팅하는 분들이 있습니다.

물론 현명한 방법은 아닙니다. 인기 키워드에 해당되는 글이 많이 올라가니 한동안 블로그 지수가 상승하는 것처럼 느껴질 수 있습니다. 하지만 이런 방식의 포스팅은 저품질로 가는 지름길이 될 수 있습니다.

내 글처럼 보이도록 재가공하는 작업도 필수

유사 문서의 위험도 피하고, 문서의 품질도 올리려면 내 글처럼 보이도록 만들어야 합니다. 조금 귀찮더라도 ChatGPT에서 얻은 결과물을 그대로 복사해 블로그에 바로 붙여 넣고 발행하지 않아야 합니다.

의견은 분분하지만 네이버가 복사한 데이터를 감지한다는 이야기도 있습니다. 가장 중요한 지점은 '내가 작성한 것처럼 보이는지'입니다. ChatGPT에서 출력한 결과물을 복사할 때 일반 텍스트 외에도 다양한 서식(특히 마크다운)도 같이 복사됩니다.

이를 피하려면 우선 복사한 내용을 메모장에 붙여 넣은 후 다시 복사합니다. 그리고 복사한 텍스트만 네이버에서 제공하는 글쓰기 공간 '스마트에디터 원'에 붙여 넣습니다. 이후에 인용구와 구분선을 적절히 사용해 문단을 구분하고 가독성을 높이는 작업도 진행합니다.

가장 중요한 것은 여러분의 포스팅 스타일로 고치는 작업입니다. 사람마다 글을 쓰는 스타일이 다릅니다. 어떤 블로거는 친근하게 줄임말을 많이 쓰고, 일부러 끝말을 줄이는 스타일로 글을 쓰기도 합니다. 반면, 극존대로 정중하게 쓰는 블로거도 있습니다. 또, 저처럼 '~다'와 '~요'를 적당히 섞어서 쓰는 분들도 있습니다. 이처럼 각기 다른 글쓰기 스타일이 네이버에는 데이터로 남아 있습니다.

초기 ChatGPT는 이러한 개별적인 말투로 글을 써주지는 않았습니다. 내용 자체는 훌륭할지라도, 내 글처럼 느껴지지 않는 경우가 많았습니다. 하지만 지금은 학습시키면 그 부분이 가능해졌습니다. 앞에서도 이야기했지만 생성형 AI에게 내 말투와 내 글의 구조를 먼저 학습시킨다면 이런 수고는 조금 줄일 수 있습니다.

학습을 시켜도 원하는 결과가 나오지 않는다면, 프롬프트에서 명확하게 요구사항을 전달하면 됩니다. 그래도 내 말투가 충분히 반영되지 않는다면, 글의 시작과 끝을 본인의 말투로 직접 수정해주세요.

특히 어미 부분은 매우 중요합니다. 중간중간에 본인이 자주 사용하는 단어를 넣어주는 것도 효과적입니다. 글의 구조 역시 평소 포스팅 스타일을 그대로 유지해주세요. 이러한 조그마한 디테일이 모여 큰 차이를 만들어냅니다. 이렇게 신경 써서 작성해야 소중하게 키운 블로그를 오래도록 유지할 수 있습니다.

ChatGPT를 효과적으로 사용하기 위해 이것만은 꼭 기억하세요

ChatGPT에게 글쓰기를 시키면 구글 SEO*는 잘 맞춰주지만, 네이버 로직은 아직 잘 모르는 편입니다. ChatGPT에서 작성한 콘텐츠를 네이버 로직에 맞춰서 추가하고 수정하는 부분만 잘한다면 상위 노출은 그리 어렵지 않을 겁니다.

어떤 포스팅이든 수요자가 원하는 최신 정보를 담고, 경험, 의견, 리뷰를 추가해야 한다는 점을 기억하세요. 이런 노력으로 똑같은 레벨의 블로그라도 노출 수준의 차이를 만들어냅니다. 누군가는 상위에, 누군가는 10페이지에 포스팅이 위치하게 됩니다.

---

* SEO(검색 엔진 최적화)는 웹사이트가 검색 결과 상위에 나타나도록 개선하는 방법입니다. 검색 엔진이 좋아하는 키워드, 콘텐츠 구조, 링크 등을 적절하게 사용하여 사이트의 가시성을 높이는 것이 목표입니다. 예를 들어, 블로그 글을 쓸 때 사람들이 많이 검색하는 단어를 포함하면 더 많은 방문자가 찾게 되는 원리입니다.

무엇을 잘한다는 것은 그만큼의 시간을 투자해야 가능하다는 의미입니다. '1만 시간의 법칙'이 괜히 나온 것이 아닙니다. 여러분의 분야에서 상위 노출되는 글을 분석하고 그들의 스타일을 벤치마킹하세요. 상위 노출되는 블로그 글은 대부분 네이버가 좋아하는 글의 조건을 분명히 만족한 경우입니다.

그들의 글을 읽어보고, 어떤 키워드를 어떻게 위치시켰는지 주의 깊게 보세요. 특히 스마트블록으로 노출되는 블로그라면, 어떤 키워드를 제목에 사용하고, 글 구성을 어떻게 했는지를 꼭 파악하고 나서 글을 작성하세요. 이런 분석을 통해 여러분의 블로그 글이 더욱 효과적으로 상위에 노출될 수 있습니다.

키워드를 파악할 때는 그 주제가 어느 분야로 노출되는지도 확인하면 더 좋습니다. 예를 들어 똑같은 ChatGPT 주제라도 기술 동향은 IT 분야에서, 강의라면 교육·학문에 노출됩니다. 새로운 ChatGPT 버전이 출시될 경우는 비즈니스·경제에서 노출되기도 합니다.

또 아직 나만의 스타일이 없고, 어떻게 글을 쓸지 전혀 모르겠다면 한 가지 방법이 있습니다. 여러분이 벤치마킹하고 싶은 블로그의 글을 ChatGPT에게 학습시켜 보세요. 글의 구조와 문체를 분석하도록 요청하면 벤치마킹에 참고할 수 있는 유용한 자료가 될 것입니다.

여러분의 시간은 네이버가 좋아하는 문서를 작성하는 방법을 고민하는 데 투자해야 합니다. ChatGPT의 도움을 받아 사람들이 많이 검색하는 키워드를 찾고, 내용을 작성하고, 여기에 여러분의 생각을 더해 좋은 글을 만들어보세요. 포스팅 작성 시간을 아껴 유용하게 활용해보세요. 더욱 효율적이면서도 가치 있는 블로그 포스팅을 작성할 수 있을 것입니다.

인문학 강사가 된 평범한 필사 블로거
블로거 인터뷰 : 공감씨의 하루

Q **본인을 소개해주실래요?**

A 저는 현재 누리봄 인문교육 코칭센터 2호점 대표이자, 인문학 강사로 활동하고 있는 공혜민입니다. '스스로 생각할 줄 아는 아이'를 모토로 인문 고전을 읽고 토론하는 수업을 진행하고 있으며, 주로 삶과 연결해 주체적으로 살아갈 힘을 길러주는 내용으로 교육하고 있습니다. 책, 사람, 이야기를 글에 담아 소통하고 있는 저의 또 다른 이름은 「공감씨의 하루」입니다.

Q **블로그는 언제, 어떻게 시작하시게 되었어요?**

A 블로그는 지인의 권유로 2018년에 시작했어요. 처음 시작할 때는 직장인이었을 때였지만, 첫 인연은 육아하던 시기까지 올라가야 합니다. 정규직으로 일하다가 육아로 퇴사하고 3년 정도는 전업주부로 보내던 시절이 있었어요. 당시에 저를 위해 뭔가를 배우고자 하는 열정에 '그림책 교육 지도사'를 공부하게 되었거든요.

그때 함께 공부하던 지인과 만남을 이어오면서 서로의 성장을 응원하고 있었답니다. 그때 저에게 블로그를 써야 한다며 한참을 설득했고요. 그때는 블로그를 왜 해야 하는지도 이해하지 못했습니다. 카카오스토리에 육아 스토리를 올리는 정도로도 충분하다고 생각해서 그다지 필요성도 느끼지 못했거든요. 블로그는 뭔가 리뷰어들의 전유물인 것처럼 느껴졌던 시절이었습니다.

한참을 그러다 정성 어린 설득에 '내가 언니를 위해서 블로그 글을 쓴다! 써!'하는 심정으로 시작하게 되었어요. 당시에는 별것 아닌 동기였지만 지금은 지인의 정성에 한없이 감사합니다. 이왕 시작한 거 오히려 잘하고 싶은 마음이 솟아 닉네임을 고르는 것도 꽤 고민하며 시작하게 되었어요.

Q 블로그를 하면서 목표가 있었나요?

A 처음에는 참여하던 독서 모임에 대한 활동 기록, 필사를 인증하는 정도로도 충분하다 싶었어요. 그러다 점점 제가 좋아하는 책을 리뷰하고, 서평을 쓰다 보니 도서 분야 인플루언서가 되고 싶다는 마음도 생겼어요. 인플루언서만 되어도 정말 행복하겠다는 생각이 들면서 이게 첫 목표가 되었어요.

Q 도서 분야 인플루언서 목표는 바로 이루셨나요?

A 그렇지는 않아요. 처음 인플루언서에 도전하고 일곱 번 떨어져 여덟 번째에 붙었으니 딱 '칠전팔기'였죠. 처음 두세 번 떨어졌을 때는 더 도전하고 싶은 생각도 안 들었어요. 그냥 인플루언서에 대한 마음 자체가 시들했다가 6개월 정도 시간이 흐른 뒤 가까운 분이 선정되었다는 소식에 마음이 다시 가더라고요.

자극만 받고 포기할 순 없어서 다시 도전을 이어 나갔습니다. 하지만 떨어졌다는 메일을 받고 다시 기다려야 하는 과정 때문에 인플루언서가 정말 쉬운 길이 아니라는 걸 새삼 느꼈답니다. 하지만 자꾸 떨어지면서 전략이 필요한 것도 알게 되었어요. 그래서 블로그 리뷰는 서평을 중심으로 업로드하며 계속 집중했어요.

필사 기록, 저만의 생각을 담은 에세이 등 종종 포스팅하던 부분도 거의 줄였어요. 이때부터는 '서평만 제대로 올리면 되지 않을까?'라는 생각에 섬네일, 문장의 배치, 폰트 등 디테일한 부분도 서평 중심으로 시도하게 되었고요. 다른 인플루언서의 블로그와 인플루언서 홈도 살펴보면서 나와 다른 점은 무엇인지 벤치마킹하면서 나름 노력했습니다. 그리고 그 노력이 통했는지 여덟 번 만에 도서 인플루언서가 될 수 있었어요.

물론 당시에 함께 응원해주고, 노하우도 나눠준 호모앤방 식구들의 애정 어린 지지도 있었답니다. 이웃의 관심과 지지가 얼마나 큰 힘이 되는지, 블로그를 하면서 만나게 된 이웃이 얼마나 중요한지 새삼 깨닫는 순간이었답니다. 이렇게 힘들고 외로운 도전의 순간에 좋은 분들과 함께하는 커뮤니티에 몸 담을 수 있어서 참 행복하고 감사했습니다.

Q. 이후에 또 다른 목표가 있나요?

A. 이제는 브런치 작가에 도전하고 있습니다. 두세 번 도전해봤는데 아직 선정되진 못했고요. 소주제나 목차 등 여러 부분을 수정하면서 칠전팔기 네이버 인플루언서처럼 브런치 작가도 도전하면 불가능할 거라고 생각하진 않는답니다. 지금 저에게 도전은 그리 어려운 게 아니거든요. 블로그를 하면서 도전이나 시도해보는 것에 대한 두려움은 없어졌습니다.

Q. 블로그를 하기 전후 삶의 변화를 말씀해주실래요?

A. 블로그를 하기 전과 막 시작했을 당시에는 직장인으로서 매일 반복되는 삶을 살고 있었습니다. 오랫동안 같은 분야에서 일을 했고, 저만의 진로를 찾고자 노력했

고요. 일을 하면서도 도서 인플루언서가 되어 꾸준히 서평을 쓰고, 책을 읽으며 자기 계발을 해왔습니다.

직장 생활 중에 '하브루타 독서코치' 자격을 얻었고, 일을 그만두고 나서는 '인문고전 독서지도사'로서 저만의 일을 시작하게 되었습니다. 블로그를 운영하면서 책과 관련된 일을 하는 동시에 작가로서의 꿈도 꾸게 되었습니다. 올해 초에는 호모앤 분들과 함께 《톡투앤-꿈꾸는 앤들의 인생수다》 전자책을 공저로 출간하게 되었습니다. 그 외에도 몇 권의 공저를 출간하였습니다.

제가 꿈꾸던 일을 하나씩 이뤄나가게 되었습니다. 이렇게 저만의 브랜딩을 시작하게 해준 것이 바로 블로그의 힘이라고 생각합니다.

Q 블로그로 인해 브랜딩이 된 게 가장 큰 변화일까요?

A 블로그를 시작하자마자 크게 달라진 것은 아니었지만, 블로그를 통해 제 스스로 자기 계발의 기록을 남기며 저만의 정체성을 찾아갔습니다. 이것이 곧 브랜딩이라고 할 수 있죠. 저는 블로그를 해야 하는 이유 중 하나로 '기록'을 꼽습니다. 성장의 과정을 기록으로 그대로 보여줄 수 있기 때문이예요.

현재는 '누리봄 인문교육 코칭센터 2호점' 대표로서 아이들과 인문 고전 하브루타 수업을 진행하고 있습니다. 블로그에 남긴 수업 기록이나 활동 기록을 통해 문의가 이어지고, 독서 모임에 대한 문의와 챌린지도 이어져 블로그를 통한 수익화가 이루어지고 있습니다. 타 지역에 계신 분들도 저의 블로그를 지켜보고 있다고 합니다. 이렇게 블로그를 통해 많은 문의가 들어옵니다.

인문학 강사, ESG 강사로도 활동하고 있어 블로그가 수익화에 큰 역할을 하고 있습니다. 많은 사람이 체험단이나 기자단을 통해서만 블로그 수익화를 생각하지만, 그것만으로는 블로그 수익화의 전부를 정의할 수 없습니다. 자신의 경험과 지식을 수익화하는 지식 창업도 얼마든지 가능합니다. 제 경험이 좋은 예가 아닐까 싶어요.

Q 블로그 시작을 고민하는 사람에게 해주고 싶은 말씀이 있나요?

A 블로그는 하루라도 빨리 시작해야 한다고 생각해요. 혹시라도 예전의 저처럼 아직 필요성을 못 느끼고, 망설여진다면 자신을 믿고 시작해보라고 이야기해주고 싶어요.

> **공감씨의 하루 소셜 미디어**
> - 네이버 블로그 : blog.naver.com/craypig
> - 인스타그램 : www.instagram.com/k.hyemin78
> - 인플루언서 홈 : in.naver.com/craypig

CHAPTER 06

키워드를 통한 실전 블로그 활용 전략

키워드를 알아야 네이버 블로그가 보인다

키워드란 무얼까요?

키워드Keyword는 검색 엔진에서 검색 결과를 찾을 때 사용하는 단어나 문구를 말합니다. 사용자는 특정 주제나 관심사에 대한 정보를 찾기 위해 검색어를 입력하고, 이를 통해 해당 단어 또는 관련된 내용들을 찾아보게 됩니다. 사용자가 검색어를 입력하면, 검색 엔진은 해당 검색어와 관련된 다양한 정보를 수집합니다. 그중에서 사용자가 원하는 정보를 빠르게 찾을 수 있도록 키워드를 활용합니다.

키워드는 유입 경로를 분석하는 데 매우 중요한 지표가 됩니다. 블로그 통계의 유입 분석을 보면 어떤 키워드를 통해 사용자가 유입되었는지 확인할 수 있습니다. 블로그로 유입되는 키워드는 상위 노출에 유리한 키워드라는 의미이기도 합니다.

따라서 콘텐츠 제작자나 마케터는 키워드 분석을 통해 자신의 블로그 포스팅이 검색 결과에서 상위에 노출될 수 있도록 최적화할 수 있습니다. 방문자 수가 상승할 수 있는 키워드를 활용하면 블로그 성장에 큰 기회가 됩니다.

검색량이 많은 키워드는 무조건 좋을까?

키워드의 검색량이 많다는 것은 사람들이 많이 찾는 인기 키워드라는 의미입니다. 인기 키워드에 맞는 적절한 콘텐츠만 제공하면 높은 조회 수와 많은 방문자를 확보할 수 있을까요? 반대로 생각해보면 인기 키워드는 경쟁이 치열하기 때문에 오히려 노출이 어려울 수도 있습니다.

여러분이 운영하는 블로그만의 차별화된 전략이 필요합니다. 블로그 지수에 맞는 적절한 키워드가 있습니다. 최적화 블로그라면 경쟁이 치열한 키워드라도, 상위에 노출될 가능성이 높습니다. 하지만 하루 방문자가 100명도 채 넘기 어려운 블로그라면 상위 노출이 어려울 수 있습니다. 그래서 자신의 블로그 수준에 맞는 키워드 공략법이 필요합니다. 자세한 키워드 확인 방법은 250페이지의 '똑똑한 키워드 분석 도구 활용하기'에서 확인할 수 있습니다.

관련성이 높은 연관 키워드

연관 키워드는 검색어와 밀접한 관련이 있는 키워드를 말합니다. 네이버에서 검색어를 입력할 때 나타나는 자동 완성 검색어 또는 연관 검색어를 생각하면 이해가 쉬울 겁니다.

예를 들어 '여행'이라는 검색어에는 '여행지 추천', '여행 가방 싸기', '항공권 예약' 등 다양한 연관 키워드가 있습니다. 이러한 연관 키워드를 적절히 활용하면 경쟁률이 높은 키워드를 피하고, 내 포스팅의 조회 수가 늘어나는 효과를 얻을 수 있습니다.

연관 검색어를 찾으려면 작성하고자 하는 포스팅의 키워드를 네이버에 검색을 해보거나, 키워드 조회 사이트에서 미리 확인하는 것이 좋습니다. 연관 검색어 중에서도 문서 수는 적지만, 검색량은 많은 키워드를 찾아내는 과정이 필요합니다.

차별화된 틈새 키워드

틈새 키워드는 대중적이진 않지만, 특정 분야에서는 중요한 의미를 가지는 키워드입니다. 예를 들어 '반려동물 장례식장'이나 '임산부 요가'와 같은 특수 분야에서의 키워드를 생각해보세요. 대중적으로 인기는 없지만 해당 분야에서는 꼭 필요한 정보일 것입니다.

틈새 키워드를 활용하면 시기에 따라 특정 고객 또는 카테고리 고객에게 타기팅이 가능합니다. 검색량은 적어도 전환율(클릭률)이 높은 키워드이기 때문에 일부 업종에서는 오히려 더 중요하게 들여다볼 필요가 있는 키워드입니다. 대표적으로 마케팅에서는 수능 수험생, 유치원 자녀를 둔 학부모, 셀프 인테리어를 고려하는 사람 등 전환이 확실한 대상이 있는 경우 틈새 키워드를 더 요긴하게 사용합니다.

시즌 및 이슈성 키워드

시즌 및 이슈성 관련 키워드는 계절, 기념일 등에 따라 일시적으로 수요가 급증하는 키워드입니다. 예를 들어 여름 휴가 기간에는 '여름 휴가', '해수욕장', '수영복' 등의 키워드의 인기가 급상승합니다. 반대로 겨울 시즌에는 '방한복', '스키장'과 같은 키워드의 인기가 급상승합니다.

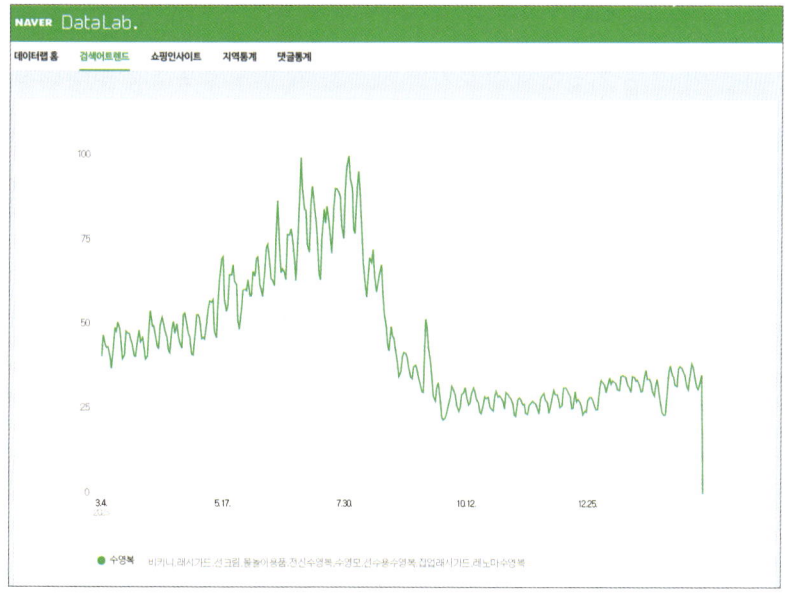

▲ 네이버 데이터랩에서 확인한 키워드 '수영복'의 1년 트렌드.
5월부터 키워드 검색량이 급상승해 8월이 지나면 급격하게 감소한다.

아직 최적화 블로그가 아니라면 시기에 맞는 적절한 콘텐츠를 제공해 방문자의 유입 상승을 노려볼 수 있습니다. 네이버 데이터랩(datalab.naver.com)이나 블랙키위(blackkiwi.net)와 같이 키워드 검색/분석 사이트를 이용해 일정 기간에 급증하는 키워드를 예측하고 선제적으로 포스팅하는 것도 한 방법입니다.

또한 크리에이터 어드바이저(creator-advisor.naver.com)에서 제공하는 주제별 인기 유입 검색어 및 성별, 연령별 인기 유입 검색어 트렌드를 활용하여 최신 유행 검색어를 반영한 이슈성 키워드를 활용해보는 것도 좋은 방법입니다.

신제품 키워드도 유용하게 활용해보자

출시 전 사람들이 기대하고 많이 검색하는 신제품에 대한 키워드로 포스팅할 수도 있습니다. 이 경우 기업에서 홍보차 신제품을 제공하고 포스팅 발행을 의뢰하기도 합니다. 유명한 IT 분야의 인플루언서는 제품 출시 한 달 전에 미리 제품을 받고 사용한 감상과 경험을 시리즈로 포스팅하기도 합니다. 제품 경쟁이 치열하다면 기업에서 원고료를 주면서까지 초기 바이럴을 노리기도 하죠.

물론 개인적인 관심과 취미로 자비를 들여 리뷰하는 경우도 있습니다. 1년마다 신제품이 나오는 스마트폰, 신학기에 맞춰 나오는 유명 브랜드의 노트북 같은 경우 검색량도 상당해서 방문자 유입 효과가 큽니다.

-	키워드	PC 검색량	모바일 검색량	총조회수
-	갤럭시 s24 울트라	67,900	417,900	485,800
-	갤럭시 S24	124,300	709,400	833,700
-	아이폰15pro	15,200	134,100	149,300

▲ 웨어이즈포스트의 아이폰, 갤럭시 신제품 검색량 검색 결과

신제품 리뷰의 또 다른 장점은 바로 글감 확보가 용이하다는 점입니다. IT 전문 리뷰어의 경우 끊임없이 출시하는 신제품과 액세서리, 서비스 덕분에 글감이 끊이지 않습니다. 신제품 출시 시기에 맞춰 고객이 원하는 정보를 정확하게 반영한 내용과 눈에 띄는 제목에 키워드를 더한다면 효과적인 노출이 가능할 것입니다.

이처럼 적절한 키워드를 사용해 글을 발행하면 확실히 방문자가 늘어납니다. 유용한 정보를 제공해 댓글, 스크랩과 같은 피드백이 늘어나면 사용자의 반응도 올라갑니다. 좋은 키워드를 잘 활용한 글을 통해 블로그 지수까지 올라가는 선순환이 일어납니다. 블로거라면 자신에게 잘 맞는 키워드를 계속 발굴해야 할 의무가 있습니다.

LESSON 02
네이버 키워드는 이렇게 활용하자

앞서 좋은 키워드라고 해서 무조건 노출이 보장되는 건 아니라고 말씀드렸습니다. 검색량이 많은, 인기는 있으나 경쟁이 치열하지 않은 키워드를 찾았다고 해서 끝이 아닙니다. 키워드를 어떻게 활용하는지에 따라 상위에 노출될 수 있고, 아무도 찾지 않는 검색 결과 200페이지 너머에 있는 글이 될 수도 있습니다. 이번에는 포스팅을 작성할 때 어떻게 키워드를 활용해야 하는지 그 팁을 알아보겠습니다.

제목과 본문에 키워드는 반드시 포함하기

여러분이 찾은 '황금 키워드'는 제목에 무조건 포함해야 합니다. 제목은 쉽게 말하면 '라벨'입니다. 블로그는 여러분이 글을 발행하면 어떤 글을 썼는지 네이버에 보고하고 검색 분류 기준과 키워드를 설정합니다. 이때 분류의 제1기준이 포스팅 제목입니다.

따라서 에세이처럼 추상적인 제목을 쓰면 안 됩니다. 예를 들어 '비 오는 날 그녀와 만나기 좋은 카페'와 같은 제목은 에세이 제목으로 어울릴지 모르겠지만, 블로그 제목으로는 부적절합니다. '비 오는 날 추천하는 서울 카페 데이트'와 같은 제목이 상위 노출에 유리합니다.

사람들이 주로 검색하는 키워드는 제목 앞이나, 뒤에는 반드시 들어가야 하고 본문에도 어느 정도 반영해야 합니다. 네이버 검색 엔진이 보기에 제목에 들어간 키워드가 본문에 적당히 반영되어야 제목과 본문이 서로 연관성이 높다고 판단합니다.

적절한 키워드를 골라 제목에 사용했다면 본문에도 그 키워드가 적당히 포함되도록 글을 작성해봅니다. 네이버 검색 엔진에서도 제목-본문 간 연관성이 높은, 유효한 키워드의 포스팅이라면 상위에 노출해줄 가능성이 높습니다.

키워드의 위치와 빈도수 고려하기

제목과 본문에 키워드를 포함할 때는 키워드의 위치와 빈도수도 고려해야 합니다. 일반적으로 제목에는 키워드를 한 번 이상 포함하고, 본문에서는 처음과 끝에 키워드를 포함하는 것이 좋습니다. 특히, 본문 시작 100자 이내에 제목에 사용한 키워드를 포함하면, 연관성이 높다고 판단될 확률도 높아집니다.

2018년 이전 블로그 로직을 분석한 내용에서는 노출에 유리하다고 하여 글의 맥락과 상관없이 키워드를 남발하는 경향이 있었습니다. 하지만 이후에는 글의 맥락에 맞게 적절히, 키워드 노출에 반영될 정도로 최소한 사용하는 것을 오히려 좋은 글로 평가한다는 분석이 지배적입니다. 키워드를 남발하면 연관성이 떨어지거나,

노출 어뷰징으로 판단해 누락된 사례가 대다수이기 때문입니다.

> 간혹 업체 홍보용 블로그에서 업체명을 글의 시작부터 끝까지 모든 문장에 넣는 경우가 있습니다. 실제로 제가 예전에 인수인계 받은 업체 블로그가 그랬고, 거의 모든 글이 누락되었어요. 결국 거의 모든 글을 삭제하고 다시 시작해야 했습니다. 여러분이 블로그를 시작한다면 키워드를 본문 안에 적절하게 포함하는 글쓰기에 익숙해져야 합니다. 키워드 포함은 다섯 번 이내가 적당하다고 보는 편입니다. 포스팅을 발행하기 전 해당 키워드가 너무 남발되진 않았는지 한 번쯤 확인해보세요!

포스팅 키워드와 블로그 키워드의 연관성 고려하기

포스팅 키워드를 선택할 때는 평소 작성하는 포스팅 주제와 연관성이 높은 키워드를 선택하는 것이 중요합니다. 단순히 검색량이 많은 키워드라고 해서 모든 블로그에 공통되는 유효한 키워드는 아니기 때문입니다. 평소 IT 관련 주제로 운영하는 최적화 블로그에서 이슈성 인기 키워드인 드라마 주인공과 관련된 내용을 포스팅을 하면 블로그 지수가 아무리 높아도 상위 노출되지 않습니다.

꾸준히 IT 주제로 글을 쌓았다면 단순히 드라마 인물에 대한 내용을 포스팅보다는, 주인공 혹은 등장인물이 착용한 웨어러블 기기인 스마트워치나 PPL 전자 제품이 있다면 그에 대한 내용으로 리뷰해보는 것이 좋습니다. 트렌드 흐름에 올라탈 수도 있고 운영 중인 블로그 주제에도 적합하니 관련 키워드로 노출이 가능합니다.

패션 블로그라면 시즌에 맞춰 수영복과 스키복 관련 내용을, 부동산 관련 블로그라면 최근에 발표한 부동산 정책에서 키워드를 찾고 반영하면 됩니다. 정보를 포함하면서 이슈, 시즌 관련 키워드가 여러분의 블로그 주제와 잘 맞을 때 글의 노출 확률도 높아지고, 방문자 유입도 상승할 수 있습니다.

키워드를 활용한 태그 작성하기

포스팅 태그를 작성할 때도 키워드를 활용하는 게 좋습니다. 네이버 블로그에서 태그는 인스타그램만큼 중요하지는 않습니다. 그래도 키워드를 포함한 태그는 검색에도 반영되니 활용하면 안 쓰는 것보다는 낫습니다.

네이버 블로그 태그는 본문 안에 사용하면('#'을 활용) 오히려 가독성이 떨어집니다. 블로그 내용 맨 밑에 따로 쓰더라도 발행 시 '태그'에 자동으로 적용되어 태그가 두 번 사용됩니다.

키워드 태그는 블로그 포스팅 발행 화면 '태그 편집'에서 유효한 키워드 다섯 개 내외로 적는 게 보기에도 좋고, 실제로도 도움이 됩니다. 글을 작성할 때는 반드시

▲ 포스팅 발행 화면에서 설정 가능한 태그 편집

어떤 키워드를 넣어서 작성할 것인지 제목을 먼저 정하고 본문을, 그다음 태그까지 구성하면 좋습니다.

최신 트렌드와 시즌 이슈에 민감하게 반응하면서, 키워드를 적당하게 넣는 글쓰기 습관도 들여보세요. 항상 글감을 찾아 좋은 글을 발행하는 것은 블로거로서의 숙명입니다.

다음 LESSON은 키워드 조회 도구를 활용해서 내 블로그에 적당한 키워드를 찾는 방법에 대해 알아보겠습니다. 여러분도 나만의 블로그 키워드를 가진 '키워드 부자'가 되어보세요.

LESSON 03
상위 노출을 위한 키워드 관리 방법

 매번 포스팅을 작성할 때마다 키워드를 찾고 검색량을 비교하는 것은 비효율적인 블로그 운영 방법입니다. 키워드에 대한 이해도를 높이고, 단기적/장기적인 관점에서 키워드 관리가 필요합니다. 블로그를 운영할 때 미리미리 준비하면 좋은 키워드 관리 비법을 소개합니다.

적극적으로 키워드를 수집해보자

 먼저 블로그 주제와 관련된 포스팅 키워드를 찾아야 합니다. 여러분이 지금 운영하는(혹은 운영할) 주제의 다른 블로그는 어떤 키워드로 포스팅을 하는지 검색해보세요. 같은 주제를 다루는 인플루언서 검색을 통해 인기 있는 키워드 챌린지를 참고해 키워드를 뽑아보는 것도 좋습니다.*

이렇게 뽑아본 키워드는 분석 도구를 사용해 경쟁 강도를 확인해봅니다. 대표적으로 네이버 광고에서 제공하는 키워드 분석 도구가 있고, 다른 키워드 조회 사이트를 이용해도 좋습니다. 무엇이 되었든 여러분에게 맞는, 편한 사이트 하나 정도는 익히고 활용하는 게 좋아요. 중요한 것은 검색량이 많으면서도 발행 문서 수가 적은, 즉 비교적 경쟁이 낮은 키워드를 선정해 키워드를 뽑는 것입니다. 운영하는 분야의 유용한 키워드가 쌓이면, 나만의 키워드를 더욱 쉽게 발굴하고 활용할 수 있습니다.

만약 생소한 분야라 키워드가 번뜩 생각나지 않는다면 ChatGPT에게 주제를 주고 관련 키워드를 추천해달라고 물어봐도 좋습니다. ChatGPT에서 확인한 키워드 리스트는 적어두었다 확인해봐도 좋고, 만다라 차트 형태로 정리해도 좋습니다.

당연히 ChatGPT 프롬프트에 선명하게 주제를 요청하고, 디테일하게 질문할 수

▲ 만다라 차트로 정리한 블로그 활용 키워드

---

* 네이버 블로그 지수 확인 도구(예 : 블덱스)의 대부분은 '포스팅 분석' 기능도 제공합니다. 참고하려는 블로그의 포스팅 URL 주소를 복사 붙여 넣기한 후 확인하면 해당 포스팅의 메인 키워드를 확인할 수 있고, 해당 키워드의 최적화 지수 및 카테고리도 확인할 수 있습니다.

록 답변의 퀄리티는 높아집니다. 이런 결과를 만다라 차트로 정리까지 한다면 생각이 자유롭게 뻗어 나가겠지요. 분야에 대한 키워드를 디테일하게 정리할 수 있고, 발행한 키워드는 지우고 그 자리에 다른 키워드로 채우는 방식으로 관리해도 좋습니다.

키워드를 적용한 포스팅 작성하기

키워드를 선정했다면 포스팅 제목, 부제목, 본문, 이미지 설명 등에 적절히 배치해야 합니다. 특히 제목과 첫 문단에는 키워드를 포함하는 것이 무엇보다 중요하다고 앞서 말씀드렸습니다. 계속해서 강조하는 이유는 키워드가 중요하다고 해서 지나치게 반복해 사용하는 것은 문제가 되니 적당히 사용해야 하는 점을 명심해야 되기 때문입니다.

키워드를 과도하게 사용하지 않으려면 네이버 블로그의 '템플릿' 기능을 활용하면 좋습니다. 카테고리에 따라 주로 쓰는 포스팅 스타일을 '내 템플릿'에 저장해보세요. 되도록 인용구와 분선, 본문은 마크다운 형식으로 정리해놓으면 본문의 내용이 바뀌어도 어느 정도 틀에 맞춰 글을 쓸 수 있습니다.

제목, 본문에 키워드가 들어갈 자리도 되도록 같은 위치로 저장하고 적용하면 과도한 사용을 막을 수 있습니다. 특히 '다이어트'나 '보

▲ 템플릿으로 저장해 관리하는 포스팅

험', '병원 후기'와 같은 상업성 키워드는 약간만 반복해도 노출 누락의 요인이 될 수 있으니 주의하면 좋습니다. 여러분도 템플릿으로 글 작성 시간을 효율적으로 관리하고 키워드 반복의 위험도를 줄여보세요.

콘텐츠의 퀄리티 유지는 필수

키워드를 적절히 사용하는 것은 중요하지만, 당연히 콘텐츠 자체의 품질도 높아야 합니다. 유용하고, 독창적이며, 사용자의 검색 의도를 잘 충족시키는 콘텐츠 제작이 필요한 이유입니다.

네이버 검색 알고리즘은 검색 결과를 조작하기 위해 키워드를 반복하거나, 하얀색 글씨로 키워드를 숨기거나, 생성형 AI를 통해 기계적으로 포스팅을 생산하여 잦은 빈도로 게시하는 행위, 본문과 제목이 다른 내용임에도 불구하고 상관없는 키워드를 포함하는 낚시성 글을 스팸과 어뷰징으로 판단하여 노출을 누락시키기도 합니다. 따라서 키워드를 넣어야 하는 건 맞지만, 글의 맥락을 해치면 안 됩니다.

네이버가 좋아하는 글은 본인의 경험을 담은 글입니다. 누가 봐도 전문적이고 충분한 정보를 담고 있는 글을 써야 합니다. 정보에 본인이 직접 체험하고, 맛보고, 직접 방문한 후 작성한 글이라면 더욱 높은 점수를 줍니다. 검색한 사람들이 궁금해할 내용을 먼저 겪어보고 쓴 글이라면, 검색 의도에 적합한 글이라고 생각해서 좋은 글이라고 판단합니다. 블로그의 신뢰 지수를 뛰어넘어 D.I.A. 로직의 적용을 받아 원래 노출될 곳보다 더 앞에 노출이 될 수 있습니다.

키워드의 개수보다 더 중요한 건 바로 네이버가 원하는 콘텐츠의 퀄리티입니다. 이 부분을 항상 염두에 두고 글을 쓰는 게 좋습니다.

키워드를 변형해 사용하자

키워드 반복이 심하면 패널티가 있기 때문에 의도적으로 줄이려는 노력이 필요합니다. 하지만 해당 키워드 사용이 불가피하다면 한 가지 키워드만 반복해 사용하는 대신 키워드의 동의어, 유사 표현을 사용하면 됩니다. 이러면 키워드의 반복도 피하고 글에 자연스러움을 더할 수 있습니다.

특히 상업성을 띄는, 위험 키워드라면 더더욱 패러프레이징 Paraphrasing, 글 바꿔 쓰기을 통해 키워드 개수를 줄이는 글쓰기에 신경 써야 합니다. 예를 들어 '다이어트', '주식', '비트코인'과 같이 상업성을 띄는, 위험 키워드라면 더더욱 패러프레이징을 통해 키워드 개수를 줄이는 글쓰기에 신경 써야 합니다.

이때 ChatGPT와 같은 생성형 AI를 활용해 어떻게 글을 바꾸는지 참고해도 좋습니다. 키워드 반복 없이, 내용의 연관성을 높여 더 넓은 범위의 검색도 커버할 수 있을 것입니다. 같은 뜻을 가진 다른 단어들을 유연하게 쓸 수 있도록 글쓰기 훈련을 하면 좋습니다.

시리즈 포스팅으로 방문자의 체류 시간을 늘리자

블로그 지수 도구로 포스팅을 확인해보면 대부분 '내용 연관성'과 관련된 점수가 있습니다. 블로그 지수가 높으면 비슷한 수준의 블로그, 같은 키워드를 작성한 포스팅이더라도 상위 노출에 유리합니다.

이때도 같은 키워드의 글을 반복해 사용하는 것보다는 변형된 키워드로 작성해 주제별 지수는 올리는 것이 좋습니다. 관련된 주제를 시리즈로 만들어 포스팅하는 것도 좋은 아이디어입니다.

한 주제에 대한 연속된 포스팅을 작성하면서 이전 포스팅을 본문 내용 링크로 삽입하면 키워드 연관성도 높이고 방문자가 여러 포스팅을 읽어 조회 수와 체류 시간도 높일 수도 있습니다. 가끔은 전문적인 정보를 다루는 외부 사이트 링크를 추가해서 정보의 신뢰성을 높이는 방법도 고려해야 합니다.

정기적인 업데이트와 최적화도 꼼꼼하게 진행하자

시간이 지나면 새로운 키워드가 등장하거나 사용자의 관심사가 변할 수 있습니다. 따라서 정기적으로 키워드 연구를 반복하고, 콘텐츠를 업데이트하며 최적화하는 것이 중요합니다.

같은 키워드에서 단어의 변형이 올 수도 있고, 새로운 트렌드에 맞는 단어가 등장할 수 있습니다. 예전엔 옳았지만, 지금은 그렇게 쓰지 않는 단어일 수도 있습니다.

상위권에 노출된 포스팅에 사용한 키워드라면 해당 블로그에서는 비슷한 주제의 키워드로 상위 노출이 가능합니다. 관련 주제 키워드와 내용 업데이트를 통해서 상위를 놓치지 않도록 합니다.

MBTI를 예로 들면 다양한 MBTI를 유형별로 포스팅하고, 다시 두 개의 유형을 비교하는 형식으로 포스팅을 작성할 수 있습니다. 같은 유형의 다른 형태로 분석하는 포스팅을 작성할 수도 있고요. MBTI 외에 다양한 심리 검사를 올리는 것도 방법이 될 수 있습니다. 키워드는 다른 누구 못지않게 분석하고, 공부하고, 포스팅해야 다른 사람들에게 좋은 정보를 주고 노출 기회도 올릴 수 있습니다.

LESSON 04

네이버 인플루언서에 도전해보자

네이버 인플루언서란?

 네이버 인플루언서는 2019년 2월 '인플루언서 검색'과 함께 시작한 서비스로, 네이버에서 활동하는 다양한 분야의 인플루언서를 검색 결과에 노출합니다. 네이버 인플루언서로 선정되면 영향력을 키워 방문자를 늘리는 것은 물론, 또 다른 수익화 도구로 활용할 수 있습니다. 네이버 인플루언서로 활동하기 위해서는 지원 후 선정되어야 합니다. 그래서 네이버 블로그를 시작한다면 1차적으로 인플루언서가 되는 것을 목표로 하는 경우가 많습니다.

 인플루언서는 네이버에서 특정 분야의 전문가로 활동하며 자신의 콘텐츠를 통해 구독자들과 소통하고, 영향력을 행사하는 사람을 말합니다. 네이버에서도 일반 블로거와 구별해 콘텐츠를 노출했습니다. 2024년 8월 24일 자로 인플루언서 노출은 삭제되었지만 개별 키워드 챌린지의 인플루언서 노출은 아직 유지되고 있습니다.

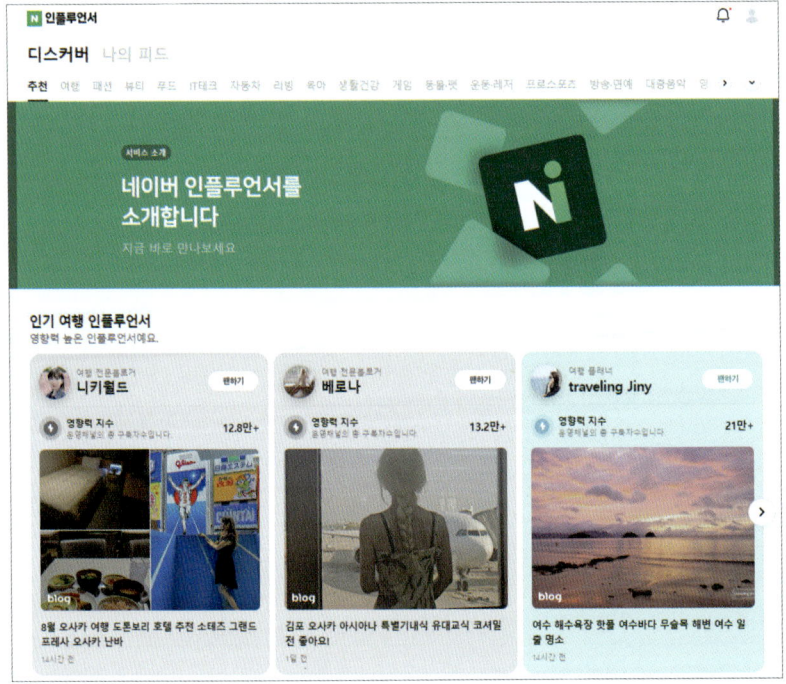

▲ 네이버 인플루언서 검색 소개

인플루언서는 네이버의 다양한 플랫폼에서 활동하며, 이를 통해 자신의 영향력을 더욱 확대할 수 있습니다. 인플루언서 서비스의 발전 과정을 가볍게 살펴보겠습니다.

• 2019년 7월 : 키워드 챌린지 기능 추가, 사용자가 다양한 주제의 키워드에 자신의 글을 노출할 수 있게 되었습니다.

• 2020년 3월 : 인플루언서 홈에 '팬하기' 기능 추가.

• 2021년 5월 : 브랜드커넥트 기능 추가, 인플루언서와 브랜드가 협업할 수 있는 플랫폼을 만들어 인플루언서의 수익화 가능성을 열었습니다.

- **2021년 12월** : 엑스퍼트 기능 추가, 각 주제의 인플루언서가 전문 지식을 활용해 수익화할 수 있는 서비스입니다.

- **2022년 7월** : 프리미엄 광고 기능 추가, 각 주제별 인플루언서 1~3등이라면 월 300~500만 원 가까이 수익을 가져갈 수 있게 했습니다.

네이버 인플루언서는 인스타그램 인플루언서의 영향력을 어느 정도 벤치마킹해 만들고 지속적으로 보완된 서비스입니다. 두 플랫폼의 차이는 있지만 상위 노출이라는 목표, 팔로잉 혹은 팬을 통해 영향력을 확대해야 하는 점은 동일합니다.

수익 창출도 네이버와 인스타그램 인플루언서 모두 광고 수익이나 협찬을 통해 하는 것은 비슷합니다. 다만 인스타그램은 공동 구매를 통해서 수익화하는 경우가 좀 더 많은 편입니다. 콘텐츠 형식이 이미지 혹은 동영상인지 텍스트와 이미지인지가 가장 큰 차이라고 할 수 있습니다.

네이버 인플루언서 카테고리와 지원 방법 알아보기

네이버 인플루언서가 처음 도입된 2019년 말까지는 인플루언서 자체가 부족한 시기라 선정 비율이 높았습니다. 하지만 2023년 6월은 145명 선정, 2024년 1월은 이보다 11명이 적은 134명이 선정된 것을 보면 인플루언서 인원을 줄이는 추세임을 알 수 있습니다.

예전의 선정 기준과 지금의 선정 기준이 다른 건 어느 정도 인원 비율의 차이 때문이겠지만 현재는 정확한 통계를 확인하기 어렵습니다. 이미 2023년 7월에 약 17만 명의 인플루언서가 활동 중입니다. 가장 많은 인플루언서가 활동하는 분야는 '여행'이고, 가장 적은 분야는 '프로스포츠'라고 합니다.

이렇듯 네이버 인플루언서의 문턱은 점점 높아지고 있어, 어떤 분야에서 활동할지 미리 생각하고 지원하는 것이 좋습니다. 네이버 인플루언서가 되기 위해서는 다음과 같은 절차를 따라야 합니다.

❶ **지원 분야 선택** : 우선 지원 주제를 선택해야 합니다. 네이버가 선정하는 20가지 분야 중에서, 여러분이 콘텐츠를 계속 생산할 수 있고 가장 잘 아는 분야를 선정하는 것이 좋습니다. 초창기에는 인플루언서 선정 주제 변경이 가능했습니다만, 이제는 한 분야를 설정하면 바꾸는 것이 까다로운 편이니 신중하게 선택해야 합니다.

▲ 2024년 기준 인플루언서 검색 지원 분야 주제 20가지

❷ **채널 등록** : 여러분이 운영하는 블로그, 인스타그램, 유튜브 등 소셜 미디어 채널을 등록해야 합니다. 초기에는 네이버 블로그가 아닌 다른 채널을 운영해도 선정이 쉬웠습니다. 아무래도 다른 채널의 팬을 네이버로 유입하려는 목적이 컸겠지요. 하지만 2024년 기준으로 인플루언서에 지원하기 위해서 되도록이면 네이버 블로그를 운영하면서 다른 채널도 함께 활동해야 조금은 유리합니다.

다른 채널도 지원하는 주제와 유사한 주제의 채널이 유리합니다. 인스타그램도 비즈니스 계정으로 연동해야 연결이 가능합니다. 따라서 네이버 외에 인스타그램 또는 유튜브 채널도 한 개 이상 함께 키우고 신청하는 것이 좋습니다. 네이버 입장

에서 보면, 다른 채널에서 인정받은 인플루언서라면 그 팬이 네이버로 올 수 있는 기회를 놓치고 싶지 않겠지요.

❸ 심사 대기 : 지원서를 제출한 후에는 심사 대기 기간을 거쳐야 합니다. 심사 대기 기간은 최소 약 7일 정도가 소요됩니다. 시기마다 다를 수 있지만 '약 7일'입니다. 제가 지원했을 때는 2주 넘게 답이 안 온 적도 있습니다. 선정 여부는 반드시 통보하기 때문에 조금은 감안하고 기다리는 것이 좋습니다.

❹ 선정 결과 확인 : 선정 결과는 메일로 알려줍니다. '안타깝게도 이번 인플루언서 지원에서 선정되지 않았습니다.' 또는 '축하합니다. 도서 부분 인플루언서에 선정되신 걸 축하드립니다.'라는 내용의 메일이 옵니다.

❺ 탈락 후 재지원 : 신청 결과가 반려되면 2024년 기준으로 인플루언서 지원은 최초 2회까지는 제한이 없으나, 3회부터는 90일 후에 다시 지원할 수 있습니다. 탈락 후 재지원까지 꽤 긴 시간이 필요하니 어느 정도는 준비된 후 신청하는 게 좋습니다. 월초에 신청하는 것이 유리하다는 말도 있지만 정확한 내용은 아닙니다.

❻ 인플루언서 활동 시작 : 인플루언서에 선정되면 '인플루언서 홈'을 개설하고, 키워드 챌린지에 참여하는 등 다양한 활동을 시작할 수 있습니다.

인플루언서 활동 시작하기

인플루언서에 선정되면 블로그 외에도 인플루언서 활동도 병행해야 합니다. 제일 먼저 '인플루언서 홈'을 개설합니다. 인플루언서 홈은 네이버 블로그, 인스타그램, 유튜브 등 채널의 정보를 모아 제공하는 인플루언서 전용 홈페이지입니다.

가장 기본은 '키워드 챌린지' 활동입니다. 키워드 챌린지는 기존에 발행한 네이버 블로그, 인스타그램, 네이버TV, 유튜브 등의 콘텐츠를 키워드에 맞게 엮어 발행하는 활동이며, 이걸 잘해야 상위권에 속한 인플루언서가 될 수 있습니다. 인플루언서도 분야별로 등수가 나눠지고 상위 인플루언서에게는 프리미엄 광고를 제공하기 때문에 나름의 경쟁이 펼쳐집니다.

여기에 기존 채널에서 계속 콘텐츠를 생산하고 토픽을 발행하는 것도 중요합니다. 따라서 본인이 자신 있고, 관심 있는 분야를 선정하는 게 중요합니다.

팬을 빠르게 확보하는 방법도 중요합니다. 인플루언서라는 단어 자체가 영향력을 가진 사람을 의미하기 때문에, 팬의 존재와 그 수는 매우 중요합니다. 신규 인플루언서는 대부분 블로그 포스팅을 통해 팬 확보를 위한 이벤트를 진행합니다.

인플루언서 전용 온라인 네임카드와 무료 강연, 교육을 제공받습니다. 멘토링도 지원해 인플루언서의 성장을 돕습니다. 또한, 상위 인플루언서는 프리미엄 광고와 브랜드커넥트를 통해 더 비싼 제휴와 협찬을 진행할 수 있습니다.

지금은 네이버 검색 결과 노출 시 인플루언서 검색 결과를 구분하지 않습니다. 하지만 여전히 인플루언서 포스팅이 먼저 노출되는 경우가 많아 방문자 수와 조회수가 일반 블로그보다 높습니다. 블로그를 시작하는 초보자라면 인플루언서를 목표로 블로그를 운영해보는 것도 좋은 방법입니다.

네이버 인플루언서에 확실하게 선정될 수 있는 방법은?

인플루언서 선정 기준에 대해 네이버가 명확하게 '이거다!'라고 말한 건 단 하나입니다. 바로 '콘텐츠의 전문성'입니다. 먼저 인플루언서 주제에 적합한 콘텐츠를 발행한 채널이 있어야 합니다.*

콘텐츠의 양도 항상 논란이 됩니다. 블로그 시작 후 2개월 만에 포스팅 60개로 선정된 경우도 있고, 수년간 블로그를 운영하면서 수차례 도전해 간신히 선정된 경우도 있습니다. 따라서 블로그 운영 기간과 콘텐츠의 양보다 중요한 건 콘텐츠의 질과 전문성입니다.

1일 1포나, 1일 3포는 그만큼 같은 주제의 글이 쌓이고 있다는 증빙이 되긴 하겠지만, 무조건 1일 N포에만 집착하지 말고 본인의 전문성을 살린 질 높은 콘텐츠 발행에 집중하는 게 낫습니다.

20개의 주제 중 경쟁이 치열해 유난히 선정되기 어려운 분야가 있고, 한 번에 많은 인원이 선정되는 분야도 있습니다. 여러분이 지원하려는 분야에 대한 분석도 중요합니다. 선정이 어려운 분야라면 노력 여하와 상관없이 계속 도전해도 실패로 끝날 수 있거든요.

이미 인플루언서로 선정된 채널만 들여다보면 분석이 좀 어렵습니다. 선정된 후 해당 주제가 아닌 다른 포스팅도 하고 브랜드커넥트를 통해서 제휴를 하거나 주제를 바꾸는 경우가 있기 때문입니다. 따라서 이미 유명한 인플루언서보다는 갓 선정된 따끈따끈한 신규 인플루언서를 중점적으로 분석하고 벤치마킹하는 것이 조금 더 도움이 될 수 있습니다.

인플루언서에 지원하기 전 해당 주제 선정에 유리한 양질의 콘텐츠를 최소 60개 정도 미리 발행해야 합니다. 당연히 더 많으면 유리하고요. 해당 주제에 대한 포스

---

* 네이버 인플루언서 선정 방법과 기준은 시기에 따라 변할 수 있습니다. 가장 확실한 정보는 네이버 인플루언서 공식 블로그(https://blog.naver.com/influencer_search) 및 네이버 인플루언서 센터 홈페이지(https://influencercenter.naver.com/)에서 확인하는 걸 추천합니다.

팅 분석은 각 분야별 키워드 챌린지를 보면서 어떤 글을 쌓아야 할지 참고하면 좋습니다.

블로그 설정도 프롤로그로 설정해 전문성을 드러내고, 블로그 이름과 닉네임도 되도록 분야와 연관 있도록 설정하는 게 좋습니다. 선정에 크게 영향을 미치지 않더라도, 전문성을 드러낼 수 있는 방법은 최대한 사용해보세요. 블로그 메인 화면을 프롤로그로 설정하는 이유는 블로그를 방문했을 때 바로 보이는 첫인상에 주제의 전문성을 드러낼 수 있기 때문입니다.

마지막으로 인플루언서에 지원할 때 동일한 주제에 동일한 수준의 포스팅을 비슷한 숫자로 발행했다면 아무래도 블로그 이웃이 더 많은 쪽이 유리할 것입니다. 인플루언서로 선정된 후에 팬을 빠르게 확보하려면 미리 블로그 이웃을 확보하고 이웃 대상으로 이벤트를 진행할 수 있습니다.

인플루언서를 지원하려면 아래 다섯 가지는 꼭 기억하길 바랍니다.

첫째, 자신이 잘, 꾸준히 할 수 있는 전문적인 분야로 지원한다.

둘째, 전문적이고 높은 품질의 포스팅을 60개 이상 미리 발행한다.

셋째, 네이버 블로그 외에 한 가지(다양한) 채널도 운영한다.

넷째, 꾸준한 활동으로 양질의 콘텐츠를 확보한다.

다섯째, 미리미리 팬이 될 수 있는 이웃을 확보한다.

LESSON 05
네이버가 말하는 좋은 문서 작성 방법

네이버에서 제시하는 양질의 문서 기준은?

블로그 전문가 대다수가 이야기하는 네이버 검색 결과 상위 노출의 전제 조건은 바로 높은 블로그 지수입니다. 네이버에서 블로그 지수의 존재는 부정하지만, 이미 수많은 실험으로 일정 부분 관계가 있다고 여기고 있습니다.

그렇다고 지수가 높지 않은 블로그는 상위 노출이 어렵다고 무조건 포기할 수는 없지요. 이때 블로그 지수를 뛰어넘을 포스팅을 발행하고 그런 포스팅을 쌓아서 블로그 지수를 높이는 것이 상위 노출의 최적화 방법입니다. 네이버에서는 '좋은 문서'를 다음과 같이 공식적으로 정의하고 있습니다.

> 1. **신뢰할 수 있는 정보를 제공하는 문서** : 사실에 기반한 정보를 제공하고, 출처를 명확히 밝히는 것이 중요합니다.
> 2. **독창적인 콘텐츠를 제공하는 문서** : 다른 사람의 글을 복사하거나 붙여 넣기 하지 않고, 자신만의 독창적인 콘텐츠를 제공하는 것이 중요합니다.
> 3. **사용자의 경험을 고려한 문서** : 사용자들이 쉽게 이해할 수 있도록 구성하고, 사용자의 불편을 최소화하는 것이 중요합니다.
> 4. **읽기 쉬운 문서** : 글의 내용이 명확하고, 문장의 길이가 적당하며, 이미지와 동영상 등 다양한 콘텐츠를 제공하는 것이 좋습니다.
> 5. **네이버의 서비스 이용 약관과 운영 정책을 준수하는 문서** : 네이버의 서비스 이용 약관과 운영 정책을 준수하는 것이 중요합니다.

여기에 C-Rank와 D.I.A. 로직, D.I.A.+ 로직에 대한 설명을 반영해서 상위 노출이 가능한, 네이버가 좋아하는 '좋은 문서'를 다시 정의해보았습니다.*

첫째, 문서를 신뢰할 수 있다는 건 문서 내용 자체도 중요하지만, 그동안 꾸준히 양질의 포스팅을 쌓아 네이버가 믿을 수 있는(블로그 지수가 높은) 출처의 콘텐츠를 가진 블로그라는 의미이기도 합니다. 쉽게 말해서 C-Rank 점수가 높은 블로그의 포스팅이라는 겁니다. 여기서 '출처를 명확히 하라'는 건 어디서 가져왔는지 출처를 밝히라는 의미가 아닌 본인이 직접 작성한 글, 촬영한 사진처럼 출처가 명확한 자료를 사용하라는 의미에 가깝다고 이해하면 됩니다.

둘째, 독창적인 콘텐츠를 제공하는 문서는 D.I.A. 로직에서 말하는 자신만의 경험, 의견, 리뷰를 담은 글을 의미합니다. 글감에서 제공하는 사진, 누군가 원고를 쓰라고 주는 사진이 아닌, 직접 가서 촬영한 사진을 쓰라는 것입니다. 직접 촬영한 사진과 제대로 된 최신의 정보를 담아야 검색자도 네이버도 만족할 수 있다는 겁니다.

---

* C-Rank, D.I.A. 로직, D.I.A.+ 로직에 대한 설명은 이 책 끝의 부록에 있습니다.

셋째, 사용자의 경험을 고려한 문서는 검색하는 사람들이 정말 궁금해할 내용을 담아서 궁금증을 풀어주라는 의미로 이해하면 됩니다. '제주도 여행 코스'를 검색하면 얼마나 머무를 건지, 어떤 장소에 갈지, 어떤 맛집에 가야 제대로 즐길 수 있을지 풀어주는 게 좋다는 겁니다. 여행지도 주차는 어떻게 하는지, 몇 명이 입장 가능한지, 최근 입장료는 어떻게 되었는지와 같이 검색자가 실제로 찾고자 하는 검색 의도가 잘 반영된 최신 정보의 글이 바로 좋은 글입니다.

넷째, 읽기 쉬운 문서는 말 그대로 가독성을 의미합니다. 글의 문단은 잘 나뉘어져서 읽기 쉬운지, 마크다운 형식을 사용해 정보 전달은 잘 되는지, 적당한 사진과 동영상으로 생생한 정보를 전달하는지 등 가독성 요소는 다양합니다.

너무 짧은 포스팅은 제대로 정보를 담았다고 볼 수 없고, 너무 긴 포스팅은 읽는 사람이 힘들어하고 네이버에서도 별로 좋아하지 않습니다. 적당한 길이의 텍스트와 함께 적절한 사진을 첨부하는 것이 좋습니다. 가장 적당한 길이는 1,500~2,000자 내외의 텍스트, 문단 사이에 텍스트 내용과 일치하는 사진을 배치하고 동영상을 첨부할 때 가장 이상적입니다. 전문적인 내용이 아니고서 40장 이상의 사진, 3,000자 이상의 텍스트는 오히려 마이너스 요소가 될 수 있으니 주의합니다.

다섯째, 네이버 서비스의 이용 약관을 준수하는 것은 상식적인 수준에서 불법적인 어휘, 부적절한 사진이 들어가면 안 된다는 의미입니다. 당연히 성적인 것, 불법 내지는 탈법적인 어휘도 안 됩니다. '살인', '자살', '성매매' 같은 단어가 포스팅에 들어가면, 뉴스가 아닌 이상 누락될 위험이 높습니다. 굳이 위험한 키워드가 아니더라도 상업적인 키워드도 완곡하게 돌려 사용할 것을 기억할 것입니다. 이런 키워드를 굳이 넣어 잘 운영하던 블로그를 위험에 빠트릴 필요는 없습니다.

상위 노출의 비결이 있을까?

'상위 노출의 비결은 이거다!'하는 명확한 기준이 있지 않습니다. 네이버 검색은 하나의 기준이 아닌 여러 로직과 시스템이 실시간으로 적용되고 있기 때문입니다. 키워드에 따라서, 노출 스타일에 따라서, 검색량에 따라서, 심지어 시기에 따라서 키워드 가중치가 적용되기도 합니다.

정답은 앞서 상위 노출된 최신의 글을 벤치마킹하는 것입니다. 이미 상위에 노출된 글의 스타일을 어느 정도 참고해 작성하면, 네이버는 내 블로그 지수에 맞는 위치에 글을 노출해줄 것입니다.

각 주제별로 상위에 노출되는 포스팅의 사진 수, 글자 수는 대체로 비슷합니다. 또한 특정 주제의 인기 글을 우선 노출하던 VIEW 탭 상위 노출된 글도 비슷한 사진 수와 글자 수를 가지고 있었습니다. 가능하다면 유사한 주제의 '뜨고 있는' 블로그를 파악해서 비슷한 느낌, 스타일을 벤치마킹해 상위 노출을 노려볼 수 있습니다.

공감, 스크랩, 댓글, 체류 시간(공스댓체)은 꼭 챙기자

여기에 추가로 검색자의 반응을 고려한 공감, 스크랩, 댓글, 체류 시간, 줄여서 '공스댓체'가 필요합니다. 내 글을 읽은 사람들이 의도적으로 공감하고 댓글을 쓰고, 저장할수록 있도록 다양한 장치를 삽입하는 것이죠. 포스팅 안에 이웃 추가를 위한 버튼을 삽입해도 좋습니다. '여러분의 공감과 댓글이 저를 살립니다.' 또는 '여러분의 생각은 어떠세요? 댓글 남겨 주세요.'와 같은 맺음말로 댓글을 유도할 수도 있습니다. 정보성 글이라면 '여러분이 궁금하신 부분은 댓글로 남겨 주시면 다음 포스팅에 반영할게요!'라는 멘트도 좋습니다.

이런 '공스댓체' 반응이 활발하면 활발할수록 포스팅의 점수도 올라갑니다. 되도록 포스팅한 후 3시간 이내 빠르게 반응이 올 때 원래 노출될 자리보다 더 상위에 노출된다는 실험 결과도 있답니다. 지금은 비록 VIEW 탭이 없어졌지만, 아직 블로그 탭은 거의 비슷한 로직이 반영되고 있습니다. 상위 노출 비결은 바로 네이버가 좋아하는 글에 '공스댓체' 반응을 추가하는 것입니다.

블로그 지수는 어떻게 높일까요?

블로그 지수는 네이버 블로그의 운영 성과를 평가하는 지표로, 블로그의 활동성, 인기도, 신뢰도를 종합적으로 평가한 점수입니다. 블로그 지수를 높이는 방법은 다음과 같습니다.

❶ **꾸준한 활동** : 매일 일정한 시간에 글을 업로드하고, 이웃과의 소통을 활발히 하는 것이 좋습니다. 대부분 블로그를 포스팅하고 이웃에게 '답방(답례로 방문)' 가는 시간은 정해져 있습니다. 앞서 이야기한 것처럼 포스팅 후 3시간 이내 반응이 중요하다는 점은 실험을 통해 여러 번 증명되었습니다. 내 이웃들이 활발하게 활동하는 시간을 분석하고 포스팅해야 비슷한 시간대에 활동하는 이웃과 소통도 가능하고 반응도 유도할 수 있습니다.

❷ **이웃과의 소통** : 내 블로그에 방문해 댓글을 달고 공감을 남겨준 이웃에게 방문해 똑같이 댓글을 달고, 공감을 눌러야 합니다. 이웃이 아무리 많아도 자발적으로 내 블로그에 찾아와 소통하는 사람은 드물고, 내 글에 꾸준히 방문해 댓글을 달아주는 이웃만큼 블로그 성장에 소중한 것도 없기 때문입니다. 블로그는 혼자 하는 것이 아

니라는 점을 명심하세요!

❸ 고품질의 콘텐츠 제공 : 양질의 콘텐츠는 이미 앞서 이야기했습니다. 글의 내용이 풍부하고, 이미지와 동영상 등 다양한 자료를 활용해 콘텐츠를 제공하는 것이 좋습니다. 글만으로는 네이버가 좋아하는 콘텐츠가 아니기에 다양한 멀티미디어 자료를 첨부하는 것이 좋습니다.

❹ 검색어와의 연관성 : 마찬가지로 앞서 계속 강조한 키워드가 그러합니다. 글의 제목과 본문, 태그 등에 검색어를 적절히 포함하는 것이 좋습니다. '적절하게'가 중요합니다. 무조건 많이 넣어야 하는 것이 절대로 아닙니다. 제목에는 검색어가 될 키워드가 들어가고, 맥락에 맞게 본문에도 적절히 들어가야 합니다.

❺ 체류 시간 증가 : 방문자가 블로그에 오래 머무르면 블로그 지수가 높아집니다. 체류 시간을 늘리려면 '글을 읽는 시간'을 늘려야 합니다. 이를 위해 글에는 사진, 동영상이 꼭 들어가야 합니다. 네이버 블로그 앱을 사용해 포스팅을 작성하면 사진으로도 동영상을 만들 수 있습니다. 동영상을 따로 어렵게 촬영하거나 만들지 않아도 되니 이 기능은 꼭 활용하길 바랍니다.

❻ 광고성 글 자제하기 : 광고성 글을 자제하고, 일상적인 글과 전문적인 글 중심으로 블로그를 운영하는 것이 좋습니다. 물론 일상적인 글보다는 전문적인 글이 더욱 좋습니다.

모든 글을 광고성 포스팅으로만 채우면 포스팅 지수가 블로그 지수로 쌓이지 않습니다. 포스팅 대행 수입도 중요하지만 슬기로운 블로그 생활을 위해 광고성 글은 전문적인 글 몇 개 또는 일반적인 포스팅 몇 개를 작성한 후 진행해야 합니다. 광고, 제휴 포스팅만 계속하는 것은 저품질 블로그로 가는 지름길이라는 걸 명심하세요.

❼ 블로그의 디자인과 구성 : 블로그의 디자인은 화려할 필요가 없습니다. 단순해

도 구성이 깔끔하고, 블로그에 방문한 사용자들이 쉽게 정보를 찾을 수 있도록 하는 것이 좋습니다. 체험 사진도 일정한 사진 크기가 좋고, 대표 사진은 간단하게 섬네일로 만들면 좋습니다.

8 블로그의 운영 목적과 주제 : 블로그의 운영 목적과 주제를 명확하게 설정하고, 이에 맞는 글을 작성하는 것이 중요합니다. 블로그 주제로 설정한 분야에 대한 글을 계속 올려야 연관성 점수를 높일 수 있습니다. 가급적 한 블로그는 세 가지 주제를 벗어나지 않도록 운영해야 합니다.

9 외부 채널과의 연동 : 외부 채널과 연동하여 블로그의 노출을 높이는 것도 좋습니다. 카카오톡으로 네이버 블로그 링크를 공유하거나, 유튜브 설명에 올려 유입될 수 있도록 하면 네이버 로직이 좋아합니다. 네이버 입장에서는 사용자를 다른 채널에서 네이버로 모셔오는 것이니 말입니다.

10 검색 엔진 최적화(SEO) : 검색 엔진 최적화를 통해 블로그의 노출을 높이는 것이 좋습니다. 검색 엔진 최적화를 위해서는 글의 제목과 본문, 태그를 짜임새 있게 작성하고, 이미지와 동영상 등의 콘텐츠를 활용하는 것이 중요합니다.

추천 블로그, 포스팅 지수 확인 사이트

네이버에서는 공식적으로 블로그 지수의 존재를 부정하지만, 자체적인 분석 기준을 구축해 블로그 지수를 확인할 수 있도록 돕는 도구(프로그램)가 있습니다.

이런 도구를 활용하면 포스팅을 발행하고, 포스팅 지수를 확인할 수 있습니다. 쌓이는 포스팅 점수 추이를 보면서 블로그가 어떻게 성장하는지 점검하는 것이 영리한 블로그 운영 전략입니다. 블로그 지수는 어떻게 쌓이는지, 포스팅은 잘 쓰고 있는지 확신이 없을 때 이용해도 좋습니다.

무료로 블로그 지수를 확인할 수 있는 도구를 몇 가지 알아보겠습니다. 블로그 진단 도구는 대부분 유료이지만 하루에도 1~2회 정도는 무료로 사용할 수 있습니다. 유료일 경우 좀 더 섬세하고 구체적인 결과를 확인할 수 있지만, 운영 초반에는 무료로 사용해도 크게 모자란 부분은 없을 것입니다.

❶ **블덱스(https://blogdex.space/)** : 블덱스는 회원 가입 후 로그인하여 블로그 지수를 확인할 수 있습니다. 무료 상태에서는 12시간에 한 번 블로그 지수를 확인할 수 있어 포스팅 전 블로그 지수를 확인하고, 포스팅을 발행한 후 어느 정도 '공스댓체' 활동이 이루어진 다음 포스팅 지수를 점검하는 것이 좋습니다. 어떤 반응에 어떻게 점수가 변화했는지 확인할 수 있기 때문입니다.

포스팅, 키워드 분석도 가능합니다. 여러분의 포스팅을 분석해 누락 여부와 이유를 확인하고, 어떤 부분에서 어떤 키워드로 높은 점수를 받았는지 확인할 수 있습니다. 실시간 블로그 트렌드와 순위를 통해 여러분이 운영하는 주제의 인기 블로그를 보면서 어떤 포스팅이 인기가 있는지 팁도 얻을 수 있습니다.

▲ 블덱스 사이트 메인 화면

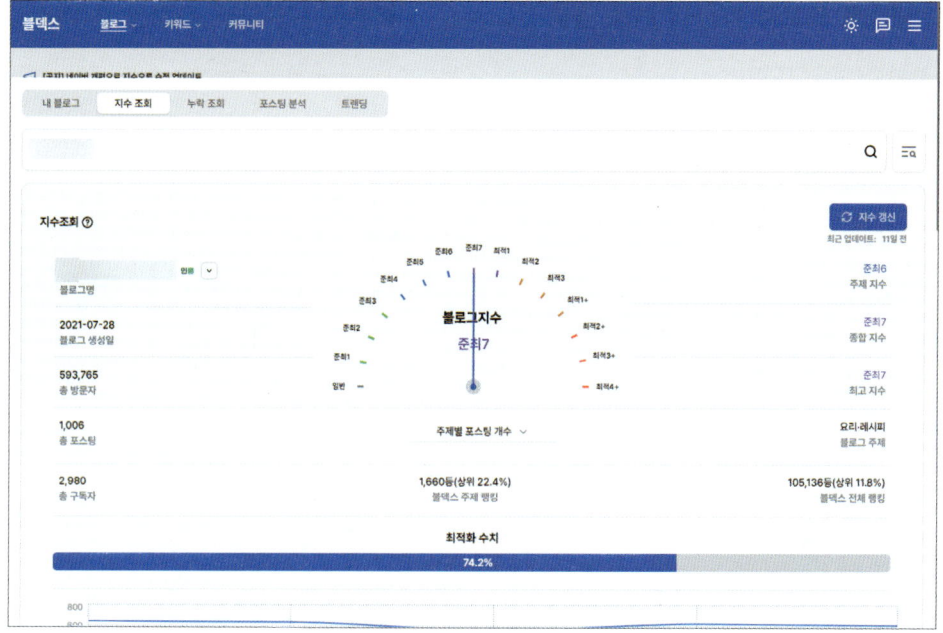

▲ 블덱스 블로그 지수 진단 결과

　블덱스는 일반, 준최적화 1~7단계, 최적화 1~3, 최적화+ 1~4단계로 나누어 블로그를 진단해줍니다. 블로그 진단에서 최근 10개의 포스팅 지수도 바로 확인할 수 있습니다. '포스팅 분석'에서 포스팅의 글자 수와 키워드, 전문성 점수와 주제 연관성 등을 복합적으로 진단해 보여줍니다. 형태소까지 분석해주니 키워드 반복 여부도 확인할 수 있습니다. 포스팅에 첨부된 링크 문제 여부까지 확인이 가능합니다.

　무료 진단이지만 설명도 자세히 확인할 수 있어 꽤 상세한 분석이 가능합니다. 블로그 지수는 12시간에 1회, 포스팅 지수는 1시간 1회라는 제한이 조금 아쉬울 수 있지만, 블로그 운영 초반에는 무료 플랜만 제때 활용해도 운영에 큰 도움이 됩니다.

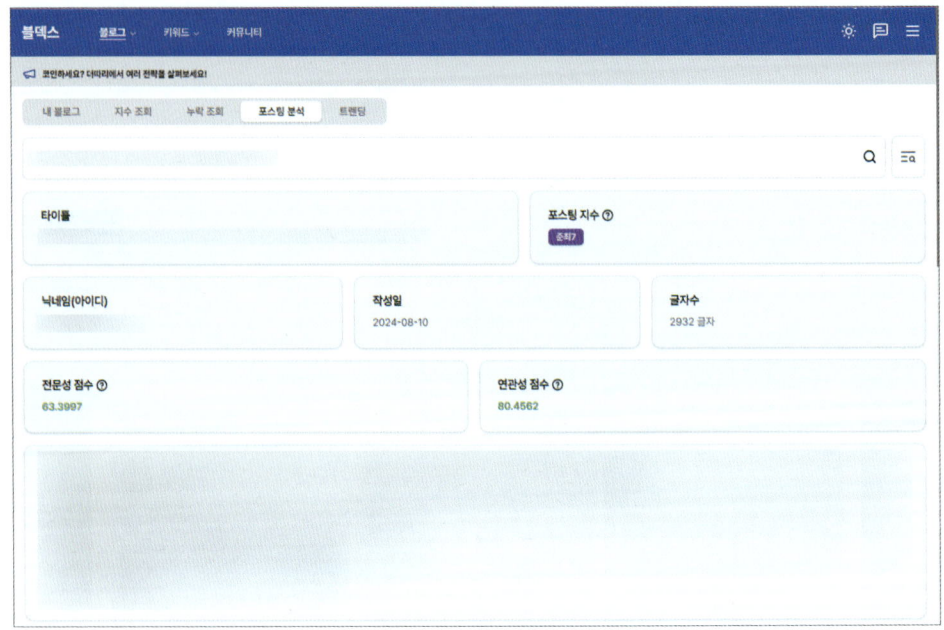

▲ 블덱스 포스팅 진단 결과

❷ **리드뷰(https://www.baruda.co.kr/)** : 과거 바루다 블로그 진단으로 유명했던 무료 진단 도구입니다. 지금은 리드뷰로 이름을 바꾸었습니다. 무료 플랜의 경우 본인의 블로그 지수만 1일 1회 분석이 가능합니다.

▲ 리드뷰 사이트 메인 화면

VIEW분석과 포스팅헬퍼 기능도 있으며 해당 기능도 1일 1회만 이용 가능합니다. 체험 플랜은 1일 5,000원으로 각 기능을 100회까지 사용할 수 있습니다. 대부분 한 달 단위로 결제해야 하는 다른 도구와 달리 1일 체험 플랜이 있어 합리적이고 저렴해 블로거들이 잘 이용하는 편입니다.

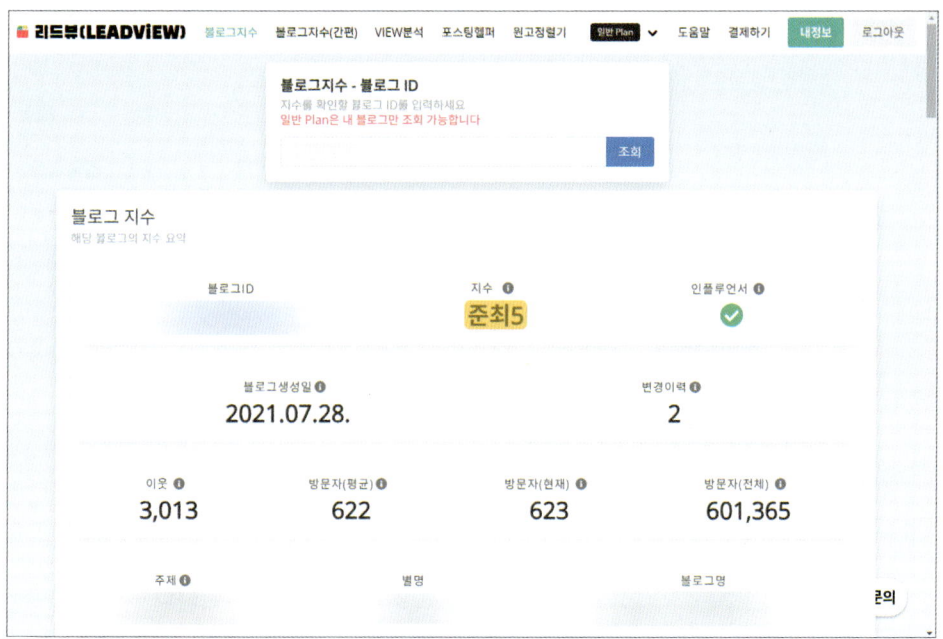

▲ 리드뷰 사이트 진단 결과

블로그 지수는 저품질, 일반, 준최적화 1~5단계, 최적화 1~5단계로 나누어 제공됩니다. VIEW분석에서는 특정 키워드의 상위 노출 포스팅을 확인할 수 있고, 포스팅헬퍼에서는 가독성 있는 포스팅을 위한 점검 도구로 활용할 수 있습니다. 무료 플랜은 1일 1회로 다소 부족하게 느껴지지만 저렴한 유료 플랜을 사용할 수 있다는 장점이 있습니다. 체험 플랜은 짬짬이 블로그 지수를 점검하고 성장 여부를 확인하는 용도로 활용하면 좋습니다.

❸ **판다랭크**(https://pandarank.net) : 판다랭크는 쇼핑몰을 운영하는 셀러와 인플루언서에게 최적화된 순위 분석 프로그램입니다. 쇼핑몰 셀러는 제품의 검색량을 조회해서 제품 판매 계획을 수립할 수 있고, 인플루언서는 블로그, 인스타그램, 유튜브의 순위도 확인이 가능합니다.

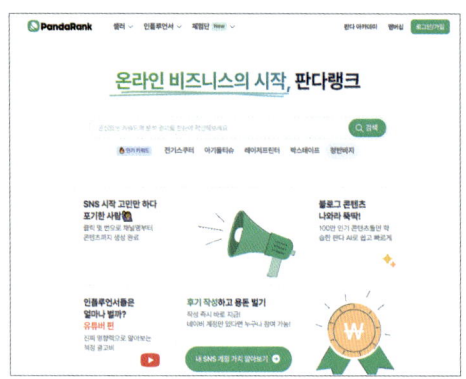 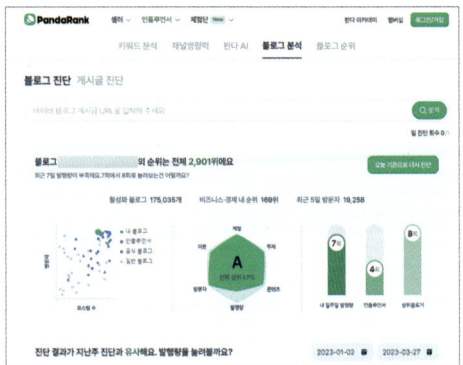

▲ 판다랭크 사이트 메인 화면과 블로그 진단 결과

판다랭크는 블로그 지수를 최적화 점수로 표현합니다. 로그인하면 1일 1회 무료 진단이 가능합니다. 게시글 진단은 무료로 1일 1회 가능하고 상세한 설명과 함께 분석해줍니다. 지수는 직접적으로 나오지 않고 점수화해서 표시됩니다. 판다랭크는 다른 도구와 달리 경쟁 블로그를 추천합니다. 친절하게 설명된 진단을 원한다면 판다랭크를 이용하면 좋습니다.

여기에서 추천한 분석 도구는 여러분의 블로그를 무료로 진단하고 조금 더 영리하게 운영할 수 있도록 도와줄 것입니다. 좀 더 자세하고 확실한 진단을 받고 싶다면 추천한 도구의 유료 플랜을 활용해도 좋습니다. 마케팅, 대행사와 같은 진단을 원하시면 블연플*나 데이터랩툴즈** 도구도 추천합니다.

---

* 블연플 홈페이지 : https://lablog.co.kr/

** 데이터랩툴즈 홈페이지 : https://datalab.tools/

개인 블로그라면 유료 도구를 사용하는 것보다는 콘텐츠 하나하나에 좀 더 신경을 쓰며 운영하는 쪽을 권장합니다. 1일 1포 수준이라면 무료 플랜 수준으로 블로그 운영이 가능합니다. 무료로 사용해보며 여러분이 더욱 잘 활용할 수 있는 도구를 선택해보세요.

블로그 진단 도구를 활용해 나는 지금 네이버가 좋아하는 글을 쓰는지, 아니면 네이버가 싫어하는 글을 쓰고 있는지 점검하면 됩니다. 이 부분만 신경 써서 포스팅하다 보면 어느새 포스팅은 상위에 노출되고, 블로그 지수는 성장할 겁니다. 영리한 블로그 운영 전략으로 여러분의 30분이 돈이 되는 30분으로 변하길 응원합니다.

LESSON 06

똑똑한 키워드 분석 도구 활용하기

키워드를 분석해야 네이버 블로그 운영을 제대로 하는 것

네이버 블로그 운영에서 제대로 이해해야 하는 부분이 바로 키워드입니다. 포스팅할 주제의 키워드를 제대로 이해하고 제목과 본문 내용에 전략적으로 사용해야 상위 노출이 결정됩니다. 블로그 지수가 아무리 높아도 제대로 키워드를 넣지 않는다면 검색에 걸리지 않을 것입니다.

하지만 처음에는 키워드를 어떻게 찾고, 활용하는지 감이 없을 것입니다. 이때 여기서 소개할 키워드 검색 도구를 자주 활용해보면, 어떻게 유용하게 활용할지 알게 될 겁니다.

여기에 소개한 도구는 저도 자주 활용하지만, 그렇다고 포스팅을 쓸 때마다 들어가보지는 않습니다. 하지만 검색량과 문서 수만 보고도 짐작이 가능한 수준이 아니라면, 여러 도구를 사용해보길 바랍니다. 활용하기 편하고 유용한 도구를 골라 자주 활용해보고, 같은 키워드라도 여러 도구를 활용해 분석해보세요.

도구별로 활용도가 조금씩 다르고, 특징도 있습니다. 여러분이 사용하기에 더 편하고 블로그 운영 목적에 알맞은 도구를 찾을 수 있길 바랍니다.

키워드마스터

키워드마스터*는 무료 분석 도구 중에서 활용하기 제일 편하고 쉽습니다. 키워드를 검색하면 실제 조회 수과 문서 수, 비율을 직관적으로 비교해줍니다. 비율이 표시되기 때문에 조회 수 대비 비율이 낮을수록 좋은 키워드라는 것도 바로 알 수 있습니다. 이를 활용해 운영 중인 블로그 수준에 맞는 키워드를 선택하고 도전해보는 것이 좋습니다.

관련 키워드를 클릭하면 해당 키워드도 바로 파악할 수 있고, 키워드별로 노출 순위가 높은 포스팅도 바로 옆에 표시됩니다. 마찬가지로 클릭해서 해당 블로그 포스팅을 바로 확인할 수 있습니다.

여기에 태그 자동생성을 클릭하면 조회한 키워드의 연관 키워드를 조합한 태그를 바로 생성할 수 있고, 키워드 검색 결과는 엑셀 파일로 다운로드할 수 있습니다. 대량으로 키워드를 조회하거나 연관 키워드를 검색한 후 다운로드한다면 글감과 키워드를 한동안 걱정할 필요는 없을 겁니다.

직관적이고 한눈에 알아보기 쉽다는 장점에도 불구하고 메인 도구로 사용되지

---

* 키워드마스터 홈페이지 : https://whereispost.com/keyword

않는 이유가 있습니다. 바로 키워드에 블로그 지수가 반영되지 않기 때문입니다. 단순히 비율만 보고 좋은 키워드라고 짐작할 수는 없습니다. 비율이 낮아도 최적화가 끝난 쟁쟁한 블로그가 꽉 잡고 있는 키워드라면 상위 노출이 어렵고, 비율이 높아도 지수 낮은 블로그가 대부분이라면 조금만 신경 써도 상위 노출이 가능합니다. 따라서 운영 초반에 키워드에 대한 감을 익히고, 쉽고 빠르게 키워드를 확인하고 검색하는 용도로 활용하는 것이 좋습니다.

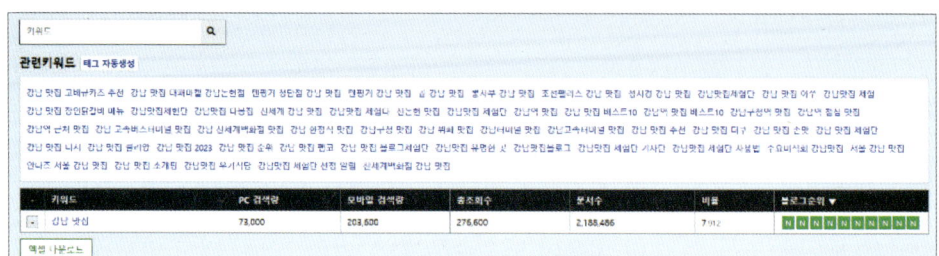

▲ 키워드마스터 검색 화면

블랙키위

블랙키위*는 키워드 분석 도구들 중 상세하게 키워드를 분석할 수 있는 도구 중 하나입니다. 회원 가입 없이도 키워드를 검색할 수 있지만, 회원 가입 후에는 키워드 검색 결과를 다운로드할 수 있습니다. 무료로 사용하면 1분에 5회 제한이 있기는 하나 크게 체감되지는 않습니다. 다만 중간에 광고가 표시되고, 연관 키워드 수는 20개 제한에 검색 광고 효율 및 각종 블로그 지표가 나타나지 않습니다.

그럼에도 불구하고 무료로 높은 퀄리티의 키워드 분석 자료를 확인하고 다운로

---

* 블랙키위 홈페이지 : https://blackkiwi.net/

드할 수 있어 충분히 활용 가치가 있습니다. 키워드에 대한 연령, 성별, 이슈성, 상업성 판단 여부는 블로그 운영에 크게 도움이 됩니다.

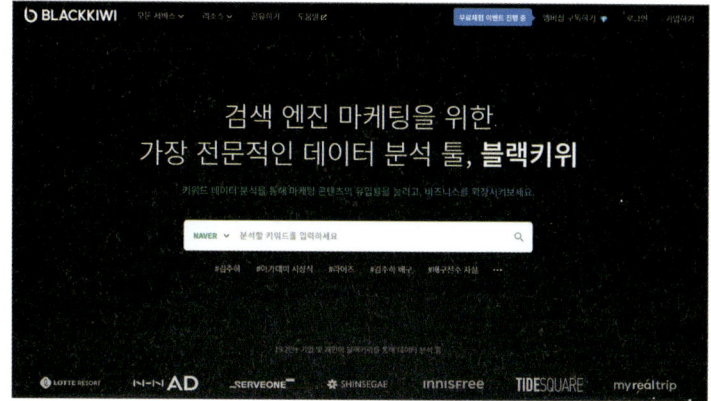

▲ 블랙키위 사이트 메인 화면

블랙키위의 가장 큰 장점은 키워드에 대한 시장의 동향을 정확하게 파악하고, 콘텐츠 포화도를 쉽게 이해할 수 있도록 한눈에 보여준다는 겁니다. 키워드 하나당 하

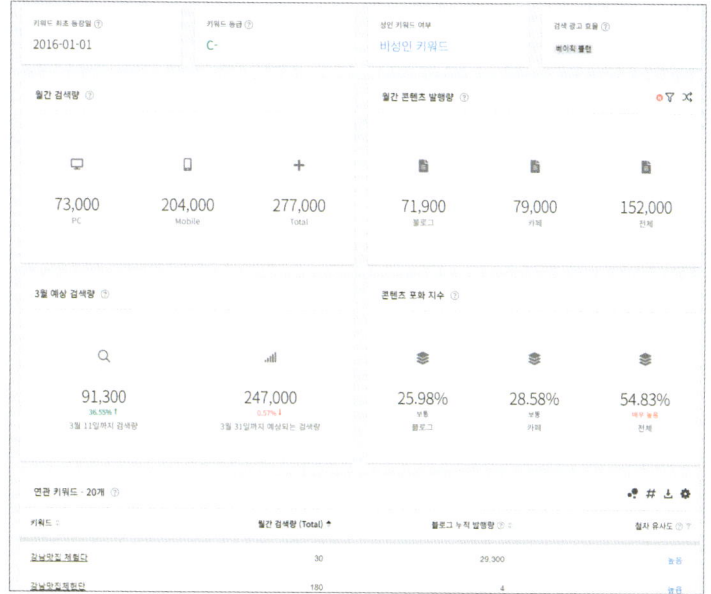

▲ 블랙키위 키워드 기본 정보 및 연관 키워드 화면

CHAPTER 06 키워드를 통한 실전 블로그 활용 전략 253

나의 보고서를 보여주니 처음에는 조금 복잡하고 어렵게 느껴질 수 있습니다.

하지만 하나하나 자세히 살펴보면 유용하게 활용할 수 있는 정보가 많습니다. 검색량과 콘텐츠 발행량이 상세하게 나타나고, 특히 포화도 분석 기능으로 키워드 경쟁률을 직관적으로 파악할 수 있습니다. 따라서 사용자가 전략적인 콘텐츠 계획을 수립하는 데 큰 도움을 줍니다.

▲ 블랙키위 트렌드 분석 및 월별 검색 비율

콘텐츠 검색량을 기간별로 보여주니 시즌 이슈로 포스팅하기 좋은 주제인지, 검색량이 꾸준하게 나오는 키워드인지 파악이 가능합니다. PC와 모바일에서 섹션 순서가 어떻게 나타나는지 확인하고 포스팅이 상위 노출하기 어려운 키워드라면 굳이 힘들여 쓰지 않아도 된다는 전략도 세울 수 있습니다. 지표가 다소 많기 때문에 처음에는 직관적으로 느껴지지 않을 수 있지만, 각종 지표에 대한 설명도 꽤 친절하기 때문에 친해지고 익숙해지면 활용도가 큰 키워드 검색 도구입니다.

▲ 블랙키위 키워드 섹션 배치 화면

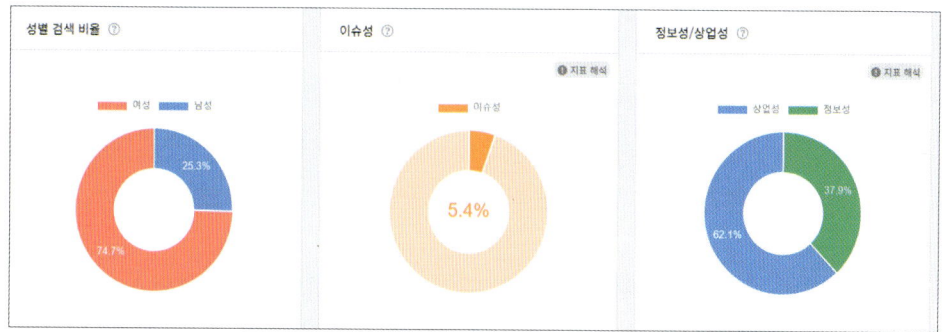

▲ 블랙키위 성별, 이슈성, 정보성/상업성 검색 비율 화면

네이버 데이터랩

　네이버 데이터랩*은 네이버에서 직접 운영하는 키워드 검색 도구입니다. 원래는 스마트스토어 관리자에게 통계 인사이트를 제공하는 도구로, 쇼핑몰 관련 키워드가 메인이지만 분야를 잘 설정하면 성별, 연령, 기간에 대한 검색량 결과를 확인할 수 있습니다.

---

* 네이버 데이터랩 홈페이지 : https://datalab.naver.com/

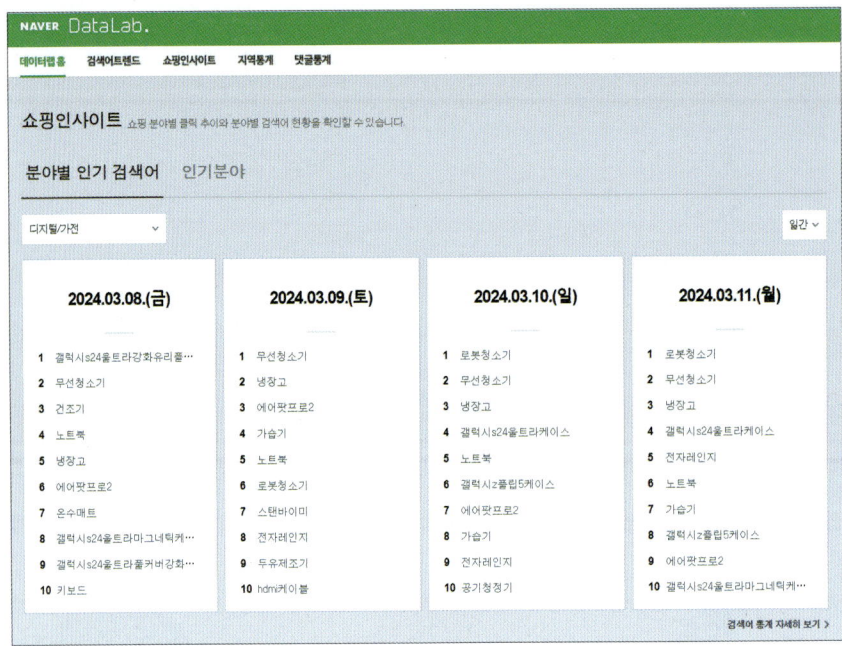

▲ 네이버 데이터랩 초기 화면

'데이터랩 홈'에서 각 일자별 분야 인기 검색어를 확인할 수 있습니다. 이를 통해 현재 사람들이 관심을 가지는 분야와 이슈를 파악할 수 있습니다. 여기에서 힌트를 얻어서 블로그를 포스팅할 경우 방문자 수가 급증할 수 있습니다. 반대로 검색량이 줄어드는 키워드는 포스팅할 필요가 없을 것입니다.

'검색어 트렌드'에서는 키워드를 지역별, 성별, 연령별로 파악할 수 있습니다. 이를 통해 특정 키워드를 검색하는 집단의 특성과 취향을 파악하고, 이를 바탕으로 맞춤형 콘텐츠 전략을 세울 수 있습니다. 만약 패션 전문 블로그라면 인기 검색어를 반영한 최신 트렌드 패션 내용을 포스팅하고, IT 리뷰어라면 당연히 최신 인기 검색어 제품을 포스팅하면 좋습니다.

네이버 데이터랩을 활용해 포스팅에 최신 트렌드를 반영하거나, 1년 검색량을 파악한 후 시즌에 맞춰 선제적으로 포스팅하면 노출을 선점할 수 있을 것입니다. 다만 데이터랩으로 확인할 수 있는 분야는 한정되어 있습니다. 대표적으로 여행 정보를 주로 다룬다면 여행 관련 키워드를 확인할 수 없으니 활용하긴 어렵습니다.

트렌드를 반영하려고 해도 여러분의 경험을 반영한 포스팅을 적시에 완성하긴 다소 어려울 수도 있습니다. 이때는 과거의 경험으로 보완하거나, ChatGPT를 활용해 해결 방법을 찾아도 좋습니다. 이런 부분만 염두에 두고 활용한다면 전문 분야에는 탁월한 도움을 줄 것입니다.

▲ 네이버 데이터랩 검색 화면

네이버 검색광고

네이버 검색광고*는 네이버 검색 화면에 광고를 희망하는 소상공인 대상의 광고 등록 플랫폼입니다. 검색 광고, 디스플레이 광고, 동영상 광고 등 다양한 광고 상품을 제공하며, 사업자가 있는 사용자만 광고 등록이 가능합니다.

네이버 광고를 키워드 분석에 활용하는 이유는 네이버 검색량과 노출 정도는 물론 광고 단가(입찰가)까지 확인할 수 있기 때문입니다. 개인 혹은 사업자 명의로 가입이 가능합니다. 다만 사업자에 한해서 파워콘텐츠 광고가 가능합니다. 광고 단가가 높은 키워드의 경우에는 원고료를 높여 부를 수 있고, 대행사를 운영한다면 광고보다 클릭 전환율이 높은 블로그를 만들면 됩니다. 블로그 운영을 잘하려면 이런 사이트를 활용하고 분석적으로 접근할 필요가 있습니다.

기본적인 사용 방법으로는 블로그에 사용하려는 키워드를 '키워드 도구'에 입력하면, 연관 키워드가 최대 1,000개까지 조회됩니다. 각 키워드별로 검색 수와, 클릭 수, 경쟁 정도를 확인할 수 있고, '월간 예상 실적 보기'를 통해 광고 단가도 확인할 수 있습니다.

여기에 연관 키워드를 선택하면 PC/모바일의 최근 1년 또는 월별 검색 수와 추이, 성별, 나이와 같은 통계를 볼 수 있습니다. 필터링 기능을 활용해 원하는 조건으로만 검색도 가능하고, 무엇보다 네이버에서 공식으로 제공하는 자료이므로 네이버 포스팅에 활용할 부분이 많습니다.

---

* 네이버 검색광고 홈페이지: https://searchad.naver.com

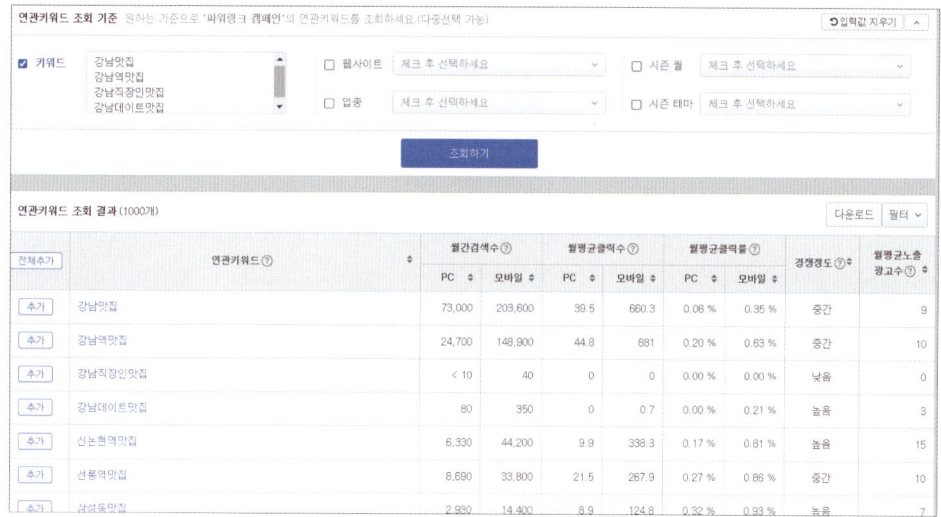

▲ 네이버 검색광고 키워드 도구 활용

리얼 키워드

 마지막으로 소개할 키워드 분석 도구는 리얼 키워드*입니다. 포스팅할 키워드를 입력하고 조회만 하면 됩니다. 직관적으로 최근에 일자별 검색량을 보여주고, PC와 모바일 조회 수, 발행한 문서량을 보여주는 건 같습니다.

 리얼 키워드의 장점은 그래프를 통해 검색량 추이를 빠르게 확인할 수 있다는 점입니다. 검색량이 서서히 증가하거나, 감소하는지 확인해 일 단위로 대응해야 하는 시즌 이슈에 좀 더 기민하게 전략을 세울 수 있습니다.

 예를 들어, 스타벅스 다이어리 같은 경우 연말이라면 서서히 증가 추세를 보이다가 이벤트 기간이 끝나면 뚝 떨어질 것입니다. 이런 경우 굳이 포스팅할 필요는 없

---

* 리얼 키워드 홈페이지 : http://realkeyword.co.kr/

는 겁니다. 빠르게 대응해야 하는 키워드 이슈를 한눈에 쉽게 확인할 수 있으므로 키워드 선택에 큰 도움이 될 것입니다.

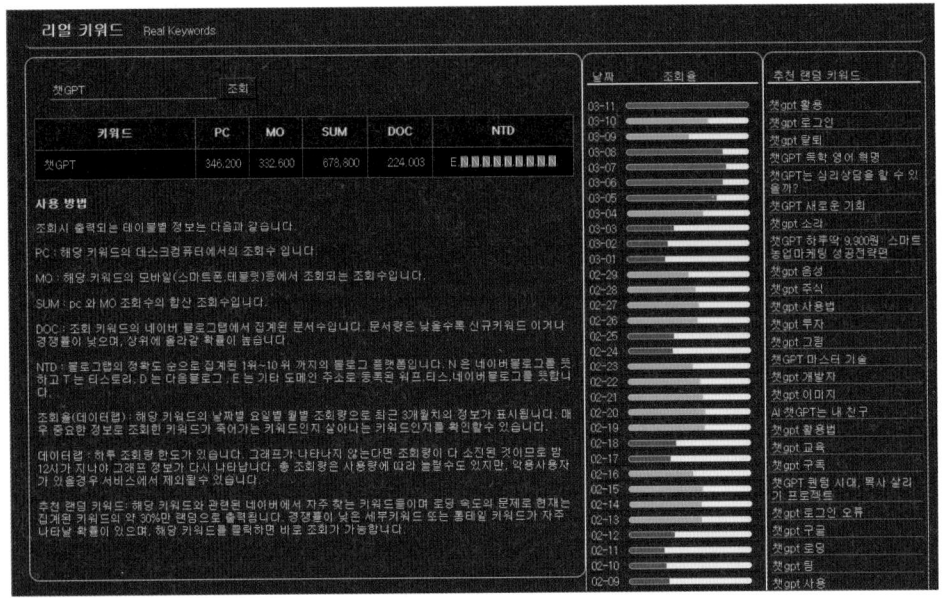

▲ 리얼 키워드 검색 결과

여기에서 소개한 키워드 분석 도구는 한 번씩은 사용하는 걸 권합니다. 충분히 둘러보면 누구나 쉽게 다룰 수 있습니다. 원하는 키워드를 조회해보고, 나름대로 분석 기준을 세우면 더욱 좋습니다.

다만, 포스팅을 작성할 때마다 매번 모든 사이트에서 키워드를 분석할 필요는 없습니다. 여러분이 사용하기에 가장 편하고 보기 쉬운 사이트 하나를 골라 포스팅하기 전 조회해보는 것으로 충분할 것입니다.

블로그 운영 목적에 따라, 도전하는 분야에 따라 유용한 도구는 모두 다를 수 있고, 명확한 정답도 없습니다. 어떤 도구가 중요한 건 아닙니다. 블로그 운영 초반에는 조회 수가 적더라도 문서 수가 적은 경쟁율이 낮은 키워드를 공략해 무조건 상위 노출을 해야 합니다. 운영이 어느 정도 안정화되면 포스팅 가치가 높은 상업성 키워드라도 조회 수에 따라 조금씩 키워서 도전해보세요. 내 블로그에 어느 정도 검색량의 키워드가 상위 노출 가능한가를 파악해야 합니다.

이외에도 유용한 키워드 도구가 많지만, 유료로만 가능한 경우는 따로 소개하지 않았습니다. 무료로도 꾸준하고 충분히 활용 가치가 있는 도구 위주로 소개하였으니, 여러분의 귀중한 시간을 좀 더 유용하게 사용할 수 있길 바랍니다.

두 아이를 키우며 잃어버린 나를 되찾는 여정

블로거 인터뷰 : 책 읽는 토끼 엄마, 민선미

Q 본인을 소개해주세요.

A 저는 책을 통해 새로운 꿈을 찾아 한 걸음씩 성장하는 「책 읽는 토끼 엄마」, 에세이스트 민선미입니다. 두 아이를 키우면서 잃어버린 나를 찾아 새벽 시간을 정복해 한 달에 5권, 4년 동안 300여 권을 완독하며 베스트셀러 작가의 꿈을 키웠습니다.

그 후 《독서로 함께 성장하는 삶》*, 《나비를 꿈꾸는 메신저》**를 공저하면서 소박했던 꿈이 명확해지고 더 큰 꿈이 생겼습니다. "바람이 불지 않을 때, 바람개비를 돌리는 방법은 내가 앞으로 달려가는 것이다."라는 데일 카네기의 말처럼 목표한 바를 이루기 위해 계속 변화하고 노력하는 중입니다. 제가 실패했던 경험들, 성공했던 경험들이 본보기가 되어 다른 분들이 좀 더 쉽게 갈 수 있도록, 힘이 되는 사람이 되려고 오늘도 노력하고 있습니다.

---

* 《독서로 함께 성장하는 삶》, 이학주, 민선미, 박소형, 전유미, 이선민, 이승민 저, BOOKK(부크크), 2021년 10월
** 《나비를 꿈꾸는 메신저》, 이승민, 민선미, 박소형, 이학주, 김선희 저, BOOKK(부크크), 2022년 1월

Q ▶ 블로그는 언제 시작하셨어요?

A ▶ 코로나가 한창이던 2020년 11월부터 본격적으로 온라인 세상에 발을 들여놓았습니다. 그전에는 독서 기록을 씽크와이즈^{ThinkWise}나 에버노트^{Evernote}, 노션^{Notion}에 기록했지만, 네이버 블로그를 알게 되면서 푹 빠져들기 시작했습니다.

새벽마다 블로그에 출근하며 1일 3포를 할 정도로 열정적으로 글을 발행했고, 100일 습관 챌린지를 세 번이나 완료했습니다. 그리고 소속감이 있는 곳에서 더 열심히 활동하면 책임감을 느끼는 편이라 커뮤니티 활동도 열심히 했고요.

Q ▶ 블로그를 시작하기 전에 어떤 일을 하셨나요?

A ▶ 결혼 전에는 산업 디자인을 전공하고 인쇄물 제작, 그래픽 디자인 회사에 재직하다가 결혼하면서 직장을 그만둔 전형적인 경력 단절 여성입니다. 이후로는 평범하게 집에서 아이를 키우는 전업주부였고요. 은행에서 개인정보를 적는 직업란에 '전업주부'가 쓰기 싫어 늘 고민했고, 언젠가는 내 일을 다시 찾고 싶다는 꿈을 포기하지 않았습니다.

그 후로 아이를 갖기 위해 지난 7년간 전국을 다니며 안 해본 것 없이 다해본 시절도 있었습니다. 결국 시험관 아기 시술로 두 아이를 출산 후 육아에만 전념했습니다. 그 시절의 이야기도 곧 책으로 펴낼 예정입니다.

Q ▶ 블로그를 시작한 계기는 무엇인가요?

A ▶ 육아 블로그를 운영하던 지인이 책만 읽는 제가 안타깝다며 도서 인플루언서가 되면 수익을 낼 수 있을 거라며 블로그 운영을 추천했습니다. 자신은 아이들 용품이나 교구를 모두 체험단 활동으로 받아서 사용하고, 아이들 책도 체험단으로 받았다며 사례도 알려주었고요.

때마침 제 아이도 유치원에 들어가면서 아르바이트라도 알아보려던 시기였습니다. 하지만 구인 공고를 보고 찾아가도 주부는 안 되거나, 나이가 어린 사람을 먼저 채용하는 가게를 보면서 서글펐습니다. 나이는 한계가 될 수 없다는 이야기도 있지만 현실은 그렇지 않았습니다. 그래서 나이를 따지지 않는 블로그에서 용돈을 벌겠다는 마음으로 곧바로 시작했습니다.

다행이라면 블로그를 시작하기 전에도 부지런히 공부하는 사람이었다는 점입니다. 아이들을 교육하기 위해 하브루타 독서 코칭, 그림책 하브루타, 코칭 심리 상담, 독서 지도사, 인성 교육, 방과 후 지도사 등 다양한 자격을 취득해놓았기에 교육 현장에 뛰어들면 일타 강사를 할 거라고 꿈꾸었습니다. 자신의 꿈을 잊고 집에만 있는 '경단녀'를 위해 독서 모임도 만들어 희망을 안겨주고 싶었습니다. 하지만 하필 그 시기에 맞춰 무서운 코로나19가 저의 부푼 꿈을 앗아갔고 다시 제자리로 돌아오는 풍파를 겪었습니다.

전 세계가 공포에 휩싸였고, 인생의 사계절에서 추운 겨울을 맛봤습니다. 집 밖으로 나가지도 못했던 시절이었고, 눈앞에서 죽음을 지켜보면서 두려웠습니다. 온종일 집에 머물며 책만 보는 바보가 되어 블로그만 했습니다.

그래도 전화위복이라고 이 시기라서 블로그에 더욱 재미를 붙일 수 있었습니다. 도서 서평을 하면서 소중한 블로그 이웃을 만나게 되었고, 오프라인이 아닌 온라인 세상의 즐거움을 맛보았습니다. 집 안에서도 언제든 멀리 있는 이웃과 글 친구가 되었고 같은 공부를 하며 소소한 일상을 쌓아갔습니다.

Q 블로그를 하면서 이루고 싶은 목표가 있었나요?

A 저는 도서를 주제로 블로그를 시작했기 때문에 당연히 도서 인플루언서를 꿈꾸었습니다. 하지만 첫 단추를 잘 끼워야 한다고 다양한 주제로 글을 발행해 몇 번

이나 인플루언서 탈락을 맛보고 다른 꿈을 꾸었습니다. 지금은 공저로 책을 출간했지만 온전히 제가 쓴 책으로 베스트셀러 작가가 되어 대형 서점의 평대에 제 책이 깔리는 것이 꿈입니다.

이러한 꿈을 꾸던 중 이웃의 소개로 '책과 강연' 커뮤니티를 소개받아 백일백장 프로젝트에 참여하여 연구생이 되었습니다. '생각하는 대로 이루어진다.'는 문구를 캘리그래피로 적은 저의 신조가 이루어지길 기다렸고, 마침내 '책과 강연'과 기획 출간을 계약했습니다. 이렇게 되기까지 저의 경험이 책이 되는 순간을 늘 시각화했습니다.

Q 블로그를 하고 나서 바뀐 게 있다면 어떤 걸까요?

A 이웃과 소통하면서 더 정보를 나눠주고 싶었고, 좋은 책을 만나면 소개해주고 싶었습니다. 그러면서 내가 누군가에게 정보를 주고 알려주는 것을 좋아한다는 것을 알았습니다.

과시한다고 느낄 수도 있지만, 제 글을 통해 도움을 받았고, 고맙다는 댓글을 읽을 때 그 기분은 이루 말할 수 없는 감동입니다. 그런 댓글 덕분에 더 많은 것을 배워서 나눠주고 싶은 마음이 생겼고 배움도 계속할 수 있었습니다.

지금도 블로그로 온라인 독서 모임을 모집하고 운영 중입니다. '마음 성장 나비'와 '마음 톡톡 나비'를 운영했고, 지금은 '새온독 독서모임'을 5년째 운영하면서 다양한 독서 모임에도 꾸준히 참여하고 있습니다.

저는 MBTI가 I로 시작하는 전형적인 내향인이라 다른 사람 앞에 나서서 말하는 것이 두려웠습니다. 하지만 블로그를 배우고 싶은 사람들에게 온라인, 오프라인으로 강의를 진행하고, 블로그 글을 스마트폰으로 발행하는 방법에 대해 지도하면서 많은 변화가 있었어요. 집에만 있던 '경단녀'가 사회에 다시 첫걸음을 다시 내디딘 성공적인 경험을 하게 된 거죠.

스스로 설정한 한계도 타인에게 인정받은 경험을 통해 긍정적으로 극복했습니다. 누구든 필요로 하는 곳에는 어디든지 찾아가서 도우려는 본심이 저에게 숨어있다는 것도 알았습니다. 저에게 도움을 받아 긍정적으로 변화하는 지인들을 보면서 동기부여 강연가의 꿈도 생기고, 글쓰기 코칭을 하는 미래를 그리게 되었습니다.

Q 「책 읽는 토끼 엄마」 님께 블로그란?

A 저의 잠재적인 재능을 알려주고, 저라는 존재를 다시금 알게 해준 곳입니다. 매일 하는 일을 기록하면서 저의 긍정적 루틴을 따르는 이웃들이 늘어났습니다. 여기에 블로그를 통해 독서 모임, 글쓰기, 강의, 서평 등 다양한 활동을 하면서 제가 어떤 사람인지 알게 되었거든요.

습관을 들이기 어려운 분, 독서는 하고 싶지만 작심삼일이라 고민인 분, 하다못해 팔리기 위한 글을 쓰고 싶은 분들에게 긍정 에너지를 주고 싶습니다. 여러분도 저처럼 블로그에 매일 글을 발행하면 뜻하지 않은 행운인, 세렌디피티(Serendipity) 효과를 느낄 수 있을 겁니다.

Q 블로그를 시작하려는 분들께 들려주고 싶은 이야기가 있나요?

A 블로그를 시작하기 직전의 저를 나란히 놓고 비교할 수 있다면 무척 놀라실 겁니다. 블로그는 그냥 시작하면 됩니다, 글 쓰는 게 익숙하지 않아서 두려울 수 있지만, 조금만 배우고 차차 글을 쓰다 보면 너무나 즐겁고 재미있는 경험이 될 겁니다.

요즘 트렌드의 기본은 스스로 자신을 알리는 것입니다. 블로그는 기본, 인스타그램, 유튜브까지 다양한 플랫폼에 노출해야 사람들이 알아줍니다. 처음에는 누구나 어렵고, 두렵고, 서툴기 마련입니다. 나이가 지긋한 어르신도 가르쳐봤는데 조금만 노력하니 쉽게 배우셨습니다. 여러분도 지금 시작해보면 금방 손에 익어서 저와 같은 희열을 느낄 수 있을 겁니다.

세상에는 보기보다 좋은 사람이 많고 친구가 되고 싶어 하는 사람도 많습니다. 여러분이 먼저 손을 내밀면 언제나 받아줄 준비가 된 이웃들이 많다는 긍정적인 마인드를 갖고 도전해보세요. 그러면 블로그는 너무나도 재미있는 세상이 될겁니다.

책 읽는 토끼 엄마 소셜 미디어

다양한 소셜 미디어 계정을 활발하게 운영하고 있는데 출간을 앞둔 작가로서 실명으로 활동도 하고 있습니다. 저는 콘텐츠 생산자로서 책 소개와 일상 소재의 글을 올리고, 난임 카페를 운영 중입니다. 저를 필요로 하는 분들과 정보를 공유하고 소통하고 싶습니다. 시크릿 난임 베이비 네이버 카페 및 네이버 블로그 외에도 다양한 소셜 미디어를 운영 중입니다.

- 네이버 블로그 : https://blog.naver.com/msue77
- 시크릿 난임 베이비 네이버 카페 : cafe.naver.com/secret2023yes
- 브런치 : brunch.co.kr/@minsunmi8
- 난임 일기 티스토리 : msue77.tistory.com

blog

책 속의 책

반드시 알아야 하는 블로그 용어 42선

❶ C-Rank

네이버에서 블로그의 신뢰도를 평가하는 알고리즘입니다. C-Rank가 높을수록 검색 시 상위에 노출될 확률이 높아집니다. 이 알고리즘은 네이버만의 기준으로 블로그의 신뢰도를 평가합니다. 네이버에서 제시하는 기준은 다음 네 가지가 있습니다.

❶ 글의 전문성 : 블로그와 글의 전문성을 봅니다. 블로그가 특정한 주제에 대해 전문성이 있는지 평가하고, 해당 블로그의 주제와 관련된 글의 수, 품질, 발행 빈도 등을 고려합니다.

❷ 글의 품질 : 블로그의 글이 고품질인지 평가합니다. 이를 위해 글의 내용이 충실한지, 구성은 체계적인지, 문장이 명확한지 등을 고려합니다.

❸ 체류 시간 : 블로그에 방문한 사람들이 얼마나 오래 머무르는지 평가합니다. 방문자의 체류 시간이 길다는 것은 해당 글과 블로그가 방문자들에게 유용하고 흥미롭다는 것을 의미한다고 판단하기 때문입니다.

❹ 소통과 참여도 : 블로그의 댓글, 공감, 스크랩 등의 소통과 참여도를 평가합니다. 이를 통해 블로그가 독자들과 활발하게 소통하고 있는지 파악하는 것입니다.

C-Rank는 블로그의 성장과 발전에 큰 영향을 줍니다. C-Rank를 높이고, 블로그를 잘 운영하고 싶다면 블로그의 주제와 내용을 전문적으로 다루고, 고품질의 글을 꾸준히 발행하는 것이 중요합니다.

❷ 블로그 지수

'블로그 지수'는 네이버에서 공식적으로 구분하는 기준은 아닙니다. 네이버 블로거 사이에서 흔하게 측정되는 블로그 측정 기준(단계)이며, 블로그 지수가 높을수록 상위 노출할 수 있는 가능성이 높기 때문에 객관적 지표로 여깁니다. 블로그 지수를 측정할 수 있는 다양한 서비스가 있으며, 네이버에서 제시한 C-Rank 기준을 객관적으로 수치화해서 블로그 지수 단계를 측정합니다.

- 다만, 블로그 지수는 프로그램 사이트에 따라서 조금씩 다르게 측정될 수 있습니다. 대부분은 저품질, 일반, 준최적화, 최적화 이렇게 네 단계로 나눠지고, 준최적화는 1~6단계(최대 7단계)로, 최적화는 1~3단계(최대 4단계)로 나눠집니다. 블로그 지수에 따라 네이버 검색 상위 노출/누락이 결정되기 때문에 많은 블로거가 신경을 씁니다.
- 새 블로그로 시작하면 **일반**으로 시작하고, 포스팅을 쌓아가면 **준최적화 2단계부터 6단계**까지 꾸준히 성장하게 됩니다. 대부분은 **최적화**를 목표로 블로그를 운영합니다.
- 하지만 2016년 이후 개설된 블로그는 **최상위 최적화(보통 최적화 3단계)**를 달성한 사례가 없다고 합니다. 비공식적 블로그 지수 지표만으로 판단하기에는 그만큼 최상위 블로그 성장이 쉬운 일은 아니라고 볼 수 있습니다.
- 블로그 지수를 확인할 수 있는 사이트는 유료도 있고, 무료도 있습니다. 유료 프로그램의 경우도 하루(24시간)에 최소 1회, 최대 5회까지는 무료로 진단받을 수 있습니다. 블로그 지수를 확인할 수 있는 사이트는 대표적으로 다음과 같습니다.
- **블덱스** : https://blogdex.space/
- **판다랭크** : https://pandarank.net/
- **리드뷰** : https://www.baruda.co.kr/

❸ 최적화 블로그

비공식적으로 블로그 지수를 측정할 때 상위권에 있다면 보통 **최적화 블로그**라고 이야기합니다. 네이버에서 공식적으로 인정하거나 공지하지는 않았지만, 많은 대행사와 블로거가 알음알음 지칭하는 용어입니다.

- 최적화 블로그는 정확히 말해 C-Rank가 높은 블로그입니다. 2024년 초 사라진 VIEW 탭 노출에 상위 노출되는 블로그를 최적화 블로그, C-Rank가 높은 블로그라고 판단할 수 있었습니다. 지금은 특정 키워드에 인기 글로 노출되며, C-Rank가 높은 최적화 블로그의 경우 글만 좋다면 거의 상위에 노출이 되는 편입니다.

- 네이버에 노출하는 게 중요한 업체는 비공식적으로 최적화 블로그를 구매하기도 합니다. 비공식적으로 매매되는 최적화 블로그는 1,000만 원을 호가하기도 합니다. 다만, 최적화 블로그라면 판매하는 것보다 본인이 키우면 훨씬 더 큰 가치를 만들 수 있을 것입니다.

④ 저품질 블로그

저품질 블로그는 네이버에서 검색 결과 상위에 노출되기 어려운 블로그를 말합니다. 네이버에서는 공식적으로는 저품질 블로그를 인정하지는 않습니다만, 장기간 관리되지 않은 블로그, 피싱/스팸 필터가 적용되어 노출이 어려운 블로그를 말합니다.* 저품질 블로그가 되면 포스팅하는 모든 글이 네이버 검색에서 노출이 되지 않습니다.** 네이버에서 공식적으로 다음과 같은 이유로 스팸 필터 적용이 된다고 합니다.

- 과도한 키워드 반복, 과도한 상업성 사이트 링크/포스팅, 불량 IP 및 상위 노출을 위한 댓글, 공감, 스크랩 조작, 대량의 포스팅 발행 등이 소위 '저품질'에 영향을 줄 수 있습니다.
- 저품질 블로그는 공식적으로 인정하지 않지만, 블로그 방문자 수의 갑작스러운 감소, 검색 노출 누락 등을 통해 간접적으로 확인할 수 있습니다. 블로그 유입 통계에서 다음/구글 유입 대비 네이버 유입이 확 떨어졌다면 '저품질' 상태로 유추할 수 있습니다.
- 한 번 저품질 블로그가 되면 탈출하는 것이 쉽지 않습니다. 계속 누락되는 패턴(상업성 키워드 글, 포스팅 대행 건 등)을 확인한 후 빠르게 글을 수정해서 다시 노출되도록 노력해야 저품질을 벗어날 수 있습니다. 따라서 가장 중요한 것은 처음부터 네이버가 싫어하는 글을 쓰지 않는 것입니다.

---

* 네이버 Search & Tech 공식 블로그, '블로그 검색 '저품질 블로그' 관련 잘못된 소문 Top',
  출처 : https://blog.naver.com/naver_search/220760111725
** 네이버 Search & Tech 공식 블로그, '검색어를 고려한 블로그 글쓰기',
  출처 : https://blog.naver.com/naver_search/220736004033

❺ D.I.A. 로직(모델)

2018년 6월에 공개된 네이버 블로그 검색 알고리즘입니다. 이전까지 네이버 기본 검색 알고리즘이었던 C-Rank를 상호 보완하기 위해 적용되었습니다. D.I.A. 로직은 주로 네이버 블로그의 정보성을 평가합니다. 사용자가 블로그 문서를 발행하면 주제 적합도, 경험 정보, 정보의 충실성, 문서의 의도, 상대적인 어뷰징 척도, 독창성, 적시성의 요소를 평가해 네이버 블로그 검색에 반영된다고 보면 됩니다.*

❻ D.I.A.+ 로직(모델)

D.I.A.+ 로직은 2020년 11월에 업데이트된 네이버의 블로그 VIEW 탭의 검색 랭킹 알고리즘입니다. 기존의 D.I.A. 알고리즘을 보완하기 위해 다음과 같은 요소가 추가되었습니다.

- D.I.A.+ 로직에서는 질의 의도에 대한 해결 내용 여부가 중요합니다. 즉, 검색 사용자가 만족할 수 있는 품질의 글을 발행했는지 인공지능이 확인하는 로직입니다.
- 글을 읽는 사람들의 반응도가 중요해졌습니다. 블로그 방문자가 남긴 좋아요, 댓글, 스크랩 등의 피드백을 랭킹에 반영합니다. 검색어별로 출처의 선호도를 다르게 반영합니다. 지식스니펫에서도 적용됩니다.**

---

* 네이버 Search & Tech 공식 블로그, '네이버 검색에 새롭게 적용된 D.I.A. 랭킹을 소개합니다',
출처 : https://m.blog.naver.com/naver_search/221297090120

** 네이버 Search & Tech 공식 블로그, 'VIEW 검색에서 진짜 정보를 찾기 위한 D.I.A.+ 알고리즘의 변화를 소개합니다',
출처 : https://blog.naver.com/naver_search/222147478268

❼ 질의 의도

네이버에서 말하는 '질의 의도'는 사용자가 입력한 질의(질문)에서 파악되는 의도를 의미합니다. 이는 사용자가 원하는 정보나 요구 사항을 더 정확하게 이해하고, 이에 맞는 적절한 답변을 제공하기 위해 중요한 개념입니다.

D.I.A.+ 로직이 공개된 이후 질의 의도가 중요해졌습니다. 검색자의 질의 의도를 파악하고 그 반응을 중요한 요소로 평가하기 때문입니다. 2021년 스마트블록 로직이 도입되면서 질의 의도를 파악한 포스팅 작성이 더욱 중요해졌습니다. 검색에서 사용자의 질의 의도를 반영하는 요소는 다음과 같습니다.

❶ 키워드 : 사용자가 검색창에 입력한 단어를 의미합니다. 키워드는 사용자가 원하는 정보를 찾기 위해 사용하는 핵심 단어로, 질의 의도를 파악하는 데 가장 중요한 역할을 합니다.

❷ 맥락 : 사용자가 입력한 질의의 문맥을 의미합니다. 맥락은 사용자가 입력한 질의의 전후 상황을 파악하여, 사용자가 원하는 정보나 요구 사항을 더 정확하게 이해하는 데 도움을 줍니다.

❸ 의도 : 사용자가 입력한 질의에서 파악되는 의도를 의미합니다. 의도는 사용자가 원하는 정보나 요구 사항을 직접적으로 나타내는 것으로, 질의 의도를 파악하는 데 가장 중요한 요소입니다.

❹ 태깅 : 사용자가 입력한 질의에 대한 의도를 파악하기 위해, 해당 질의에 태그를 붙이는 것을 의미합니다. 태깅은 사용자가 입력한 질의를 더 정확하게 이해하고, 이에 맞는 적절한 답변을 제공하는 데 도움을 줍니다.

❺ 토픽 : 사용자가 입력한 질의와 관련된 주제를 의미합니다. 토픽은 사용자가 원하는 정보를 더 정확하게 제공하기 위해, 해당 질의와 관련된 다양한 정보를 수집하고 분석하는 데 도움을 줍니다.

네이버에서는 이렇게 다양한 요소들이 질의 의도를 반영하고 있다고 봅니다. 이렇게 다섯 가지 요소를 잘 버무려 글을 쓸 때 네이버가 좋아하는 '좋은 문서'로 판정이 되어 검색 결과 상위에 노출될 수 있습니다.

❽ 지식스니펫(Knowledge Snippets)

본인의 글이 지식스니펫으로 선정되었다면 네이버에서 공신력과 신뢰도를 검증받았다고 보면 됩니다. 지식스니펫은 사용자의 검색 질문에 대한 직접적이고 요약된 답변을 제공하는 검색 엔진 기능입니다. 이는 검색 결과 페이지에서 특정 정보를 빠르게 파악할 수 있도록 도와주며, 일반적으로 검색 결과의 최상단에 위치하여 사용자의 시선을 끕니다.

- 지식스니펫은 다양한 형태로 제공될 수 있습니다. 단순 텍스트에서부터 리스트, 표, 이미지 등 다양한 형태로 나타날 수 있습니다.

- 지식스니펫의 주요 목적은 사용자가 정보를 빠르게 찾을 수 있도록 돕는 것입니다. 사용자가 특정 질문이나 키워드를 검색했을 때, 관련된 직접적인 정보나 답변을 즉시 제공합니다. 따라서 사용자는 별도의 웹사이트를 방문하지 않고도 원하는 정보를 바로 얻을 수 있습니다.

- 지식스니펫의 활용은 웹사이트 운영자나 콘텐츠 제작자에게도 중요한 의미를 가집니다. 자신의 웹사이트나 페이지가 지식스니펫으로 선정되면, 해당 사이트의 가시성이 크게 향상되어 더 많은 트래픽을 유도할 수 있습니다.

- 이를 위해서는 콘텐츠를 잘 구조화하고, 명확하며 직접적인 답변을 제공하는 것이 중요합니다. 또한 구조화된 데이터 마크업을 사용하여 검색 엔진이 콘텐츠를 더 잘 이해할 수 있도록 돕는 것도 좋은 방법입니다.

요약하자면, 지식스니펫은 사용자의 검색 질문에 대한 직접적이고 요약된 답변을 제공하는 기능입니다. 사용자와 웹사이트 운영자 모두에게 유용한 도구로 사용자는 정보를 빠르게 얻을 수 있고, 웹사이트 운영자는 자신의 사이트 방문자를 단번에 높일 수 있습니다. 네이버의 로직과 방향을 무시하고는 블로그 운영을 잘 할 수 없기에 이런 부분을 짚어가면서 운영하면 더 좋습니다.

❾ VIEW 탭(뷰 탭)

VIEW 탭은 2018년 하반기 공개, 2024년 초에 없어진 네이버 검색 결과의 대표적인 결과 구성이었습니다. 주로 C-Rank와 D.I.A., D.I.A.+ 로직이 적용된 검색 결과를 통해 네이버 검색 노출의 메인으로 여겨졌습니다.

당시 검색 결과는 모바일 화면 기준, 통합 탭 바로 옆에 VIEW 탭이 나왔습니다. 통합 탭은 파워링크, 광고 등이 먼저 노출되었기 때문에 대다수의 사용자는 블로그, 카페 글 중 신뢰할 수 있는 정보가 먼저 노출되는 VIEW 탭을 선호하는 편이었습니다. 마케팅을 원하는 업체도 본인의 브랜드 블로그, 체험단 글을 통해 VIEW 탭 상단 노출을 노렸습니다.

각종 네이버 블로그 강의, 도서 등에서 말하는 상위 노출은 바로 VIEW 탭의 상위 노출을 의미했습니다. 지금은 블로그 탭, 카페 탭으로 다시 분리되었지만 아직도 이 VIEW 탭 상위 노출 로직, 알고리즘이 동일하게 적용되고 있는 것으로 보입니다.

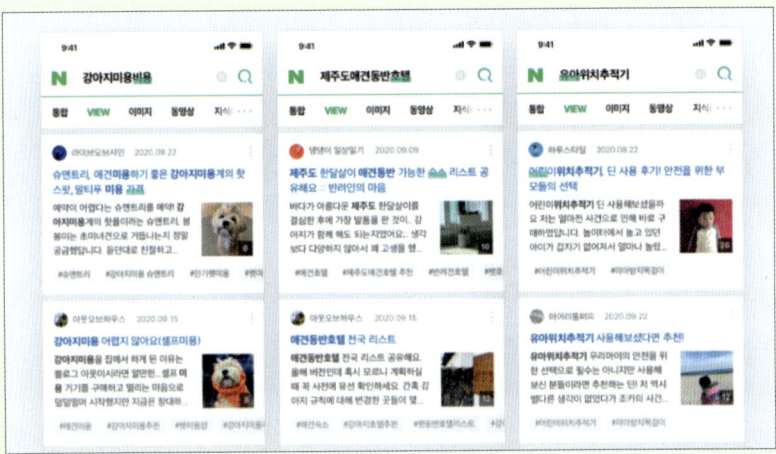

▲ 구 VIEW 탭 화면 예시

⑩ 스마트블록

스마트블록은 사용자의 검색 의도를 더욱 정확하게 파악하여, 다양하고 세분화된 정보를 제공하는 검색 결과 노출 방식입니다. 2021년 10월에 선보인 후 2023년 1월 VIEW 탭이 사라지고 모든 키워드에 스마트블록을 적용하면서 네이버 검색 결과에서 가장 중요한 위치를 차지하게 되었습니다.

- 사용자의 검색어를 분석한 뒤, 해당 검색어와 관련된 다양한 주제와 유형의 정보를 추출하여, 이를 기반으로 검색 결과를 재구성하여 제공합니다.
- 사용자의 검색 의도에 맞추어 다양한 콘텐츠를 제공하여, 사용자의 검색 경험을 개선하고, 더욱 정확하고 신뢰성 있는 정보를 제공하는 것을 목표로 합니다.
- 블로거는 스마트블록 주제별 결과의 '인기글'에 보여지는 걸 최상위 노출의 목표로 삼아야 합니다. 그래야 주제별로 나뉘어져서 방문자가 유입되는 것보다 더 많은 방문자를 확보할 수 있습니다.

네이버가 추구하는 스마트블록의 특징은 다음과 같습니다.

스마트블록은 텍스트, 이미지, 동영상, 지도 등 다양한 정보를 통합 제공해 사용자에게 질의에 최대한 맞춘 정보를 전달합니다. 블로거는 검색 의도에 맞춘 정보 제공을 통해 스마트블록 맞춤형 콘텐츠를 제작하려는 전략이 필요합니다. 또한, 스마트블록은 구조화된 정보를 제공하여 사용자가 원하는 내용을 쉽게 찾을 수 있게 돕고, 인터랙티브한 사용자 경험을 제공합니다. 이러한 기능을 통해 블로그의 노출과 효율적인 마케팅이 가능합니다. 따라서 스마트블록을 활용해 블로그의 품질과 영향력을 높일 수 있도록 노력하는 것이 좋습니다.

⑪ 블로그 탭, 카페 탭

네이버의 메인 검색 화면이 스마트블록으로 재편되면서 등장한 새로운 검색 결과 탭입니다. 이전에는 VIEW 탭으로 노출됐을 검색 결과 화면이 블로그 탭과 카페 탭으로 전환된 것입니다. '개인 공간에서 생산한 글'은 블로그 탭에서, '다수가 참여해 커뮤니티 등에서 생산한 글'은 카페 탭에서 확인할 수 있게 되었습니다. 이렇게 카페, 블로그로 나눈 것은 오히려 VIEW 탭 출시 이전으로 돌아간 것과 비슷합니다.

⑫ 상위 노출(상노)

블로거라면 당연히 상위 노출에 민감할 수밖에 없습니다. 글이 상위 노출되었을 때와 아닐 때의 방문자의 수는 엄청 차이가 나거든요.

여러분은 검색하면 상위 몇 개까지 글을 확인하시나요? 대부분 검색 결과 화면에서 연관성이 높거나 최신 정보 세 개 내외의 글을 확인할 거고, 자세히 찾는다 해도 열 개 내외일 겁니다.

우리가 흔히 말하는 상위 노출은 검색 첫 화면에 노출되는 걸 의미합니다. 모바일 환경에서는 블로그 탭의 상위 글 세 개 정도가 한 화면에 보일 거고, 대부분의 키워드는 인기 글 한두 개가 바로 보입니다. 네이버의 공식적인 입장은 검색어와의 연관성, 정보의 품질과 신뢰성, 사용자의 선호도 등 다양한 요소를 고려하여 검색 결과에 노출되는 비중이 결정된다고 합니다.

❶ 검색어와의 연관성 : 사용자가 입력한 검색어와 관련된 내용을 다루는 글일수록 상위에 노출될 가능성이 높습니다. 검색어의 의도를 파악하여, 의도에 맞는 정보를 제공하는 글도 상위에 노출될 가능성이 높습니다. 키워드를 제목에 어떻게 사용하고, 내용에 어떻게 반영했는지를 다루는 부분입니다.

❷ 정보의 품질과 신뢰성 : 출처가 명확하고, 내용이 충실하고 정확하며, 최신 정보를 다루는 글일수록 상위에 노출될 가능성이 높습니다. 이 부분은 C-Rank 로직이 주요하게 반영됩니다. C-Rank가 높은 블로그는 꾸준히 오래 운영되었고, 신뢰성이 높다고 판단할 수 있습니다. 블로그 지수가 높은 글이 상위에 뜰 수밖에 없는 이유입니다.

❸ 사용자의 선호도 : 사용자들이 많이 조회하고, 구독하고, 공유하는 글일수록 상위에 노출될 가능성이 높습니다. 사용자의 검색 기록과 선호도를 분석하여, 사용자가 선호하는 정보를 제공하는 글도 상위에 노출될 가능성이 높습니다. 이 부분은 D.I.A., D.I.A.+ 로직이 주요하게 반영됩니다. 15번에서 다룰 '공스댓체'와 같이 다른 사용자의 평가와 피드백이 좋은 글도 상위에 노출될 가능성이 높습니다.

네이버에서는 블로거가 상업성을 최대한 덜고 좋은 글을 많이 쓰도록 유도해 검색자들을 만족하게 하려고 하고, 대행사나 업체는 그 로직을 분석해 글을 상위에 띄우려고 합니다. 로직에 대한 변화와 방향성은 알고 블로그를 운영해야 하는 이유가 바로 여기에 있습니다. 블로그를 시작하려면 상위에 노출된 글을 꾸준히 확인해보면서 어떤 글을 네이버가 좋아하는지 잘 파악해보는 것이 중요합니다.

⑬ 서이추(서로이웃 추가)

블로그를 처음 시작하면 '서이추' 신청이 많이 들어옵니다. 서이추는 서로이웃 추가의 줄임말입니다. 네이버 블로그의 이웃과 서로이웃은 다릅니다. 이웃은 나 혼자 상대방을 추가해 팔로워가 되는 것입니다. 상대방은 내가 이웃으로 추가했다는 간단한 안내 메시지만 받으므로 추가 여부를 모를 수도 있습니다. 반면 서로이웃으로 신청하면 상대방에게 내가 서로이웃을 신청하고, 상대방이 이를 수락해야 이웃이 됩니다. 따라서 서로이웃은 블로그 운영에서 소통과 교류 활성화의 역할을 합니다.

서로이웃은 5,000명까지 추가할 수 있습니다. 처음 블로그를 시작한 직후 이웃을 어느 정도 늘릴 때는 서이추가 큰 도움이 됩니다. 서이추로 이웃을 늘리는 게 싫다면 신청을 받지 않도록 설정할 수도 있습니다. 다만, 정보성 블로그를 운영하는 경우 이웃, 서로이웃에게만 보이는 게시 글을 별도로 작성하는 방식으로 전략적인 활용이 가능합니다.

서로이웃을 신청할 때는 상대의 블로그를 충분히 살펴보고, 서로 관심 있는 주제나 분야가 있는지 확인하는 것이 좋습니다. 또 서로이웃을 신청할 때는 예의와 존중을 갖추고, 상대방이 수락할 수 있는 적절한 이유와 함께 신청하는 것이 좋습니다. 서로이웃 기본 멘트인 '서로이웃해 주실래요?'만 적으면 상대방이 거절할 가능성이 많습니다. 당신의 블로그가 마음에 들고, 앞으로도 꾸준히 교류하겠다는 자신만의 신청 멘트를 만드는 것이 좋습니다.

⑭ 비댓(비밀 댓글)

이벤트를 진행하는 블로그에는 '포스팅을 공유하고 비댓으로 주소를 남겨주세요.'하는 멘트를 종종 확인할 수 있습니다. 여기서 '비댓'은 '비밀 댓글'의 줄임말입니다. 댓글 작성 시 자물쇠 모양의 아이콘을 클릭해 비밀 댓글로 등록할 수 있습니다. 비밀 댓글은 말 그대로 게시 글 작성자와 댓글 작성자만 볼 수 있는 댓글이에요. 비밀 댓글은 댓글을 단 사람과 블로그 주인 외의 다른 사람은 볼 수 없습니다. 이벤트 상품 수령 시 사용할 집 주소나 이메일 주소, 전화번호와 같은 민감한 정보, 개인적인 이야기를 주고받을 때 사용하면 됩니다.

⑮ 공스댓체(공감, 스크랩, 댓글, 체류 시간)

네이버 블로그의 소통 방식 지표인 공감, 스크랩, 댓글, 체류 시간을 줄여 '공스댓체'이라고 하고 '공댓체', '공댓'으로도 많이 쓰입니다. 네이버 D.I.A.+ 로직에서 검색자의 만족도를 측정하는 요소가 바로 이 '공스댓체'입니다. 검색자의 질의 의도에 부합하는 정보를 제공하면 사람들이 공감하고, 적극적으로 댓글을 남기고, 오래 읽고, 충분히 체류하며, 자신의 블로그에 공유할 거라 생각하는 것이지요.

따라서 유용한 정보라도 방문자가 일정 시간 체류하도록 충분한 길이의 글을 써야 합니다. 3,000자가 넘는 긴 글이 체류 시간이 높다고 해서 좋다고 생각했던 시기도 있었지만, 지금은 읽는 사람과 쓰는 사람도 부담 없는 약 1,500~2,000자에 이미지가 10개 이상 포함된 길이가 적당하다는 의견이 대다수입니다. 또한, 적극적으로 다른 사람이 자신의 글을 공유하고 댓글을 남길 수 있도록 유도하는 지혜도 필요합니다. 그렇게 쌓인 공감과 댓글이 여러분의 블로그 지수를 올려줄 것입니다.

⑯ 체험단

기업, 브랜드에서는 제품이나 서비스를 홍보하기 위해 체험단을 모집합니다. 체험단에 가입하면 제품이나 서비스를 무료로 제공받거나 일정한 금액을 할인받아 구매하는 등 혜택을 받을 수 있습니다.

블로거는 제공받은 상품이나 서비스를 후기로 작성하여 올립니다. 홍보를 희망하는 업체는 블로그 지수가 높아 상위에 노출해줄 수 있는 블로거를 섭외하려고 하고, 블로거는 블로그 지수를 높여 더 좋은 서비스를 받고자 합니다. 이렇게 작성된 후기들은 제품이나 서비스의 인지도를 높이고, 구매를 유도하는 데에 큰 역할을 합니다. 특히, 체험단은 음식점이나 저렴한 상품에는 주효한 역할을 합니다.

물론 네이버에서는 이런 후기들을 좋아하지는 않아요. 업체가 네이버에 돈을 주고 광고하길 바라고요. 반면 업체들 입장에선 광고라고 하면 일단 꺼리는 사람들이 더 많으니 되도록 티 나지 않게 광고를 할 수 있는 체험단을 선호하는 편입니다.

블로거는 되도록 본인이 운영하는 주제에 맞는 체험단으로 운영하는 게 좋습니다. 패션이면 패션, 맛집이면 맛집 이런 식으로 전문적인 주제로 블로그를 운영하면 체험단을 맡길 업체나 대행사에서 선택할 확률이 높습니다.

⑰ 기자단

블로그에서 말하는 기자단은 체험단과 달리 실제 제품이나 서비스는 받지 않고 실제로 경험한 듯한 포스팅을 작성하는 활동을 말합니다. 상품의 크기가 지나치게 크거나, 고가인 제품, 서비스의 경우 여러 사람에게 체험단으로 제공하기엔 무리가 있겠죠? 이때는 기자단을 통한 홍보가 더욱 효과적입니다. 냉장고나 침대, 안마 의자와 같은 제품에 해당되는 경우라고 생각하면 편합니다. 대부분 대행사를 통해서 기자단을 뽑고 포스팅 작성 가이드 혹은 참고할 수 있는 원고, 사진을 모두 제공하고 실제로 사용 후기처럼 작성하도록 요청합니다.

다만 일부 대행사에서는 동일한 사진과 원고를 블로거들에게 일괄 제공하고 그대로 업로드를 요청하는 경우가 있습니다. 이러면 동일한 글이 생산되고, 네이버 로직에 유사 문서로 필터링될 수 있습니다. 이렇게 쉽게 작성하고 원고료를 받는 패턴에 익숙해져 기자단 활동에만 치중해, 어느새 저품질 블로그가 되어 회복이 불가능한 사례도 있으니 신중하게 결정해야 합니다.

⑱ 협찬

체험단과 비슷한 의미입니다. 체험단은 블로거가 어떤 서비스나 제품을 직접 신청하고 선정되어 진행하는 방식이라 할 수 있고, 협찬은 업체에서 블로거에게 제안 혹은 신청하여 진행하는 방식이 대부분입니다.

협찬은 아무래도 블로그보다는 인스타그램, 유튜브 등 이미지와 동영상으로 제품을 노출하고자 하는 쪽에서 많이 하는 편입니다. 물론 단순 노출이나 홍보가 아닌 후기 형식 등 블로그에 적합한 협찬 제품과 서비스도 많습니다.

블로그가 최적화되어 지수가 높은 경우 오히려 원하는 제품이나 서비스에 대한 제안서를 작성해 먼저 제시하기도 합니다. 업체 입장에서도 상위 노출이 가능하고, 원고료 비용이 합리적이라면 긍정적으로 응하는 편입니다.

⑲ 공정위 문구

블로그 용어로 사용되는 '공정위 문구'는 공정거래위원회에서 소비자의 올바른 거래를 위해 혜택 및 대가성 내용을 기재하도록 제정하였습니다. 정확하게는 '추천보증 등에 관한 표시광고 심사지침'입니다.

공정위 문구는 협찬 혹은 체험, 기자단 관련 포스팅에 필수로 삽입해야 하는 부분으로 광고주명, 상품 또는 서비스명, 광고의 내용, 광고의 매체명 등을 포함해야 합니다. 네이버에서도 상품이나 서비스를 홍보할 때, 소비자들이 광고임을 인지하고, 합리적인 선택을 할 수 있도록 해당 문구를 함께 기재해야 한다고 가이드하고 있습니다.

블로그에는 기재하는 방법으로 포스팅 시작이나 끝부분에 텍스트 내용으로 삽입하는 방법이 가장 대표적입니다. 다음으로 체험단 플랫폼에서 자체적으로 제공하는 문구 혹은 이미지를 삽입할 수도 있습니다. 마지막으로 OGQ마켓에서 판매 중인 다양한 디자인의 공정위 문구 스티커를 구매한 후 사용하는 방법이 있습니다.

다만, 2024년 9월 9일부로 공정위 문구 등록 방법에 관한 개정안 행정예고가 있었습니다. 이 지침이 개정되면 공정위 문구를 포스팅 맨 앞 혹은 제목에 삽입해야 합니다.

어떤 방법이든지 체험단, 협찬 포스팅에는 공정위 문구는 꼭 사용해야 합니다. 업체에서 공정위 문구 삽입 없이 포스팅을 요구하는 경우는 반드시 거절해야 뒷광고 논란 없이 블로그를 바르게 운영할 수 있습니다. 더욱 자세한 내용은 '추천보증 등에 관한 표시광고 심사

지침' 관계 법령을 검색한 후 최신 내용을 참고하길 바랍니다.

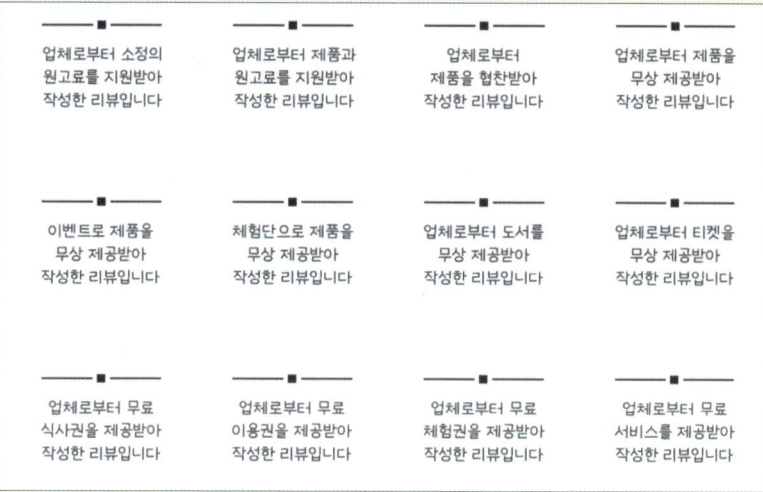

▲ OGQ마켓에서 판매 중인 공정위 문구 스티커

⑳ 프롤로그

블로그의 프롤로그는 블로그의 첫 화면을 구성하는 기능입니다. 다양한 게시물을 언론사의 뉴스 목록과 같이 꾸밀 수 있고, 여러 게시물의 제목을 보여주는 방식으로 선택해서 꾸밀 수도 있습니다. 프롤로그만 잘 꾸며도 블로그를 홈페이지처럼 보이도록 만들 수 있습니다. 전문적인 주제로 운영하는 블로그라면 첫 화면은 꼭 전문성을 살릴 수 있는 형태의 프롤로그로 선택하는 것이 좋습니다.

프롤로그는 네이버 블로그 관리자 화면 상단에 위치한 '메뉴 · 글 · 동영상' 관리 항목에서 설정 및 변경할 수 있습니다. 다만 프롤로그 기능은 PC 화면에만 적용됩니다. 모바일에서는 따로 프롤로그를 보여주는 기능이 없습니다.

㉑ 스마트에디터 원

스마트에디터 원SmartEditor ONE은 네이버에서 제공하는 최신 버전의 포스팅 편집기로 블로그 뿐만 아니라 카페, 지식iN, 포스트 등 다양한 네이버 서비스에서 지원됩니다. 스마트에디터 원은 모바일과 PC 환경에서 모두 사용할 수 있고, 네이버의 다른 서비스와 연동되어서, 글 작성 시 네이버지도, 네이버쇼핑, 네이버예약 등의 정보를 쉽게 삽입할 수 있습니다. 스마트에디터 원은 워드와 유사한 기본 편집 기능을 모두 제공합니다. 다양한 기능을 가진 스마트에디터 원을 최대한 잘 활용하여 글을 써야 포스팅의 가독성을 높이고 포스팅 지수도 높일 수 있습니다. 아직 초보자라면 스마트에디터 원부터 제대로 배우고 활용하는 것을 추천합니다. 스마트에디터 원의 자세한 주요기능과 사용 방법은 다음 링크에서 확인할 수 있습니다.

- **참고 링크** : https://smarteditor.naver.com/

㉒ 글감

네이버 블로그의 글감 기능은 포스팅 내용에 사진, 책, 영화, TV, 공연, 전시, 음악, 상품, 뉴스, 인물 등 다양한 정보를 첨부할 수 있도록 돕는 기능입니다. 글감을 이용하여 글을 작성하면 해당 글이 관련된 정보로 취급되어 노출이 더욱 쉬워질 뿐만 아니라 글의 내용도 더욱 풍부해집니다. 글감 기능은 스마트에디터 원 화면에서 오른쪽 상단에 위치하고 있으며, 첨부를 원하는 글감을 선택하면 됩니다.

▲ 네이버 글감 첨부 예시

㉓ 템플릿

스마트에디터 원에서 제공하는 기본적인 글쓰기 양식을 말합니다. 템플릿은 스마트에디터 원 화면 오른쪽 상단에 있습니다. 글을 작성할 때 제공되는 기본 템플릿을 활용하면 글 구성을 미리 계획하고 작성할 수 있습니다.

네이버에서 기본으로 제공하는 템플릿은 협찬 및 리뷰, 여행, 지식, 정보 글, 일기, 순위 등 다양한 양식이 있습니다. 템플릿은 글 전체가 템플릿으로 되어 있는 '추천 템플릿'과 부분에 적용할 수 있는 '부분 템플릿'이 있습니다. 템플릿의 진가는 나만의 글 스타일을 만들고 저장해 활용할 수 있는 '내 템플릿'에 있습니다. 평소 자주 작성하는 글 양식을 템플릿으로 저장한 후 필요할 때 불러와 내용을 고치고 사진을 교체하는 방법으로 포스팅을 작성하면 시간을 줄일 수 있습니다. '내 템플릿'은 발행 전의 상태로 저장할 수 있습니다. 템플릿 기능만 잘 활용해도 글 쓰는 시간을 대폭 줄일 수 있습니다.

▲ 네이버 추천 템플릿 예시

㉔ 애드포스트

네이버 애드포스트는 네이버에서 제공하는 광고 시스템으로, 블로거가 작성한 포스팅에 삽입된 광고가 타인에게 노출되거나 클릭이 발생했을 때 해당 블로거에게 수익을 제공하는 방식입니다. 애드포스트를 사용하려면 블로그 개설 및 운영 후 개별적으로 신청해야 하며 기본 조건은 다음과 같습니다.

- 만 19세 이상
- 블로그 개설 후 3개월 이상 경과
- 블로그 일 방문자 약 100명 이상

애드포스트 신청 조건이 명확하지 않아 몇 번 신청하고 떨어지는 경우도 있어 '애포고시'라는 말도 있습니다. 하지만 일반적으로 일 방문자 수 100명 이상이 주요 기준입니다. 100개가 넘는 포스팅에 운영 기간이 몇 년을 넘은 블로그도 일 방문자 수가 100명을 넘지 않으면 신청이 반려될 수 있습니다. 반면, 방문자 수가 100명을 넘는 블로그는 포스팅 개수에 관계없이 승인되는 경우도 많습니다.

애드포스트는 블로그를 통한 '블로소득'의 상징이며, 승인만 되면 꾸준한 수익이 발생하므로 블로그 초보자들에게는 첫 번째 수익원이라고 할 수 있습니다. 그러나 방문자 수가 높지 않으면 큰 소득원으로 보기 어렵습니다. 많은 사람이 애드포스트 수익이 낮다고 하지만, 인플루언서나 특정 분야에서 방문자가 많은 경우 꽤 큰 수익을 올릴 수 있습니다.

애드포스트로 수익화를 기대한다면 조금은 전략적인 접근이 필요합니다. 예를 들어, 부동산이나 주식처럼 광고 단가가 높은 주제에 대해 글을 작성하면 애드포스트 수익을 늘릴 수 있습니다. 이처럼 애드포스트 금액을 높일 수 있는 글을 많이 쓰는 것이 하나의 전략이 될 수 있습니다.

25 크리에이터 어드바이저

크리에이터 어드바이저Creator Advisor는 네이버에서 제공하는 크리에이터를 위한 분석 도구로, 단순 통계를 넘어 다양한 기능을 제공합니다. 블로그에서 제공되는 통계와 달리 당일 데이터를 포함하여 실시간 통계를 확인할 수 있으며, PC와 모바일에서도 확인이 가능합니다. 크리에이터 어드바이저에서 제공하는 주요 데이터는 다음과 같습니다.

❶ **데이터 분석** : 네이버 블로그, 포스트, 네이버TV 등 네이버 소셜 미디어에서 발생하는 데이터를 통합하여 분석, 제공합니다. 개별 소셜 미디어 채널 혹은 통합 데이터를 통해 자신의 콘텐츠 성과를 파악하고 개선할 수 있습니다.

❷ **통계** : 미디어 운영 전략을 수립할 수 있도록 방문자 수, 유입 경로, 인기 게시물 등의 통계를 제공합니다.

❸ **수익 분석** : 광고 수익, 후원 수익 등 수익을 분석하여 제공합니다. 예전에는 애드포스트에 직접 로그인해 확인할 수 있었던 수익 데이터를 블로그 내에서 바로 확인할 수 있습니다

다. 어떤 글을 통해 수익이 많이 발생했는지, 어떤 포스팅이 수익화에 유리한지 파악할 수 있습니다.

4 콘텐츠 추천 : 최신 트렌드가 반영된 인기 있는 콘텐츠를 추천해줍니다. 사용자가 원하는 분야를 설정하면, 해당 분야의 최근 인기 검색어를 확인하고 포스팅에 도움을 받을 수 있습니다.

5 사용자 분석 : 방문자의 연령대, 성별, 지역 등 분석 데이터를 제공합니다. 블로그에 유입된 방문자가 어떤 포스팅을 통해 들어오는지, 방문 시간대는 언제인지 등 상세한 분석이 가능합니다.

크리에이터 어드바이저는 네이버 블로그뿐만 아니라 포스트, 네이버TV 등 다른 네이버 소셜 미디어에서도 제공됩니다. 크리에이터 어드바이저를 잘 활용하면 블로그 운영 및 네이버 소셜 미디어 운영 전략 수립에 큰 도움이 될 것입니다.

26 검색어 자동 완성(자완)

검색어 자동 완성 기능은 사용자가 입력한 검색어를 기존 데이터에 기반해 자동으로 완성된 검색어를 제공하는 기능입니다. 스마트폰으로 검색어를 한두 글자만 입력해도 자동으로 단어가 완성되는 경우를 생각하면 됩니다.

검색어 자동 완성 기능은 검색 시간 단축, 오타 방지, 인기 검색어 파악, 다양한 검색어 의미 확인 등의 장점이 있지만, 사용자가 의도한 검색어 대신 인기 있는 검색어로 바꿔어 결과를 보여주는 경우도 있습니다. 홍보 대행사들은 이러한 자동 완성 문구를 만들기 위해 인위적으로 특정 검색어를 반복적으로 검색하여 자동 완성 리스트에 포함되도록 하기도 합니다.

㉗ 연관 검색어

연관 검색어는 네이버 검색에서 사용자가 특정 검색어를 입력할 때, 해당 검색어와 관련된 다른 검색어를 자동으로 추천해 주는 기능입니다. 연관 검색어는 검색창 하단에 표시되며, 사용자가 입력한 검색어 외에도 다른 사용자가 검색한 검색어를 네이버의 알고리즘을 통해 추출하여 제공합니다. 연관 검색어는 검색하고자 하는 키워드 외에도 연관된 다양한 정보를 제공받을 수 있게 해줍니다. 또한 현재 인기 있는 검색어를 파악할 수 있게 하며, 검색의 편의성을 향상시킵니다.

홍보 대행사들은 연관 검색어에 노출되도록 특정 검색어를 반복적으로 검색하는 방식으로 작업하기도 합니다. 예를 들어, '강남 맛집'을 검색했을 때 '강남 맛집 ○○○식당'이 연관 검색어로 나오면, 검색하는 사람들은 '○○○식당'을 유명한 강남 맛집으로 인식하게 됩니다. 다만, 네이버는 이러한 연관 검색어 조작 행위를 금지하고 있습니다. 위반할 경우 어뷰징으로 제재받을 수 있음에도 불구하고 광고 효과가 크기 때문에 홍보 대행사들은 연관 검색어에 오르기 위해 노력합니다.

블로그를 운영하는 사람들은 연관 검색어를 잘 활용하여 포스팅을 작성할 수 있습니다. 예를 들어, 'MBTI'를 검색했을 때 연관 검색어로 'MBTI 검사', 'MBTI 유형', 'MBTI 궁합', 'MBTI 뜻' 등이 나오면, 연관 검색어를 주제로 포스팅을 작성하여 블로그 유입을 늘릴 수 있습니다.

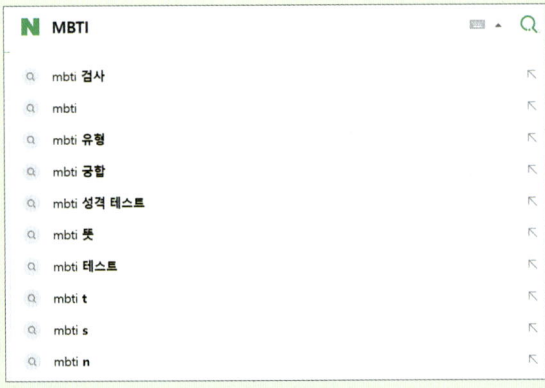

▲ 네이버 연관 검색어 예시

㉘ 키워드

네이버 블로그에서 말하는 키워드는 매우 중요한 의미를 가지고 있습니다. 키워드는 네이버 검색창에서 검색하는 단어를 지칭하며, 이 단어를 잘 이해하고 활용하는 것이 블로그를 잘 운영하는 비결이기도 합니다. 키워드를 효과적으로 반영한 블로그 포스팅을 작성해야 방문자가 늘어납니다.

블로그에서 키워드는 여러 가지 역할을 합니다.

첫째, 키워드는 포스팅 주제를 나타냅니다. 예를 들어, 맛집, 여행, IT 등의 주제가 이에 해당합니다.

둘째, 키워드는 검색어이기도 하며, 본문에 추가하는 태그로도 사용됩니다. 블로그의 키워드는 블로그 방문자 유입에 매우 중요한 역할을 하며, 네이버 검색창에서 키워드 종류에 따라 블로그의 노출 정도가 달라집니다.

블로그의 성장과 수익화를 목표로 하는 사람들에게 키워드에 대한 이해는 필수입니다. 키워드에 대한 자세한 설명은 CHAPTER 06을 참고하세요.

㉙ 스킨

스킨은 블로그의 디자인과 느낌을 결정하는 중요한 요소입니다. 스킨을 잘 설정해 블로그의 전체적인 느낌을 살려야 합니다. 스킨 설정을 통해 블로그의 제목, 프로필, 카테고리 등의 위치와 크기를 조절할 수 있으며, 배경색, 글자색, 이미지 등도 조절할 수 있습니다.

스킨은 사용자의 취향에 따라 다양한 디자인으로 설정할 수 있지만, 블로그의 주제와 목적에 맞는 디자인을 선택하는 것이 중요합니다. 네이버에서 제공되는 다양한 디자인 중에서 사용자의 편의성과 가독성을 고려하여 적절한 스킨을 설정할 수 있고, 사용자가 직접 블로그 스킨을 디자인하여 사용하는 것도 가능합니다.

특히 홈페이지형 블로그 디자인을 사용하는 브랜딩 블로그나 전문 블로그들은 스킨 선택에 신경 써야 합니다. 스킨 하나로 블로그의 전문성과 브랜드 이미지를 강화할 수 있기 때문입니다.

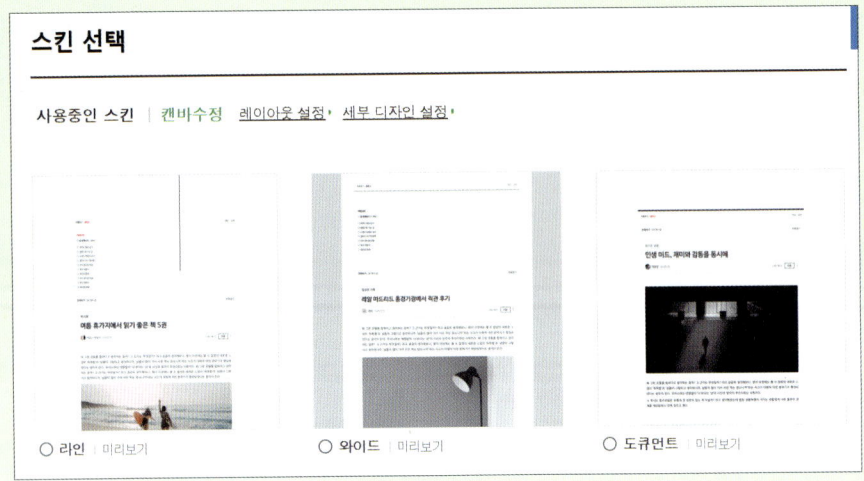

▲ 네이버 기본 제공 스킨

③⓪ 포스팅

포스팅이란 기본적으로 인터넷에 글을 올리는 행위를 뜻합니다. 쉽게 말하면, 우리가 블로그에 쓰는 하나하나의 글을 포스팅이라 하고, 카페, 페이스북, 인스타그램에 글을 올리는 행위도 포스팅이라고 합니다. 포스팅은 자신의 생각이나 경험을 글로 담는 것이 좋으며, 네이버는 좋은 정보를 제공하는 포스팅을 높게 평가합니다. 포스팅 품질 관리를 통해 블로그 방문자에게 유용한 정보를 제공할 수 있고, 블로그의 가치를 높일 수 있습니다.

③① 1일 1포스팅(1일 1포)

블로그를 이제 막 시작했다면 '1일 1포'라는 용어를 가장 먼저 배우게 될 것입니다. '1일 1포'는 '하루에 최소 한 개 이상 포스팅'하는 것을 말하며, 블로그를 운영하는 사람들이 권장하는 기본적인 성장 방법입니다. 꾸준하게 글을 작성해 블로그의 콘텐츠를 확보하고, 노출 기회를 만들어 블로그 지수를 높이는 데 도움이 되기 때문입니다.

매일 한 개 이상 글을 쓰는 것이 결코 쉬운 일은 아닙니다. 그럼에도 계속 강조하는 이유는 꾸준히 노력해 습관으로 만들기 위해서입니다. 1일 1포로 블로그가 성장하고, 매일 일정한 시간대에 발행한다면 더 많은 이웃과 소통하는 기회를 만들 수 있습니다.

다만 너무 무리하면 오히려 스트레스가 될 수 있습니다. 1일 1포는 적절한 계획, 일정을 수립해 실행하는 것이 관건입니다. 본업에 더해 무리하게 1일 1포를 하다 블로그 자체를 포기하는 경우도 많이 보았습니다. 따라서 블로그 글쓰기에 익숙해지는 시간이라고 생각하면서, 여유로운 시간을 선택해 즐거운 마음으로 글을 쓸 수 있는 기회로 만들어야 합니다.

③② 방문자 수 VS 조회 수

조회 수와 방문자 수는 블로그에서 사용되는 대표적인 통계 지표 중 하나입니다.

❶ 방문자 수 : 내 블로그에 방문한 사람의 수를 의미합니다. 당일 재방문한 경우에는 중복으로 카운팅 되지 않습니다. 예를 들어, 어떤 사람이 블로그의 여러 글을 조회한 후 나갔다면 그 사람은 방문자 수로 한 번만 계산되어 방문자는 1명이 됩니다.

❷ 조회 수 : 내 블로그를 방문한 사용자가 각 페이지를 열람한 횟수를 의미합니다. 이는 포스팅 열람뿐만 아니라 프롤로그나 안부 게시판 등 블로그의 모든 페이지를 포함한 전체 조회 수입니다. 즉, 누군가 블로그의 글을 클릭하여 내용을 열람하면 조회 수가 증가합니다.

두 지표는 서로 다른 개념이지만, 블로그 운영 성과를 평가할 때 함께 고려해야 합니다. 단순히 수치만을 보는 것이 아니라, 유입 경로, 체류 시간 등 다양한 요소들을 함께 분석하여 보다 정확한 판단을 내리는 것이 좋습니다. 방문자 수와 조회 수는 같을 수도 있지만, 대부분은 조회 수가 더 많습니다. 순방문자 수 대비 조회 수가 많다면 한 사람이 여러 개의 글을 봤다는 뜻으로, 체류 시간 즉, 평균 사용 시간이 길다는 것을 의미합니다. 방문자 수와 조회 수가 같지 않다고 걱정할 필요는 없습니다. 오히려 체류 시간이 평균 이상일 경우 개별 사용자가 하나의 포스팅에 머무는 시간이 길다는 긍정적인 신호일 수 있습니다.

㉝ 체류 시간

체류 시간은 블로그에 방문한 사용자가 블로그 내에서 머무르는 시간을 의미합니다. 네이버는 검색 기반 플랫폼이기 때문에 사용자가 사이트에 오래 머물러야 많은 광고에 노출시킬 수 있습니다. 이는 네이버의 영향력과 광고 매출을 올리는 데 중요한 역할을 합니다. 따라서 블로그 지수를 평가할 때 체류 시간은 중요한 지표로 여겨집니다.

체류 시간이 길다는 것은 사용자가 블로그에서 제공하는 콘텐츠를 충분히 즐기고, 블로그에 대한 만족도가 높다는 것으로 판단할 수 있습니다. 따라서 블로거는 체류 시간을 높이는 방법으로 블로그 운영 전략을 수립해야 합니다. 블로그의 체류 시간을 늘리는 방법에는 여러 가지가 있습니다.

❶ **전문성 있는 글 작성** : 방문자들이 쉽게 이해하고 소비할 수 있는 흥미성 내용보다는 전문성 있는 내용을 작성합니다. 방문자들이 글을 읽는 데 오랜 시간이 소요되면 체류 시간이 늘어날 수밖에 없습니다.

❷ **궁금증을 풀어 주는 콘텐츠 발행(○○하는 법, ○○○ 레시피)** : 방문자들이 궁금해하는 주제에 대해 발행하면 평균적으로 오래 머무르게 됩니다. '○○하는 법'이나 '○○○ 레시피'와 같은 주제가 그러합니다. 과정을 자세히 설명하는 콘텐츠는 방문자들이 글을 읽는 데 더 오랜 시간을 소요하게 만듭니다.

❸ **서로이웃 및 댓글 복붙러 차단** : 무분별한 서로이웃 추가와 복사 및 붙여 넣기식의 댓글을 차단하는 것입니다. 글은 읽지 않고 무성의한 댓글만 남기고 나가는 불필요한 이웃은 체류 시간을 감소시키는 요인 중 하나입니다. 이러한 이웃을 추가하지 않거나 빨리 정리하는 것도 체류 시간을 늘리는 하나의 방법이 될 수 있습니다.

❹ **동영상과 적당한 수량의 사진 첨부** : 포스팅에 다량의 사진과 동영상을 첨부하면 사람들이 더 오래 머물게 됩니다. 글만 있으면 사람들이 읽기 힘들어할 수 있기 때문에, 글과 글 사이에 내용을 뒷받침할 수 있는 사진을 넣고 동영상을 첨부해 이탈도 잡고, 체류 시간도 늘릴 수 있습니다. 움직이는 이미지인 gif 사진도 좋습니다.

㉞ 프로필

블로그 프로필은 블로그의 대문 역할을 하며, 블로거의 정보를 제공하는 공간입니다. 일반 블로그도 동일하지만, 브랜드 블로그의 경우 프로필을 잘 꾸미는 것이 특히 중요합니다. 프로필 이미지는 여러분의 이미지를 반영하는 대표격인 사진을 등록하는 것이 좋습니다. 방문자에게 블로거의 첫인상을 전달하는 중요한 요소이며, 블로그 제목과 함께 블로그의 주제를 잘 드러내는 수단이기 때문입니다. 이를 통해 방문자가 블로그의 내용을 쉽게 이해하고 흥미를 가질 수 있도록 도울 수 있습니다.

별명은 여러분의 개성을 담아 닉네임을 입력하면 되고, 소개글은 어떤 전문가인지, 어떤 분야의 주제를 다루는 블로그인지를 잘 담으면 좋습니다. 이를 통해 방문자에게 블로그의 성격과 내용을 명확하게 전달해야 합니다.

㉟ 블로그 주제

블로그 주제는 네이버에서 제공하는 여러 분야 중에서 선택할 수 있습니다. 블로그 주제는 비즈니스/경제, 문학/책, 영화, 미술/디자인, 공연/전시, 음악, 드라마, 스타/연예인, 만화/애니, 방송, 일상/생각, 육아/결혼, 반려동물, 좋은 글/이미지, 패션/미용, 인테리어/DIY, 요리/레시피, 상품 리뷰, 원예/재배, 게임, 스포츠, 사진, 자동차, 취미, 국내 여행, 세계 여행, 맛집, IT/컴퓨터, 사회/정치, 건강/의학, 어학/외국어, 교육/학원 등 다양합니다.

㊱ 카테고리

블로그 카테고리는 블로그의 게시 글을 분류하고 관리하기 위한 중요한 도구입니다. 카테고리를 잘 분류하고 정리하는 것은 여러 가지 면에서 큰 의미가 있습니다.

1 게시 글 분류 : 게시 글을 특정 주제나 분야별로 분류하여 관리할 수 있도록 해줍니다. 이를 통해 사용자는 원하는 주제의 게시 글을 쉽게 찾을 수 있으며, 블로그 운영자는 게시 글을 체계적으로 관리할 수 있습니다.

2 레이아웃 설정 : 블로그의 레이아웃 설정에 따라 위치를 조정할 수 있습니다. 또한, 카테고리 이름이나 색상 등을 변경하여 블로그의 디자인을 꾸밀 수 있습니다. 이는 블로그의 전체적인 시각적 일관성을 유지하는 데 도움이 됩니다.

3 공개 여부 설정 : 카테고리별로 공개 여부를 설정할 수 있습니다. 비공개 카테고리를 만들어 개인적인 게시 글을 보관하거나, 일부 사용자에게만 공개되는 비공개 게시 글을 작성할 수 있습니다. 이는 개인정보 보호나 특정 그룹에 대한 정보 제공에 유용합니다.

4 카테고리 이동/삭제 : 필요에 따라 다른 카테고리로 이동하거나 삭제할 수 있습니다. 이를 통해 블로그 운영자는 게시 글을 효율적으로 관리할 수 있습니다. 카테고리는 게시판 화면에서 카테고리 자체를 조정하는 것도 가능합니다.

블로그 운영에 있어서 카테고리는 매우 중요한 역할을 담당합니다. 따라서 적절한 카테고리 구성과 관리를 통해 사용자 편의성과 검색 노출 효과를 높일 수 있습니다.

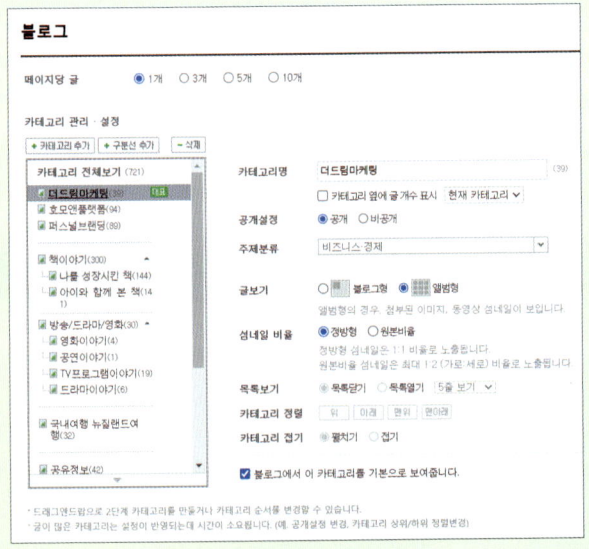

▲ 네이버 블로그 카테고리 선택 화면

㊲ 위젯

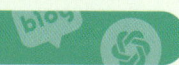

위젯은 블로그의 레이아웃을 구성하는 중요한 요소 중 하나로, 사용자가 원하는 정보를 노출하거나 링크를 연결할 수 있는 기능을 제공합니다. 네이버에서 기본 제공하는 위젯으로는 사업자 등록 위젯, CCL 설정, 날씨, 시계, 서재, 환율, 방문자 그래프, 명언 등이 있습니다.

HTML 언어에 대한 이해가 있으면 직접 디자인한 위젯을 삽입할 수도 있습니다. 이를 통해 홈페이지형 블로그로 꾸밀 수도, 더 다양한 위젯을 삽입할 수도 있습니다. 블로그의 디자인을 개성 있게 꾸미는 것은 물론 사용자의 편의성도 높일 수 있습니다. 특정 체험단의 경우 블로그에 위젯 설치를 요구하기도 하고, 블로그 순위나 자랑할 거리가 있을 경우에도 위젯을 활용합니다.

위젯은 블로그를 보다 다채롭게 만들고, 방문자에게 추가 정보를 제공할 수 있는 유용한 도구입니다. 이러한 다양한 기능을 통해 블로그의 가치를 높일 수 있습니다.

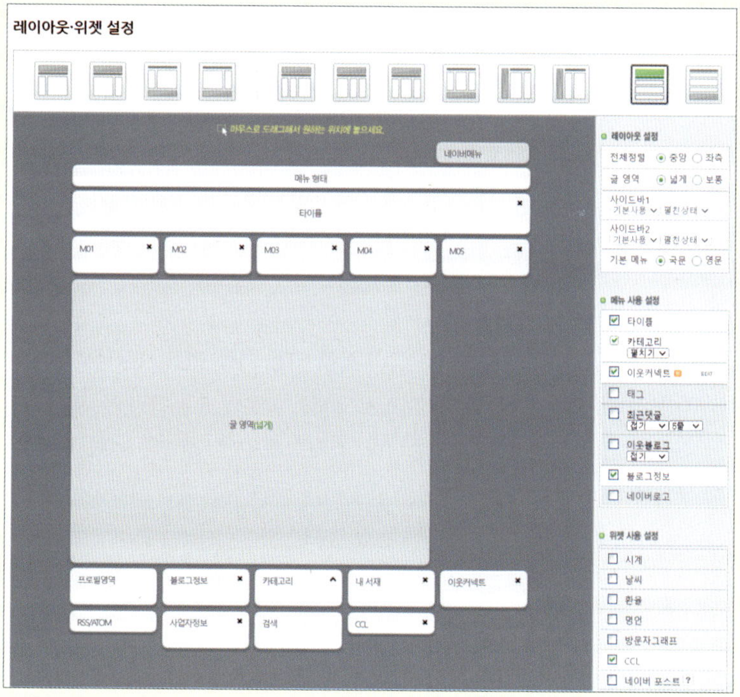

▲ 네이버 블로그 위젯 설정 화면

38 CCL

CCL^{Creative Commons License}은 자신의 창작물에 대해 저작권으로 보호하고 동시에 다른 사람들이 자유롭게 이용할 수 있도록 하는 저작물 이용 허락 표시입니다. 블로그 포스팅 발행 시 CCL을 어떻게 설정할지 묻는 항목이 있어 포스팅마다 허용 여부를 결정할 수 있습니다.

▲ 포스팅 발행 시 CCL 표시 옵션

CCL은 블로그 관리 화면에서도 설정 가능하며, 이후 발행될 모든 콘텐츠에 적용할 수 있습니다. CCL은 기본적으로 [CCL 설정] 항목을 [사용]으로 선택해야 적용 가능하며, 저작물의 이용 범위를 선택하는 방식으로 설정할 수 있습니다.

원작자 표시는 가장 기본으로 적용되며, 영리 목적 사용 가능 여부, 저작물의 변경 또는 2차 저작 여부를 선택할 수 있습니다. 또한 블로그에서 마우스 오른쪽 버튼 사용 여부 및 자동 출처 기능도 여기에서 설정할 수 있습니다. 블로그의 CCL 설정은 개별 포스팅에 일일이 저작권 표기를 하지 않더라도 콘텐츠를 보호하는 가장 기본적인 기능이기 때문에 가급적 설정할 것을 권장합니다.

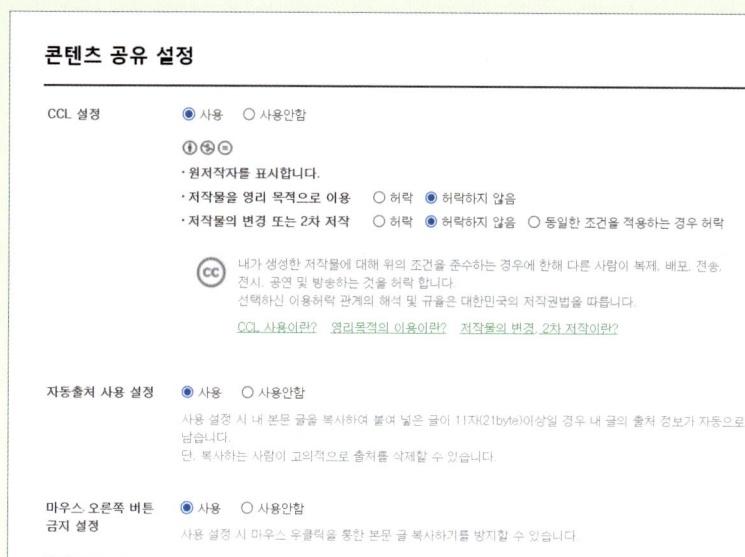

▲ 네이버 블로그 콘텐츠 공유 설정 화면

㊴ 섬네일

섬네일은 원래 작은 크기의 사진 혹은 그림을 의미하는 용어로, 온라인에서는 주로 콘텐츠 내용을 대표하는 작은 미리 보기 이미지를 의미합니다. 네이버 블로그에서의 섬네일은 다음과 같은 목적으로 사용됩니다.

❶ **주목도 향상** : 매력적이고 관련성 높은 섬네일은 방문자의 주목을 끌고, 클릭을 유도하여 포스팅 조회수를 높일 수 있습니다.

❷ **내용 요약** : 포스트의 주제나 내용을 간략하게 전달하여 사용자가 관심 있는 콘텐츠를 빠르게 식별할 수 있도록 도와줍니다.

❸ **브랜딩** : 일관된 스타일의 섬네일은 블로그의 주목도를 높이고 브랜드 이미지를 강화하여 블로그의 인지도를 높이는 데 기여합니다.

추가로 네이버 블로그에서는 아래 사항을 참고하면 더욱 효과적으로 섬네일을 활용할 수 있습니다.

1 고화질 이미지 사용 : 섬네일은 작은 크기로 표시되지만, 선명한 고화질의 이미지를 사용해야 포스팅의 전문성과 신뢰성을 높일 수 있습니다.

2 대표성 있는 이미지 선택 : 섬네일은 포스트의 내용을 잘 대표해야 하며, 사용자가 섬네일만 보고도 포스트의 주제를 쉽게 이해할 수 있어야 합니다.

3 텍스트 사용 최소화 : 섬네일 텍스트의 글자 수는 최소화하고 읽기 쉬워야 합니다. 너무 많은 텍스트는 섬네일을 복잡하게 만들어 사용자에게 혼란을 줄 수 있습니다.

4 브랜드 요소 일관성 유지 : 블로그의 로고, 배색 등 브랜드 요소를 섬네일에 포함해 브랜드 인지도를 높이는 것이 좋습니다.

네이버 블로그를 포함한 많은 온라인 플랫폼에서 섬네일은 콘텐츠 마케팅 전략의 중요한 부분입니다. 효과적인 섬네일은 사용자의 관심을 끌고, 클릭률을 높이며, 최종적으로는 효율적인 블로그 운영에 기여할 수 있습니다.

블로그 섬네일을 잘 활용하려면 각 게시판 설정을 앨범형으로 하고, 프롤로그를 대문으로도 설정하면 훨씬 주목받고 가독성 높은 블로그를 만들 수 있습니다.

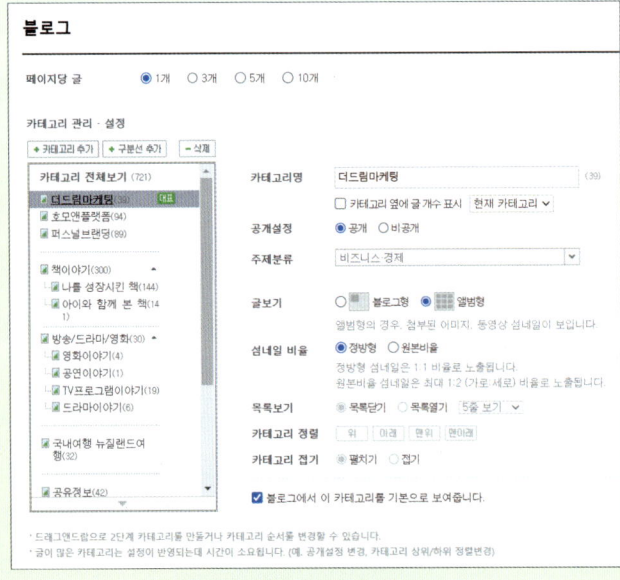

▲ 네이버 블로그 앨범형 설정 화면

▲ 네이버 블로그 프롤로그 앨범형 PC 노출 버전

추가로 모바일 설정 또한 뷰 타입을 앨범형으로 설정하면, 한 번에 더 많은 포스팅을 노출할 수 있습니다.

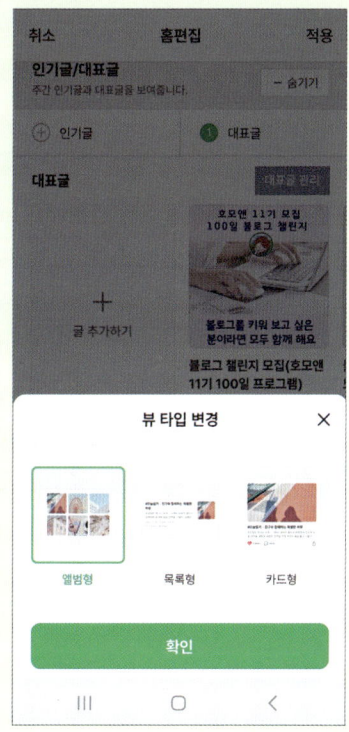

▲ 네이버 블로그 모바일 설정 및 앨범형 노출 화면

④ 트렌드

트렌드는 최신 경향이나 변화하는 소비자 관심사를 의미합니다. 네이버에서는 여러 곳에서 이러한 트렌드를 분석하고 반영하여 자료를 제공합니다. 특히, 네이버 데이터랩을 통해 소비자 인사이트와 검색어 트렌드 분석을 확인할 수 있으며, 정기적으로 발행되는 네이버 트렌드 리포트를 통해서도 최신 정보를 얻을 수 있습니다.

블로그에서는 '크리에이터 어드바이저'를 통해 트렌드를 제공합니다. 사용자는 블로그 주제 중 여덟 가지 주제를 선택하여 최신 검색어를 확인할 수 있습니다. 미리 선택한 주제와 관련된 최신 경향을 파악할 수 있도록 돕습니다. 비록 네이버의 '실시간 검색어'는 사라졌지만, '크리에이터 어드바이저'를 통해 대체된 실시간 검색어를 확인할 수 있습니다.

- 네이버 데이터랩 : https://datalab.naver.com/

▲ 네이버 데이터랩 트렌드 주제 설정

④ 플레이스

네이버플레이스는 네이버에서 제공하는 지역 정보 및 비즈니스 서비스로, 식당, 카페, 상점, 관광지 등 다양한 장소에 대한 정보를 제공합니다. 사용자들은 해당 장소에 대한 리뷰를 남기거나 평점을 줄 수 있습니다. 또한 네이버플레이스는 네이버지도와 밀접하게 연동되어 있어 특정 지역의 장소를 쉽게 찾고 방문 경험을 공유할 수 있습니다.

네이버플레이스가 중요한 이유는 다음과 같습니다.

첫째, 장소 검색 최적화에 기여합니다. 네이버플레이스에 등록된 장소는 네이버 검색 결과에 우선적으로 노출되어 특정 장소나 비즈니스의 가시성을 높이고 잠재 고객에게 도달할 기회를 증가시킵니다.

둘째, 사용자 리뷰와 평점은 장소에 대한 신뢰성을 제공합니다. 긍정적인 리뷰와 높은 평점은 다른 사용자들의 방문을 유도하는 중요한 요소입니다.

셋째, 장소의 위치, 연락처, 영업 시간, 메뉴 등 상세 정보를 제공하여 사용자가 방문 결정을 내리는 데 도움을 줍니다.

블로그 포스팅 시 네이버플레이스 첨부를 통해 기대할 수 있는 긍정적인 효과는 다음과 같습니다.

첫째, 포스팅에 네이버플레이스를 첨부하면 글의 정보성이 풍성해지고 신뢰도가 향상됩니다. 네이버플레이스 정보를 포함한 포스트는 검증된 정보를 바탕으로 한다는 인상을 주어 포스트의 신뢰도를 높입니다.

둘째, 사용자가 관심을 가질 만한 장소의 정보를 쉽게 찾을 수 있어 사용자 경험이 개선됩니다. 최근에는 네이버예약을 통해 '내돈내산'을 증명할 수 있기 때문에 유용하게 활용할 수 있습니다.

셋째, 상호 작용과 참여를 증가시킵니다. 방문자가 해당 장소에 대해 쉽게 피드백을 남기거나 공유할 수 있어 블로그의 상호 작용 및 참여도를 높입니다. 댓글로 장소에 대한 실질적인 문의를 많이 남기기도 합니다. 이런 반응은 블로그 지수에 도움이 됩니다.

넷째, 네이버플레이스 정보를 포함한 블로그 포스팅은 네이버 검색 결과에서 해당 장소를 검색할 때 함께 노출될 가능성이 높아 더 많은 트래픽을 유도할 수 있습니다. 특히 맛집이나 여행 블로그의 경우 플레이스 첨부는 필수이며, 다른 주제의 블로그라도 플레이스를 첨부하는 것이 유리합니다.

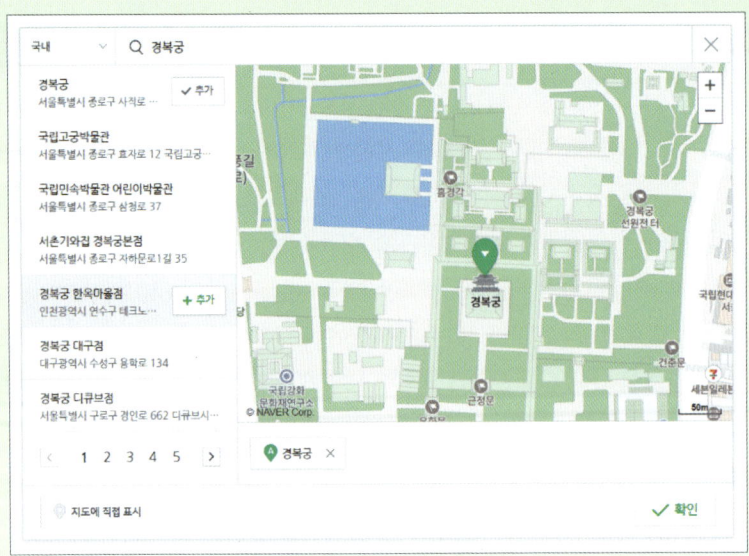

▲ 네이버플레이스 포스팅 첨부 화면

네이버플레이스를 블로그 포스팅에 효과적으로 활용하는 것은 콘텐츠의 가치를 높이고 독자에게 유용한 정보를 제공하는 동시에 블로그의 가시성과 방문자 수를 증가시키는 전략적인 방법입니다. 글쓰기 화면의 상단에서 [장소]를 클릭하고 첨부하고자 하는 장소를 검색하여 간단하게 추가할 수 있으니 꼭 활용해보길 바랍니다.

42 클립

네이버에서 제공하는 클립(구 모먼트)은 짧은 동영상을 쉽게 만들고 공유할 수 있는 서비스로, 블로그 앱에서 사용할 수 있는 숏폼 동영상 에디터입니다. 최대 15분 이하의 동영상을 편집할 수 있으며, 다양한 템플릿과 효과, 배경 음악을 제공합니다.

클립을 통해 블로그에 담고 싶은 일상의 순간을 간단한 영상이나 사진으로 기록할 수 있으며, 이를 통해 검색 외 유입도 창출할 수 있습니다. 또한, 블로그, 인스타그램, 페이스북 등 다양한 채널에서 공유할 수 있고, 다른 채널에서 만든 숏폼 동영상을 클립에 등록할 수도 있습니다.

클립을 활용할 때의 장점은 다음과 같습니다.

1 짧은 시간 안에 많은 정보를 전달 : 동영상은 글보다 더 많은 정보를 전달할 수 있으며, 숏폼 형식으로 핵심 내용을 효율적으로 전달할 수 있습니다.

2 사용자의 관심을 끌 수 있다 : 동영상은 글보다 더 직관적이고 흥미로워서 검색하는 사람들의 관심을 쉽게 끌 수 있습니다.

3 블로그의 노출 기회를 높일 수 있다 : 네이버에서 노출될 확률이 높아 블로그의 노출 기회를 증가시킵니다. 2024년 1월부터는 네이버 클립 스마트블록으로도 따로 노출되며, 인스타그램 릴스, 유튜브 쇼츠, 틱톡과 같은 플랫폼의 영향을 받아 네이버에서도 짧은 동영상을 지원하고 있습니다.

네이버에서는 서비스 초기에 네이버에서 의도하는 흐름을 잘 타는 것이 매우 유리합니다. 초창기 인플루언서 허들이 낮았던 시기와 마찬가지로, 지금은 클립 크리에이터를 통해 네이버만의 숏폼을 밀어주고 있는 상황입니다. 짧은 영상을 만들 수 있다면, 자신의 블로그를 더욱 개성 있게 꾸미고, 소비자들에게 다양한 정보를 제공하는 쪽으로 신경을 쓰는 것이 유리하게 작용할 수 있습니다.